NAL

宁波学术文库

浙东文化通论

张如安 著

ZHEJIANG UNIVERSITY PRESS

浙江大学出版社

·杭州·

图书在版编目(CIP)数据

浙东文化通论/张如安著. —杭州:浙江大学出
版社,2023.3
ISBN 978-7-308-23574-7

Ⅰ.①浙… Ⅱ.①张… Ⅲ.①文化史－研究－浙江
Ⅳ.①K295.5

中国国家版本馆 CIP 数据核字(2023)第 044353 号

浙东文化通论
ZHEDONG WENHUA TONGLUN
张如安 著

策划编辑	吴伟伟
责任编辑	陈 翩
责任校对	丁沛岚
封面设计	雷建军
责任印制	范洪法
出版发行	浙江大学出版社
	(杭州市天目山路 148 号　邮政编码 310007)
	(网址:http://www.zjupress.com)
排　　版	浙江时代出版服务有限公司
印　　刷	广东虎彩云印刷有限公司绍兴分公司
开　　本	710mm×1000mm　1/16
印　　张	16.25
字　　数	270 千
版 印 次	2023 年 3 月第 1 版　2023 年 3 月第 1 次印刷
书　　号	ISBN 978-7-308-23574-7
定　　价	68.00 元

浙江大学出版社市场运营中心联系方式:0571－88925591;http://zjdxcbs.tmall.com

前　言

　　文化是一个地域的独特标识和身份符号，也是一个地域的灵魂所在。浙东文化作为我国地域文化的一个分支，它的产生、演变皆与浙东地域紧密相联。浙东文化发生的主要场域，不外乎山川、城镇、学校、村落、宗族，这些场域又都是浙东文化赖以生发和传承的母体。任何一个区域文化的发展，从来就不会是单向度进行的，不同历史时期不同因素的作用，决定了浙东文化发展的多维度和多形态。浙东文化之所以不同凡响，乃在于其绵长的文化传统和深厚的文化积淀。

　　浙东的历史文脉十分深厚，是浙东区域历史发展的必然产物。浙东文化植根深远，早在1万年前，上山先民就创造了上山文化。8000年前的萧山跨湖桥人、7000年前的河姆渡人，耕耘生息在这片神奇的土地上，创造出令人难以置信的文化奇迹。之后，浙东先民不断地接纳外域文化，经过艰难的化生与改造，终于在南宋走向自立，拓展出别开生面的新境界，掀起了文化的第一波高潮，使学术的边缘化地区一跃成为全国学术的重心地区，浙东文化因此积淀了深厚的底蕴。自明以后，浙东地域摆脱了受动的羁绊，逐时代车轮而进，相继涌现出一批具有革故鼎新意识的文化巨人，他们以高强、丰厚的创造力，托起了浙东文化的丰碑。特别是王阳明、黄宗羲，以宏大的理论构想，引领了时代的风潮。浙东自东汉以来，学者辈出，文献繁夥。尤其是入宋之后，构建起了比较完备的官学、书院、私学的教育体系，家诗户书，弦诵不绝，至南宋以后，人文蔚起，文献积聚。而且越到后来，文化的发展越辉煌，成为中国人文思维的重镇。几乎在所有的文化领域,浙东都涌现出了代表性人物,群星争辉,聚于一区。浙东由于其特殊的地理位置,很早就成为中外文化交流的通道。唐宋时期明州商帮活跃一时,开辟了著名的海上丝绸之路。上林湖越窑青瓷因此走向世界,率先进入国际市场,博得了世界各地人民的喜爱。唐宋元时期,不断有海东诸国的僧人渡海问道于此,也不断有中国高僧东渡日本,有力地推动了中外佛教文化的交流。到明清时期,浙东的学术文化享誉全国,王阳明学说很快传入日本,又有朱舜水长居日本,以其光明俊伟的人格、平淡淹贯的学问、肫挚和蔼的感情,给日本国人以莫大感化,成为日本明治维新的导师。浙东文化的价值观是中华传统文化核心价值观的有机组成部分,是可以与现代社会的核心价值观相兼容的,并为当代浙东地域精神文化的重构提供重要的传统资源。

绵延不绝、丰沛厚重的浙东区域文化资源,为国内外的研究提供了深厚的基础。关于浙东文化,国内在 20 世纪 80 年代起逐渐取得了丰硕的研究成果。国内外对浙东文化的研究,疏通和接续了地域文脉,凸显出地域个性,焕发了浙东文化的华彩。当然,研究者在关注浙东地域的同时,需要超越地域本身的拘限,具备更为广阔的空间视野,更为宏通的文化意识。目前学界对浙东区域文化研究的覆盖面是很广的,但基本上处于条块分割的状态。宁波出版社 1997 年出版曹屯裕主编的《浙东文化概论》,是目前所见唯一的概论性专著,但其内容基本上是八个文化专题史的汇编。2017 年浙江大学出版社出版了南志刚的专著《浙东文化与秦晋文化比较研究》,以比较的方式凸显了两个区域文化的各自个性,在选题上别开生面。现在看来,"浙东文化"概念在宁波更加深入人心,相关的论著较多;浙东各地的相关研究专著为数不少,但均鲜少打出"浙东文化"的旗帜,如绍兴学者高举"越文化"品牌,温州学者沉浸于温州文化。宁波大学浙东文化研究院成立后,看到浙东文化殊乏通论之作,几番讨论,最终确定了"浙东文化通论"的课题。当时拟定这本通论旨在为普通人了解浙东文化服务,类似读本的性质,但其实这并不容易操作,某种程度上来说是一个高难度的课题,且不说"浙东文化"的概念难以明确界定,光是"浙东文化"的本体就鲜少有人探究,即便有一般性通论浙东文化者,亦多以浙东学术文化代表或涵盖浙东文化,至于时下层出不穷的相关研究专著,多属浙东各地区的文化专题史系列,相对容易操作,通论则付诸阙如。笔者在受命之下,没有退路,只能勉力前行,经过数年的艰苦努力,终于交出了第一份答卷。需要说明的是,浙东文化虽然涵盖方方面面,但只有那些优势文化才会产生重大的社会影响,才会彰显地域文化的内在精神和传承价值。其中,商贸、学术、教育、文学、书法、音乐、私家藏书诸方面的文化现象尤其引人注目,至少可以说是浙东文化的精华所在。为避免与《浙东文化概论》过多重复,本书下编不作面面俱到的介绍,而是撷取若干浙东优势文化,以不拘一格的视角和笔法,呈现其亮点和特色。我希望有兴趣的朋友,能在这块领域继续耕耘,进一步完善这份答卷。

目 录

上编　浙东文化综论

下编　浙东优势文化概览

上编 浙东文化综论

浙东文化的概念及生成环境

中华文化是一个庞大的实体,从空间上说,她由许多具体、丰富的区域文化所组成,浙东文化就属于区域文化。浙东文化虽然是以浙东区域为其生发的舞台,有其自身的源流,但其形成和发展并不是游离于中华文化的主线之外,而是在中华文化演变发展的背景之下逐步展开的,并在中华文化的变迁中不断演变和重构,形成自己的文化形态,同时又顽强地保留了自身的区域性特征。浙东文化可以说是我国历史上最有活力的区域文化之一。

一、浙东文化的概念生成

尽管历史上浙东文化光辉灿烂,但浙东文化的概念却是由当代学者正式提出的。1990 年 2 月,《宁波师院学报》编辑部和《宁波大学学报》编辑部联合发出通告:将于秋季举办"浙东文化研讨会",就区域文化中的哲学、史学、文学、法学、经济学、教育学、民俗学、人类学、戏曲及民间文化艺术等课题展开研讨。这一通告最早正式提出"浙东文化"的概念,并明确将其视作区域文化的重要研究对象。可以说,"浙东文化"是在 20 世纪 90 年代率先进入研究者视野的一支区域文化。"浙东文化"概念的提出,意味着区域学者发出了文化研究应该着力于空间维度的呼声。历史文化研究空间意识的强化,正是区域文化研究得以兴起的重要背景。

那么何为浙东文化?徐定宝定义说:"凡由浙东学人倡导或发生在浙东区域的,并对当时社会生活发生过重要作用,在后世仍具有影响的思潮、学说、历史现象等,皆可称之'浙东文化'。从时空的角度看,它是古代的,也包括建国前的近、现代(不包括当代),又在内容上显示出丰富性与多样性;从因果的角度看,它的缘起与浙东地域有着不可分割的联系,而它的过程或结果所造成的影响却并不局限于浙东,甚至在海内外都产生过令人瞩目的社会效应。"①这个定义目前看来比较有代表性。按这个定义,简要地说,浙东文化就是浙东地区人民所创造的一切有影响的文明成果,包括物质文明和精神文明。徐定宝尤其强调创造主体为"浙东学人",故其所下的定义显然是从"浙东学术"概念脱胎而来的。历史上浙东以"人文"擅名,浙东学人具有影响的思潮、学说,无疑是浙东文化的重心和精华所在。

一个地域文化的形成,会受到行政、地理、人文诸因素的交互作用。浙东文化概念植根于浙东地域,故这一概念的提出,自与"浙东"这一地理和行政名词的沿革密切相关。历史上"浙东"并非一个稳态的地理和行政概念,其所指涉的范围因时而异,但以钱塘江为分界线,这是没有异议的。浙江境内的钱塘江,因为江流曲折,旧称浙江。浙江以东地区,常省称浙东。浙东的政区沿革,可以上溯至春秋战国时期的越国。战国时,越国被楚所灭,越国版图并入楚国。秦代时,浙东一带分属会稽、闽中等郡。汉代时归属扬州,"后汉顺帝永建四年,始分会稽置吴郡,而移会稽之治于山阴,盖唐浙东分道所由起"②。三国时浙东一带入东吴版图,六朝时分属会稽、东阳、新安、临海、永嘉等郡,但一些文献习惯以浙东称之。如唐道宣《唐天台山国清寺释灌顶传》云:"有吉藏法师,兴皇入室,嘉祥结肆,独擅浙东。"③唐代初年,浙东一带属江南道,后属江南东道。唐肃宗乾元元年(758),江南东道拆为浙江西道、浙江东道和福建道,其中浙江西道领长江以南至新安江以北的原江南东道之地,包括今之苏南、上海、浙北和徽州,浙江东道领新安江以南、福建道以北的原江南东道之地。具体地说,"西道于升、润、苏、杭、常、湖之外,并领宣、歙、饶、江四州,盖兼有古豫章郡之地;东道于越、衢、婺、明、台、温、处之外,并领西界之睦州。其后西道卒罢领宣、歙、江、饶,

---

① 徐定宝《浙东文化的理论基础与当代价值》,网络文章。

② [清]全祖望《鲒埼亭集外编》卷19《浙西分地录》,见朱铸禹汇校集注《全祖望集汇校集注》中册,上海古籍出版社2000年版,第1820页。

③ [唐]释道宣《续高僧传》卷19,见[南朝梁]释慧皎等《高僧传合集》,上海古籍出版社1991年版,第263页。

而以睦州属之。东西各领七州"①。自此,"两浙""浙西""浙东"遂作为行政区域概念开始使用。五代时,浙东地区属吴越国统治。北宋时,出现了两浙路行政建置。熙宁七年(1074),分两浙路为东、西两路,两浙东路辖越、婺、衢、明、台、处、温七府,治山阴县,寻合为一,九年(1076)复分,十年(1077)复合。南宋时,政治经济中心移至两浙路。绍兴十二年(1142)复分全国为十六路,其中两浙东路辖绍兴、庆元、瑞安三府及婺、台、处、衢四州,简称浙东路,两浙西路辖临安府、平江府、镇江府、嘉兴府、湖州、常州、严州、江阴军,简称浙西路。宋代的浙东路不辖睦州,其余辖区与唐代浙东大致相同。明清时期,浙江布政使司和浙江省都是下辖十一个府,根据传统的"浙东"和"浙西"的划分,浙江就被分为"上八府"和"下三府"。这时的"浙东"包括今之宁、绍、舟、台、温、丽、金、衢八个地区,即钱塘江以东广大地区。曹屯裕在《浙东文化概论》的"导论"中指出:"这是'浙东'概念涵盖面最广的时期,我们不妨称之为'大浙东'概念。南宋时期的'浙东学派'就是产生于上述各府、州的地方学术共同体诸如'金华学派'(以吕祖谦为代表)、'永康学派'(以陈亮为代表)、'永嘉学派'(以薛季宣、陈傅良、叶适为代表)和'四明学派'(以杨简、舒璘、袁燮、沈焕为代表)的总称。"②这一大浙东概念一直有人在使用,如清代雍正《浙江通志》卷一概括金华的地缘特色,称"郡之擅名于浙东者,不以山川,不以财赋,而以人文"。这一记载启示我们浙东是以"人文"著称的,"人文"应是后人探究浙东文化的重点所在。1928年刊行的镇海人范铸著《浙东山水簿》,包括了括苍山、雁荡山、金华山、会稽山、天台山、四明山六大干脉,以及入浙江之巨川——信安江、东阳江、浦阳江、曹娥江,入浙海之巨川——甬江、天门水、三门港、灵江、瓯江、飞云江,仍明显秉持大浙东的理念。但是,清代学者章学诚在考察浙东、浙西学术时,其所运用的"浙东"地理范围实已缩小至宁、绍、台地区。章学诚说:"世推顾亭林为开国儒宗,自然是浙西之学。不知同时有黄梨洲氏,出于浙东。虽与顾氏并峙,源远而流长矣。顾氏宗朱,而黄氏宗陆,盖非讲学专家、各持门户之见者,故互相推服,而不相非诋。学者不可无宗主,而必不可有门户,故浙东浙西,道并行不悖也。浙东贵专

①　[清]全祖望《鲒埼亭集外编》卷19《浙西分地录》,见朱铸禹汇校集注《全祖望集汇校集注》中册,上海古籍出版社2000年版,第1821页。
②　曹屯裕主编《浙东文化概论》,宁波出版社1997年版。

家,浙西尚博雅,各因其习而习也。"①曹屯裕在《浙东文化概论》的"导论"中据此立论,创造性地划出"中浙东"的概念,其文云:"从字面上看,章学诚所说的'浙东'似乎与前面所说的'大浙东'概念无异,但从其所列浙东学术的代表人物及其师承关系看,显然,他所说的'浙东'已经特指宁绍地区了。后人将黄宗羲开创的,以黄宗羲、万斯大、万斯同、邵廷采、全祖望、邵晋涵、章学诚等七人为代表的,以史学见长、经学文学并重的,以宁绍地区为活动大本营的'不绝如线'的地域性学术共同体命名为'清代浙东学派'(或曰'清代浙东史学派'),也已经拘于'中浙东'概念了。"至于"小浙东"的概念,仅指宁波而言,"这是从现在的宁波人常常以浙东人自居而其他市地疏于使用浙东概念的事实提升出来的"。② 按历史演变的脉络,将"浙东"概念进一步划分为大浙东、中浙东、小浙东,乃是《浙东文化概论》之"导论"的学术贡献,且多被后来学人采纳。但也有一些论著称浙东"在地域上历来有大浙东、中浙东和小浙东之别"③,这个"历来"说其实并不符合实际。鉴于"浙东"一词含义的复杂性,为避免论述上出现地理范围前大后小之类的弊病,本书设定的浙东地域范围不拘于大中小之别,以宁、绍、台地区为主要取材对象,兼及温州和金华地区。

区域文化史当然是围绕着特定的区域展开的,但区域的界限存在着相对的模糊性。一方面,自然地理区域本身的划分往往是相对的;另一方面,文化本身具有延续性、渗透性、传播性等特征,因此很难精确区分两种相邻区域文化的地理界线。浙东文化是一个历史的、动态的、变化的概念,每一个历史阶段的浙东文化,其内涵并不一样,此一时期的浙东文化与彼一时期的浙东文化,既存在相对的独立性,也存在前后相承的必然联系,但却无法相互取代和等同。也就是说,浙东文化在各个不同的历史时期,会呈现出不同的形态、内涵和特质,因此我们必须以历史的、发展的、变化的眼光来看待浙东文化,梳理出其在历史长河中的发展走势。"浙东"概念无论是大是小,都只是中国版图上的弹丸之地,但却创造出了灿烂的地域文化,可以说文化意义上的"浙东"非同凡响。行政概念

---

① [清]章学诚《文史通义》卷5《内篇五》,上海古籍出版社2008年版,第169页。

② 曹屯裕主编《浙东文化概论》,宁波出版社1997年版。

③ 李维青《浙江书业调研》,见蒋泰维主编《文化新视野》,新疆人民出版社2004年版,第35页。

上的"浙东"一词虽然产生于唐代,但浙东地区的文化渊源可以远溯至原始时期。目前,研究浙东文化的学者大都将浙东文化的源头追溯至远古。若从浙东地域的文化演变来看,不同历史阶段所产生的文化类型其实并不相同,于越国产生之前,浙东地区的文化属于史前文化。于越国产生以后的很长一段时期,浙东地区的文化属于越文化。汉唐时期,越文化更加深入地融入于中原文化之中,但宗教文化仍处于强势地位。这些不同阶段的文化形态,我们不妨将其看做浙东文化演变过程中的阶段性表现。而浙东文化真正成熟,进而拥有绵延不断的文化谱系,恐怕要从宋代算起。可以说在浙东文化成型之前,浙东地区大体上属于越文化区,越文化无疑是浙东文化的本土远源。浙东文化是在越文化的土壤中逐渐形成的,同时又在中原文化的改造之下不断重构。浙东文化处于一个不断累积的历史过程中,最终在宋代成型,并覆盖全境,乃是基于中原儒家文化与本土越文化遗存深度融合的结果。宋代以来的浙东文化,塑造了人文蔚起、郁乎有文的浙东社会,其文化形态显然有别于之前的越文化。

二、山水:浙东文化生发的自然基质

浙东陆地在地质构造方面,"以江山—绍兴深断裂带为界,划分为两大构造单元,断裂以西为浙西台褶带,属于扬子准地台的一部分;以东为浙东华夏褶皱带,属于华南地槽褶皱系的一部分"[1]。从总体看,浙东陆地上主要分布着低山丘陵和滨海平原两大地貌类型。东部濒临东海,拥有面积达26万平方千米的海域。这样的地理环境,古人用"山海奥区"四字概括。浙东的自然和人文环境,深刻地影响着先民的生存方式。

吕欧指出:"地域文化的原初形态主要受制于自然环境,特别是在生产力水平低下的历史早期时代,更能反映其文化的原始性及质朴性。"[2]显而易见,不同的地理环境决定了不同的生活方式。越人生活的地区温热潮湿,雨量充沛,

---

[1]　洪奕丰等《浙东地貌形态与土地覆被格局关系的研究》,《中南林业科技大学学报》2012年第3期。

[2]　吕欧《东北地域文化富含民族底蕴》,《中国社会科学报》2019年5月9日。

有纵横交错、星罗棋布的江河湖海,这样的地理环境使得古越人熟谙水性,"善于舟楫""利于水战"。《淮南子·原道训》说越人"陆事寡而水事众",《汉书·严助传》说越人"处溪谷之间,篁竹之中,习于水斗,便于用舟,地深昧而多水险"。越人善于使舟,并多次献舟于中原,帮助中原国家训练水兵。不同的自然地理也模塑了地域居民的不同性格。越国生存的地理环境比较恶劣,滨江临海,多草泽丘陵,山洪潮汐、虫蛇野兽侵袭为害,北部又面临强大的邻国吴国的威胁,这种严峻的现实,磨砺了越人的性格。越人崇尚剑,有一种强悍、峻烈、轻死的蛮风。有人将此概括为剑文化,象征着轻悍尚武、报仇雪耻、绝处求生的生命力量。浙东水行山处的独特自然环境,早在先秦时就已养成了越民族群的独特个性。对此,越王句践就曾用"越性"加以概括,他说:"夫越性脆而愚,水行而山处,以船为车,以楫为马,往若飘风,去则难从,锐兵任死,越之常性也。"①近人匪石在《浙风篇》一文中亦云:"浙西以文,浙东以武。浙西之人多活泼,浙东之人多厚重。"②时代越古,浙东人尚武复仇的品性就越突出。春秋时期,越为吴败,越王句践服侍吴王,受尽屈辱。被放回后,带领越国百姓十年生聚,十年教训,终成复国大业。句践留下的报仇雪耻、自强不息的精神,从此就在这里的人民中代代相传。越人的这种性格特征,成为浙东人民的遗传基因。故元刘希贤《存训堂记》云:"浙东多奇山水,明越为胜,环海贯江,峰围岚绕,丹池天姥,雪窦金峨,千岩耸峙,万壑争流。慈介明越,凤山西翔,狮峰东踞,城门大隐,骠骑灵岩,盘郁绵亘,竞秀争奇。人生其间,皆矜气尚义,勤耕力穑,岸然自高,耻华靡,轻富贵。其士子好古敏学,力争上哲,虽越王薪胆之遗风,亦得于山峦刚直嶙峋之气者多也。"③浙东地志中殊多这方面的描述,如万历《金华府志》卷五云:"民朴而勤,勇决而尚气。"嘉靖《宁波府志》卷四云:"象山重峦雄峙,大海周环,民多刚劲而质朴。"嘉靖《浙江通志》卷六十五引《诸暨县志》云:"民性质直而近古,好斗而易解。"越人的这些性格特征深刻地影响了浙东文化的发展形态。故雍正《浙江通志》概括说:"浙东多山,故刚劲而邻于亢。浙西近泽,故文秀而失

---

① 李步嘉校释《越绝书校释》卷8,中华书局2013年版,第222页。
② 匪石《浙风篇》,《浙江潮》1903年第4期。
③ 《慈溪竹江柳氏兴孝录》卷19,中国国家图书馆藏本。

之靡。"①《浙江潮》主编蒋百里亦说:"近于山者其人质而强,近于水者其人文以弱。"②鲁迅则从自然地理的角度比较了浙东与湖南民气的不同,曾说:"浙东多山,民性有山岳气,与湖南山岳地带之民气相同。"③何以自然风貌能够给以人的气质以如此巨大的影响?传统的哲学解释是人与自然的相感。因为在中国的传统哲学中,万物都是一气所生,是可以相通相感的,这就是所谓的"物感"说。

如果说山水对越性的模塑是以山水为主动的,那么人对山水的开发利用则是以人为主动的,但实际上两者往往纠缠在一起,互以对方为前提。不过越到后来,人对自然的能动作用就更突出。刘勰《文心雕龙·物色》说:"山林皋壤,实文思之奥府。"④会稽山川峰峦叠嶂,碧水澄潭,云遮雾绕,明秀中蕴含灵气,引人遐想。浙地的山水中,开发最早的是浙东山水,而对会稽山水的审美发现,要归功于东晋的侨寓文人。在永嘉之乱后,移居浙东的北人,发现了浙东山水的独特风貌,而浙东山水的独特风貌又反过来造就了东晋士人的山水审美情趣。他们长期生活和陶冶在山川秀色中,感情与性格自然会受到影响。如《世说新语》记载云:"顾长康从会稽还,人问山川之美,顾云:千岩竞秀,万壑争流,草木蒙笼其上,若云蒸霞蔚。"王子敬云:"从山阴道上行,山川自相映发,使人应接不暇。若秋冬之际,尤难为怀。"⑤东晋士人趋于崇尚明秀的审美趣味,大概就在这样的环境里养成的。如此,浙东山水既成了文化生长的自然基质,又成了文化创造足资凭借的重要资源。此后会稽山水与文学的关系为历代文人所津津乐道。如晚唐文人顾云在《在会稽与京邑游好诗序》中这样描绘会稽山水:"造化之功,东南之胜,独会稽知名。前代词人才子谢公之伦,多所吟赏,湖山清秀,超绝上国。群峰接连,万水都会,升高而望,尽目所穷,苍然黯然,兀然澹然,先春煦然,似画似翠,似水似冰,似霜似镜。削玉似剑者,霞布似窈窕者,霜清似英绝者,如是者千状万态,绵亘数百里间,则夫盘龙于泉,巢凤于山,蕴玉于石,

---

① [清]雍正《浙江通志》卷99引旧《浙江通志》。

② 蒋百里《〈浙江潮〉发刊词》,《浙江潮》1903年第1期。

③ 徐梵澄《星花旧影——对鲁迅先生的一些回忆》,载北京鲁迅博物馆鲁迅研究室编《鲁迅研究资料》第11辑,天津人民出版社1983年版。

④ [南朝梁]刘勰《文心雕龙》卷10,影印上海涵芬楼藏明刊本。

⑤ [南朝宋]刘义庆《世说新语》卷上之上,影印文渊阁《四库全书》本。

藏珠于渊,固必有矣。真骇目丧精之所也。其土沃,其人文,虽逼闽蛮而不失礼节,虽枕江海而不甚瘴疫,斯焉郡邑,一何胜哉!将天地之乐萃于此耶?至于物土所产,风气所被,鸟兽草木之奇,妖冶婵娟之出,前圣灵踪,往哲盛事,此传记所详,不假重言也。"①对此,高利华指出:"越地是我国山水文化的策源地。中国山水诗形成于六朝,山水诗的创始人谢灵运,其诗的兴感多得力于会稽、永嘉的山水;现存最早的山水赋是玄言诗人孙绰的《天台山赋》,也刻画了越地山水的灵气;山水散文小品创立人吴均和'吴均体'均以越地山水为表现对象,风格清新秀丽;东晋画家顾恺之在描述会稽山川之美时,以'千岩竞秀,万壑争流,草木蒙笼其上,若云蒸霞蔚'来形容,可见越地山川在艺术家眼中的审美。山水与越地艺术结下不解之缘,这个趋势一直保持到当今,充分显示了越文化的个性。这种个性很大程度上是山水相依的自然特性,一种水的灵性。它们还渗透到越地文人的性灵创作方面,性灵正意味着人的自然性,即情性的自然,主性灵,崇尚自然的传统在越地源远流长,从嵇康到东晋玄言诗,越文化中的性灵取向已经得到彰显,其后逐渐成为艺术文化的一大特色。"②到了唐代,浙东山水更是吸引了无数诗人来此选胜探幽,诚如吴熊和所说:"可以说在白居易之前,浙东山水往往是唐代诗人游踪之所必至,而杭州的西湖之美,则尚有待于人们的逐步开发和重新认识。"③

　　穿越狭长宁绍平原的浙东大运河,既是浙东交通的大动脉,也是流动的文化符号。六朝会稽的航运交通能力更强。从绍兴以东至曹娥这段河道,六朝以前已经存在,西晋末年,贺循为灌田又开凿了绍兴以西到萧山西陵的一段,从上虞通明堰以东则连接姚江、甬江等自然河道可达宁波。其中余姚的"马渚横河"大约开凿于东晋。宁绍平原南高北低,自然河流一律由南向北流,故称人工开凿的东西走向的河流为"横河"。马渚横河的疏凿年代虽无明确的文献记载,但今马渚横河边的贺墅(在余姚马渚镇瑶街弄村)地名与贺循有关。这样,以山阴为中心,横贯浙东平原的交通运河在六朝时已初步形成,它不仅是沟通会稽郡内的交通航线,也是连接浙东、浙西的要道。由于钱清江、曹娥江等潮汐河流切

① [唐]顾云《顾云诗》,民国九年(1920)《贵池先哲遗书》本。
② 高利华《越文化孕育的自然环境及其文化特色》,《绍兴文理学院学报》2007年第5期。
③ 转引自胡正武《唐诗之路与政治因素之关系》,《台州学院学报》2006年第1期。

穿于浙东运河之间,历史上整条运河设有西兴、钱清北、钱清南、都泗、曹娥、梁湖、通明等七堰。南宋时,随着临安(今杭州)成为都城,浙东运河也得到了较彻底的整治,运输能力得到了显著的提高。绍兴地区的人员输送和市场活动,主要是通过浙东运河等交通路线与外部市场发生紧密联系的。陆游《法云寺观音殿记》中就有这样的记载:"浙东之郡,会稽为大。出会稽城西门,循漕渠行八里,有佛刹曰法云禅寺。寺居钱塘、会稽之冲,凡东之士大夫仕于朝与调官者,试于礼部者,莫不由寺而西,饯往迎来,常相属也。富商大贾,捩舵挂席,夹以大橹,明珠大贝、翠羽瑟瑟之宝,重载而往者,无虚日也。"[1]通过这条运河,浙东滨海各地以鱼鲞为主的水产品和水果等源源不断地输入临安。如《开庆四明续志》卷二《郡圃》载:"郡自望京门以西,縣慈溪接姚、虞,经稽、阴,趋钱塘,近数百里,行李舟车,鳞集辐凑。"[2]王十朋《会稽风俗赋》中也说:"航瓯舶闽,浮鄞达吴,浪桨风帆,千艘万舻,大武挽缣,五丁噪呼,榜人奏功,千里须臾。"[3]更为重要的是,浙东运河与宁波港相连接,拥有了运河唯一的出海口,凭借着宁波港,与日本、高丽(今朝鲜半岛)、东南亚等海外国家和地区建立起政治、经济、文化上的联系。缘此,浙东文化的海外影响力亦持续不断。

三、经济:浙东文化发展的温床

区域文化的发展离不开该区域特定的社会经济土壤。浙东临江面海,斥卤可以溯潮而上,加以山岭重叠阻隔,这样的自然生态环境,一定程度上造成浙东先民生存条件的艰难性与封闭性。浙东土地资源有限,田地分布不甚理想,"沿溆则淤于苦浸,并麓又礉而患旱"[4],因而生活贫穷,育成了浙东自耕农式的社会形态。明代王士性说:"浙中惟台一郡连山,围在海外,另一乾坤。其地东负海,西括苍山高三十里,浙北则为天姥、天台诸山,去四明入海,南则为永嘉诸

---

① [宋]陆游《渭南文集》卷19,影印文渊阁《四库全书》本。

② [宋]《开庆四明续志》卷2,中国国家图书馆藏宋刻本。

③ [宋]王十朋《会稽三赋》卷上,影印文渊阁《四库全书》本。

④ [清]黄宗会撰、印晓峰点校《缩斋诗文集·怪松记》,华东师范大学出版社2009年版,第99页。

山,去雁荡入海。舟楫不通,商贾不行,其地止农与渔,眼不习上国之奢华,故其俗尤朴茂近古。"①清人黄宗会《怪松记》亦指出:"王介甫谓:'鄞之大户,其田多不过百亩,少者不满百亩。百亩之直,为钱百千,其尤良田乃直二百千而已。'悲夫!嵩洛丰镐贵游之士,名园别墅,其枯株拳石之费,足当大户数家之产。吾浙东之贫,自古已固然。"②这些都印证了浙东自耕农式的社会形态。

(一)农桑母体

浙东是中国农耕文化的起源地之一。20 世纪八九十年代,在湖南道县玉蟾岩发现了距今 1 万多年,可能与人类栽培活动有关的几粒稻谷和具有原始特征的陶器。2006 年,浙江省考古工作者在浙江北部浦江上山遗址、小黄山遗址进行发掘时,发现了数量较多的炭化稻以及人们生活的村落、石质农业生产工具和日用陶器,以确凿无误的考古材料证明,早在 1 万年前,生活在长江中下游的先民就已经开始了稻的栽培。距今约 8000 年的余姚井头山贝丘遗址,通过筛检大量水稻小穗轴,发现了部分栽培稻。一件陶釜残片上缘,还粘着数十颗黑乎乎的炭化米粒。距今约 7000 年的河姆渡人更将原始农业推进到了耜耕阶段,河姆渡遗址发现的大量稻谷实物、稻作农具以及稻田遗存,都昭示了其胜出一等的稻作文明。井头山、河姆渡、田螺山遗址同处一个港湾内,从出土的遗物可以判断,从井头山人到河姆渡人,他们的生计方式实现了从以海洋渔捞经济为主向以稻作农业经济为主的转变。余姚施岙遗址古稻田,距今 6700—4500年,起于河姆渡文化早期,讫于良渚文化时期,是迄今发现的世界上面积最大、年代最早、证据最充分的大规模稻田。考古学家发现良渚文化时期的施岙稻田结构,由纵横交错的人工田埂组成,呈"井"字形。田埂围着的水稻田面积为750~1300 平方米,田埂中间设置了灌排水口。浙东的稻作农耕技术在距今3000 年左右向东传到了朝鲜半岛,稍晚又传到了日本列岛;向南则传到越南和菲律宾。稻、粟、黍曾长期作为旧大陆史前及历史时期的主要农作物,它们的栽培和传播,使各地区的人们实现了定居生活,人口得以繁衍,也推动了社会分工

---

① [明]王士性著、周振鹤编校《王士性地理书三种·广志绎》卷 4,上海古籍出版社 1993年版,第 330 页。

② [清]黄宗会著、印晓峰点校《缩斋诗文集》,华东师范大学出版社 2009 年版,第 99 页。

和分化,为文明的起源和社会的发展奠定了基础。

我国是世界上最早养蚕、缫丝、织绸的国家。在北方山西省运城市夏县师村遗址发现距今约 6000 年的石雕蚕蛹。河南省荥阳市汪沟遗址出土瓮棺里的头盖骨附着物和瓮底土样中,检测到距今 5000 多年前的桑蚕丝残留物,这是目前世界范围内发现的年代最早的丝织品。南方则以杭州湾地区的考古发现引人注目。余姚井头山遗址出土世界上最早的木碗,系用桑木制成,考古学家定名为"四足单耳桑木碗"。在河姆渡、田螺山,考古工作者都发现过不少桑木材质的器具,推测当时可能已出现桑树种植和养蚕活动。河姆渡遗址第三文化层的一件象牙雕刻的盅形器,外壁刻有编织纹和蚕纹图案,共有"蚕"四条,呈曲身蠕动状,身上的环节、皱纹和脚清晰可见。尽管我们无法辨别图案中的"蚕"是野蚕还是家蚕,但至少可以说明距今约 7000 年的河姆渡人对蚕已经十分珍视。河姆渡遗址孢粉分析中还发现有桑科花粉,透露出桑树存在的信息。长江三角洲具备了野生茧丝昆虫生存所需的温度、湿度和食料等各种生活条件。河姆渡人认识了蚕这种茧丝昆虫,最初可能养之食用,久而久之,就有机会发现蚕丝的秘密。

春秋战国时期,越国兴修水利,发展农桑,为越王句践成就霸业奠定了经济基础。在后来的发展中,杭州湾两岸的蚕桑丝织,都是浙东、浙西文化发展的重要物质基础。从总体上看,浙东的蚕织业虽然逊色于浙西,但亦有重要的贡献。如南朝宋时永嘉人特别注重养蚕的经济效益,已经育出了"八辈蚕"(即多化性蚕)。晋郑缉之《永嘉记》中有关于"八辈蚕"之记载。永嘉"八辈蚕"最精妙的技术是低温控制家蚕化性(世代数),这是我国蚕业史上人为控制滞育(即低温催青产不越年卵)的最早记录。人工低温催青制种技术,能增加养蚕批次,达到多产丝、多织绸之目的,反映出中国养蚕技术在 1600 多年前已达到相当高的水平。

浙东灿烂的农耕文明,留下了丰富的农业文化遗产。即以南宋而论,浙东山丘连绵,植被丰富,为菌类的生长提供了优质土壤和营养物质,故浙东历来盛产菌类。嘉定《龙泉县志》记载了香菇砍花法栽培,这是有关香菇人工栽培的最早、最完整记录。仙居人陈仁玉撰《菌谱》为世界上第一部食用菌专著。天台陈景沂编著的《全芳备祖》,被学界誉为世界最早的植物学辞典。今诸暨市赵家镇自南宋以来形成了桔槔井灌工程,在泉畈村近 2000 亩田畈中,竟分布着上千口古井,直到今天这些桔槔井灌溉工程仍在发挥作用。2015年,桔槔井灌溉工程成功入选世界灌溉工程遗产名录。此外,丽水是"九山半水半分田"的山区,耕地资源稀缺,云和人在贫瘠陡峭的山地上,依山势上下修建出无数不规则的梯田,梯级层次清晰。青田人则发展出稻鱼共生系统。明初洪武年间的《青田县志》有"田鱼"的记载,田鱼已经不是野生鱼,而是一种被农民长期驯化了的传统地方鱼类品种资源。青田人通过稻田养鱼,建立了一个稻鱼共生、相互依赖、相互促进的生态种养系统,这一创举得到世人的公认。2005年6月,青田稻鱼共生系统被联合国粮农组织列为中国第一个、世界第一批全球重要农业文化遗产保护试点。

(二)造物智慧

人类在生存过程中学会了造物,从工具到用具,逐渐形成了一个相异于自然的人造物世界。制器尚象,巧法自然,体现了人类最初的造物智慧。浙东地区拥有深厚的造物文化传统,浙东传统造物工艺的特征在于美用一体。优秀的器物不仅具备实用功能,还承载着与其相关的自然、经济、乡土、审美等文化内涵,彰显了浙东先民的非凡匠心,以及浙东传统农耕文明、海洋文明的底色。因此,浙东的这些造物文明,也是浙东文化的有机组成部分。

1. 造船

2002年,浙江萧山跨湖桥遗址出土了一艘距今约8000年的独木舟,系将一根圆木一侧用火烧焦,然后用石锛挖凿成船体。出土时,周围发现桩架、木桨、石锛和编织物等。这是目前世界上保存下来的年代最早的独木舟。跨湖桥遗址位于杭州湾附近,该独木舟有可能主要在海湾内行驶,但无疑为后来的航海奠定了基础。距今约8000年的余姚井头山遗址,亦出土了木桨。河姆渡人拥有先进的水上交通工具——独木舟和船桨。在河姆渡遗址的第三、四文化层,一共出土了六支木桨,都有柄部和叶部,用整块木料加工而成,桨柄粗细适中,桨叶多呈扁平的柳叶状,制作精致,设计科学,从整体上看,其形状与现代渔民使用的木桨几乎没有差别。越人生活在濒海临江的环境中,素有习水便舟的传统。越国对造船业异乎寻常地重视,设置了专营造船的官署,能建造复杂的木板船,是为造船技术的一大进步。1975年,鄞县云龙镇甲村石秃山出土战国铜钺，下部铸有狭长轻舟，上坐四人，戴羽冠，双手划舟；纹饰上层有两条相向的龙，前肢弯曲，尾向内卷，昂首向天。这是我国已发现的唯一有此类纹饰的铜钺，中国航海协会曾拟以此作为该学会的会徽。

三国时东吴在东越故地重点建设了两个造船基地，即温麻船屯和横屿船屯。从地理上说，前者处于今福建宁德沿海地带，后者位于今浙江飞云江下游以南。唐代明州造船业发达，船舶性能显著提高。船舶制造技术的发展，促进了航运及海外贸易的发展。以张友信为代表的航海家掌握了季风航海术，开辟了更远更快捷的航线。宋代，明州、温州是重要的造船基地。最能体现北宋明州匠师纯熟的工艺设计水平和技术水平的当推"神舟"（正使乘坐的主船）的建造和"客船"（使团中随行官员的坐船）的装饰。元丰元年（1078），宋神宗命安焘、陈睦出使高丽，诏令明州建造两艘万斛船，一名"凌虚致远安济神舟"，一名"灵飞顺济神舟"，均建造于定海（今镇海区）招宝山下，"规模甚雄"，其载重量当在 500 吨以上。这两艘庞大的远洋使船船体平稳，自定海绝洋而东，到达高丽，引得高丽国人欢呼出迎。[①] 宋徽宗即位后，为推广"熙丰之绩"，采取了一系列"加惠丽人"的措施。宣和五年（1123），诏命徐兢等出使高丽，又诏明州为出使打造两艘更大的"神舟"，一名"鼎新利涉怀远康济神舟"，一名"循流安逸通济神舟"，规模之大，"巍然如山岳，浮动波上，锦帆鹢首，屈服蛟蛇"。神舟到达高丽时成为一道壮丽的风景线，以至于"震慑夷狄，超冠古今"。[②] 史弥大为鄞县桃源林尧瑞写的《武翼墓志铭》记载了楼异受命制造航海神舟，遣人采办木料的经过："一日，太守楼公待制被旨造航海神舟，以高丽及迎迓丽人入贡百艘□置，干辨【办】之客率用士人，而君预其一，历天台、过永嘉、入括苍，穷搜山谷无余蕴，下泛大海，冒鲸涛不测之险而归，尽得良材巨木，千章万段，殆非人力所能制，若有鬼工耶。"[③]1979 年，在宁波市东门口码头遗址出土了一艘宋代海船，其钉在舭部外壳板上的半圆木构件，为船舶在风浪中横摇运动时，具有增加阻尼力矩和防摇减摇作用的舭龙骨，经计算与现代船舶对舭龙骨的要求均能大致相符。

---

① 参见[宋]脱脱等《宋史》卷 487《高丽传》，中华书局 1985 年版，第 14047 页；[宋]徐兢《宣和奉使高丽图经》卷 34，影印文渊阁《四库全书》本。
② [宋]徐兢《宣和奉使高丽图经》卷 34，影印文渊阁《四库全书》本。
③ 《桃源林氏宗谱·艺文》，中国国家图书馆藏本。

这在造船史上是一个独创,比国外要早 700 多年。采用这种做法,说明宋代宁波的造船匠师,对减缓船舶摇摆已具有丰富的经验。南宋宝祐五年(1257),政府特立"义船法",规定温、台、明三州所属各县每都(乡)征调船只数,温州所属 4 县共管民船 5080 艘,其中面阔 1 丈以上的就有 1099 艘。温州私营造船业之发达可见一斑。

2. 瓷器

瓷器的前身是陶器,陶器的出现被认为是人类利用自然和改造自然的突出进步之一。在湖南、江西、广西等地的多处遗址中均发现了距今约 1 万年的陶器。瓷器是在陶器制作技术不断进步的基础上发明的。印纹陶是原始青瓷的直接祖先。它们都是古越先民手工业发展的主要标志。早在良渚文化时期,几何纹软陶就已相当发达,发展至马桥文化类型和高祭台文化类型时,均出现了几何印纹硬陶和青铜器两大新的文化因素。由于它们与古越族有着密切的联系,甚或可以视作古越文化诞生的标志。浙东的印纹硬陶始见于商代,考古工作者在上虞县清理了 6 座印纹硬陶窑址,其中 5 座为比较原始的商代龙窑。商代龙窑的出现,为后来烧制原始瓷提供了温度条件,其意义非同小可。硬陶进一步发展后,约在商代中期出现了一种原始瓷,跨出了人类摸索瓷器制作历史进程中十分重要的一步。考古工作者在浙西湖州市德清地区发现了大量的商周时期窑址,已确认为最早的原始瓷产地。浙东余姚老虎山春秋战国墓中出土的原始瓷从小件的盂、碗、杯变成大件的尊、鼎、罐、壶的成套随葬,反映越国称霸中原以后在文化方面积极向中原靠拢的倾向。原始青瓷被视为迈进烧制成熟瓷器的转折点,浙江堪称青瓷的发源地。

中国古代成熟瓷器率先出现于东汉晚期的浙东上虞地区。浙东蕴藏着丰富的优质瓷石矿藏资源,主要成分是石英、绢云母和高岭石,开采极为方便。东汉时曹娥江流域上虞地区的窑工,在长期实践中推动了原始瓷向成熟青瓷的蜕变。从东汉的小仙坛窑址到三国、西晋的凤凰山窑址群,形成了早期越窑青瓷的一个发展高峰。

进入中唐后,越窑青瓷制造技术再度飞跃。明州瓷业生产蓬勃发展,上林湖窑址激增,制造技术大为改进,产品质量已位居全国各大青瓷名窑之首。越窑青瓷造型往往给人以浑厚的观感,在淳朴饱满之中又富有清秀的美感。根据考古调查,上林湖等晚唐窑炉结构为长条形龙窑,只有烧成温度控制适当,使瓷器在高温的火焰下充分还原,才能诞生"千峰翠色"、类冰类玉的传世佳品。中唐晚期越窑正式跨入匣钵装烧阶段,晚唐、五代时匣钵更是大量使用。特别是烧制秘色瓷所使用的匣钵,尤为讲究。匣钵装烧是提高产品质量的关键,标志着越窑烧制工艺的一大飞跃。越窑还设立了贡窑,唐末五代徐夤有《贡余秘色茶盏》诗云:"掤翠融青瑞色新,陶成先得贡吾君。"可知贡窑中生产的极品就是秘色瓷,贡窑当是烧造秘色瓷的窑场。

越窑不但对浙地周边窑系影响深远,且北方的青瓷窑系亦深受其益。北耀州、南龙泉,在工艺及装饰上皆有明显的相互传承痕迹。

3. 编织、纺织

编织、纺织是新石器时代人类的一项重要生产活动。在距今约 8000 年的余姚井头山遗址,发现了以芦苇秆、芒草秆为原料加工编织的类似鱼篓的容器及席子。7000 年前的余姚河姆渡人的编织、纺织技术已经很发达。河姆渡遗址第三、第四文化层普遍发现有苇席残片,总数逾百件,往往采用斜纹编织法,竖经横纬,垂直相交,依次编织而成,编织技术并不比现代逊色。

纺织是在编织技术的基础上发展起来的。河姆渡遗址虽然没有发现纺织品,但出土了许多珍贵的纺织工具实物,其中有大量的陶制、石制和木质的纺轮,以及定经杆、综杆、绞纱棒、分经木、骨梭形器、机刀、布轴及齿状器等部件,据此推断河姆渡人已经发明了原始的水平式腰机(踞织机),这也是已知世界上最早的纺织机械,在当时是一项了不得的成就。原始腰机最重要的技术成果,是使用了综杆、分经棍和打纬刀。综杆使需要吊起的经纱能同时起落,使纬纱一次引入。打纬刀则使纬线更为紧密,从而较好地完成了开口、引纬、打纬三项主要操作,使原始织机具有了机械装置的特点,较大地提高了织物的产量和质量。从打纬刀长度来看,当时的织物,幅宽大约只有 30 厘米。至于纺织的原料,很大的可能是选用纤维较长的葛、麻类植物。人类有了织机,才算真正有了纺织技术,也才能说是进入了利用纺织品的时代。

唐宋以来,浙东宁波鄞县席草业十分发达。清吕发钧《木阜形胜赋》曾这样形容鄞西席业之发达:"席业与农业齐忙,水光接山光一色。"①道光时镇海人姚燮在《四明它山水利图经》中记录了草席编织机:"六月初一日,忌雷,谓损棉。曝席草。其草自下乡来镇者,动以百船计。村之妇皆能制席。徐兆蓉云:制席之法,其具以木为之,两木约五尺许,以厚版镇于下,以两横木式如椽,较两柱稍长,一贯于上,一于下,谓之席机。外以一木,其度杀于机,厚三寸许,阔五寸,凿一孔,一缝于中,鳞次匀序,上下提抑之。孔如豆,缝长三寸余,前分为柄者二,与掌称,名之曰扣。又有叉者,截其竹,长逾扣,首缝缺之,以承草。机既运,且借叉敲击之。其供裁草者,曰三翻凳。凳之面有三,递翻而递复,故以三翻名。其织缕为经者,曰经车。织之法,以细麻为经,草短而不可织者,索以为索,辅经以固。其遇络经索于机,随贯于扣之孔缝中,结其绪于机之下,俾知不断,以椎敲琢之。织以二人,一中坐,一坐于侧,坐凳之最低者。中者把扣其孔缝中经,随扣之俯仰,外内迭更之,如织布然。侧坐者以叉承草二茎,一顺一逆,取其匀,叉之于机。其草之末,出边索者,以寸计,把扣者绕其末于索,以代织之渐高,坐亦随之高。至高不可织,轴其席使之下,仍织如初。席既成,以机刀去两旁之余,并断其余经,结束于端,使之固。"②这是绝无仅有的详细描述浙东古代席草机的宝贵史料。

4. 冶铸

浙东冶铸工业历史悠久。商代中期,中原地区的青铜铸造技术开始传入吴越地区,加之富藏铜、锡等矿产资源,至春秋战国时期,吴越地区已发展成为铸造技术最为鼎盛的区域。吴越两国的铸造工艺主要用于兵器、刀剑的制造,这是基于两国在诸侯争霸中的实际作战情况。《周礼·考工记》记载:"吴粤之剑,迁乎其地而弗能为良,地气然也。"③越王句践设置了工官,越国的青铜器制造业达到鼎盛,特别是青铜剑和戈等兵器的制作,曾达到全国技术的巅峰,涌现出诸如干将、莫邪、欧冶子等铸剑大师。越国铸造的青铜宝剑,又以欧冶子所铸之剑为最上品,时人有"得十利剑,不若得欧冶子之巧"④的说法。今传世的"越王

---

① 《上木阜吕氏宗谱》卷1,宁波天一阁藏本。
② [清]姚燮《四明它山水利图经·丛志下》,中国国家图书馆藏本。
③ [东汉]郑玄《周礼注疏》卷39,影印文渊阁《四库全书》本。
④ [西汉]刘安撰、高诱注《淮南鸿烈解》卷11,影印文渊阁《四库全书》本。

句践剑""越王者旨於赐剑""越王嗣旨不光剑"等,都是技术精湛的极品,充分昭示了于越国手工冶铸的高超水平。

绍兴的冶铜工业长盛不衰,自汉至三国,其又发展成为全国重要的铜镜铸造中心。三国时代,会稽与吴郡吴县、江夏郡武昌县并列为吴国三大铜镜制造基地。今传世的铜镜有不少铭文直接点明了产地、铸镜师等信息,凝结了古代工匠的审美情趣和高超的冶铸工艺。如日本东京国立博物馆收藏"对置式神兽镜"有铭文云:"黄初四年五月丙午朔十四日,会稽师鲍作明镜,行之大吉,宜贵人王侯,□服者也□□,今造大母王三。"湖北省博物馆藏"同向式神兽镜"铭文云:"黄初二年十一月丁卯朔廿七日癸巳,扬州会稽山阴师唐豫命作镜,大六寸,清昌。服者高迁,秩公美,宜侯王,子孙番昌。"山阴的铸镜工匠还被孙权征调到武昌。湖北省博物馆藏"重列式神兽镜"铭文云:"黄初六年十一月丁巳朔,七月丙辰,会稽山阴,作师鲍唐,镜照明,服者也宜子孙,阳遂富贵,老寿□□,牛马羊,家在武昌思其少,天下命吉,服吾王干昔□□。"结合各种信息,可以判断鲍、唐为山阴的两大制镜工匠家族,这两个家族的一些工匠被征调到武昌,成为武昌制镜业的骨干。

上虞人谢平是南朝齐炼钢铸剑大师,发明了"杂炼生鍒"冶炼法,就是兼用生铁和熟铁作原料的灌钢冶炼法。在近代炼钢法应用以前,"杂炼生鍒法"是一种进步的技术,谢平可谓灌钢法炼钢之鼻祖。

宋代缙云的龙泉,相传为欧冶子铸剑之地,冶铸之风不熄。咸平初年(998),杨亿在《处州龙泉县金沙塔院记》中称:"缙云西鄙之邑曰龙泉,实瓯冶子淬剑之地。"[①]北宋时曾任宰相的龙泉人何执中(1044—1118)极力提倡铸剑。清代是浙东铸剑的又一个鼎盛时期,龙泉古城的铸剑业盛极一时,剑铺林立。

5.漆器

在长江三角洲地区,自新石器时代以来,天然漆就被用作涂料和黏合剂。浙东是髹漆工艺的发源地。距今8000多年的余姚井头山遗址出土的一块木头和一根扁木棍上有黑色涂层,考古学家采用了微区红外光谱、热裂解质谱进行分析,确定两件文物上的黑色涂层是天然漆。这将中国乃至世界使用漆的历

---

① [宋]杨亿《武夷新集》卷6,影印文渊阁《四库全书》本。

史,提早到 8000 多年前。杭州跨湖桥遗址曾出土一把漆弓,根据地层年代判断,距今约 7800 年。河姆渡遗址第四文化层出土的髹漆木筒,金黄闪亮,绚丽夺目,距今约 7000 年。

温州漆器具有很强的地域文化特色。宋代时,温州是全国漆器生产中心,并在京城开设了专门的销售商铺。孟元老《东京梦华录》卷二记载京都专设"温州漆器什物铺",吴自牧《梦粱录》卷十三亦记临安专设"彭家温州漆器铺""黄草铺温州漆器"。2005—2010 年,温州鹿城区百里坊、信河街周宅祠巷、八字桥、南塘街等建筑工地先后出土 30 余批次、300 多件宋元时期漆器,以素髹日用器皿为主,它们的造型受到同时期瓷器、青铜器等器物的影响,以精巧优美、式样翻新见长,漆面光亮,风格平易典雅。这些实用器皿代表了温州漆器的主流。另有少数器物为专供欣赏的工艺品,采用了识文、戗金、描金、描漆、针刻、剔犀、银扣等髹饰工艺。相当一部分漆器带有温州铭文,蕴含着大量历史信息。宋代温州漆器以日常生活实用器皿为主,博采众长,种类十分丰富,造型创新,精巧优美。温州漆艺的标志性器物是出土于慧光塔塔基的北宋识文描金堆漆檀木舍利函和识文描金檀木经函(外函),两函既采用了识文工艺,又采用了描金和镶嵌珍珠工艺,图案精致,极为精美。北宋温州漆器已经外销到江苏等地。1978 年江苏省常州市武进县南宋墓出土的戗金庭园仕女消夏图银扣莲瓣形朱漆奁、戗金沽酒图长方形朱漆盒和戗金柳塘小景图朱漆斑纹长方形黑漆盒,使人们认识到温州漆器的真正水平。元代时,温州漆器不仅在国内声名鹊起,而且在国外享有盛誉,受到真腊(今柬埔寨)人的喜爱。

6.造纸

汉唐之时,浙东剡溪两岸生长郁盛的青藤绿竹,是上好的造纸原料。藤纸属于皮纸,三国时孙吴年间,剡县已制作剡藤纸。晋时,剡县造纸业兴盛,是全国藤纸制作中心,剡藤纸被官方定为文书专用纸。唐时,剡藤纸更是盛名擅天下。皮日休《二游诗·徐诗》云:"宣毫利若风,剡纸光于月。"[1]舒元舆《吊剡溪古藤文》云:"异日过数十百郡,东雒西雍,见书文者,皆以剡纸相夸。"[2]剡藤纸薄、轻、韧、细、白,莹润光泽,坚滑而不凝笔。由于剡藤纸是珍品,用之者众,剡

---

① [清]彭定求等《钦定全唐诗》卷 609,影印文渊阁《四库全书》本。

② [宋]高似孙《剡录》卷 5,影印文渊阁《四库全书》本。

藤经历了毁灭性的开发,资源逐渐枯竭,剡藤纸终于难以为继。

北宋造纸业发明了软化植物纤维的新工艺,竹纸遂取代藤纸,受到文人士大夫的青睐。竹纸的兴起,突破了原先造纸原料只能利用植物韧皮的技术限制,取得了把整个植物茎秆都化成纸张的工艺能力,这样造纸原料得到了很大的拓展。凭借着技术的进步,加之浙江会稽盛产的毛竹、苦竹、淡竹都可以作为生产竹纸的优质原料,于是会稽一跃成为北宋竹纸的主要产地,人们称会稽竹纸为"越州纸"或"越纸"。《嘉泰会稽志》卷十七云:"会稽出纸尚矣,剡之藤纸得名最旧,其次苔笺,然今独竹纸名天下,他方效之,莫能仿佛,遂掩藤纸矣。竹纸上品有三:曰姚黄,曰学士,曰邵公(学士以太守直昭文馆陆公轸所制得名,邵公以提刑邵公鬶所制得名),三等皆佳。又有名展手者,其修如常而广倍之。自王荆公好用小竹纸,比今邵公样尤短小,士大夫翕然效之。建炎、绍兴以前,书简往来率多用焉。"①其中姚黄纸当以产自余姚而得名。孙因《越问·越纸》云:"曰姚黄今最显兮,蒙诗翁之赏谈。加越石以万杵兮,光色透于金版。近不数夫杭由兮,远孰称夫池茧。半山爱其短样兮,东坡耆夫竹展。薛君封以千户兮,元章用司笔砚。数其德有五兮,以缜滑而为首。发墨养笔锋兮,性不蠹而耐久。惜昌黎之未见兮,姓先生而为楮。使元舆之及知兮,又何悲剡藤之有无。客曰嫩哉越纸兮,有大造于斯文。然世方好纸而玉兮,又乌知乎此君?"②孙因提到了苏轼、王安石、薛绍彭、米芾等人对姚黄纸的赏识,这说明余姚制造姚黄纸起自北宋。元符三年(1100),苏轼遇赦从海南岛内徙时,曾托人买两千幅越州纸。南宋时汪应辰(1118—1176)知成都府,搜集故家所藏东坡帖刻十卷,其中竹纸占了十之七八。米芾《越州竹纸》诗有"越筠万杵如金版,安用杭油与池茧"之誉。

---

① [宋]施宿《嘉泰会稽志》卷17《物产》,影印文渊阁《四库全书》本。按,[宋]袁文《瓮牖闲评》卷6云:"今所谓邵公纸者,乃龙图学士公邵鬶知越州时作也,余闻其侄孙篪言如此。"(李伟国校点本,上海古籍出版社1985年版,第62页)潘吉星《中国造纸史》第五章第一节云:"会稽竹纸至南宋初,质量已经大有改进,因此昭(原误作'诏')文馆直学士陆轸、提刑官邵鬶仿荆公式样用竹纸制成书笺,流行一时,人称学士笺、邵公笺。"(上海人民出版社2009年版,第254页)考陆轸为真宗大中祥符五年(1012)进士,庆历二年(1042)移知明州,但不及见南宋,故潘文将陆轸置于南宋初是不正确的。由陆轸制成学士笺可证,竹纸制造技术至迟在北宋中期已经成熟。

② [宋]张淏《会稽续志》卷8,影印文渊阁《四库全书》本。

7. 制盐

东汉学者许慎在《说文解字》中说:"古者宿沙初作煮海盐。"相传宿沙氏是炎帝时代的部落,活动在今山东一带。"宿沙",本义泛指生活在沿海地区的人。有学者发现跨湖桥文化时期的先民发明了世界最古老的制盐术,发明了用食盐和黄铁矿作草木灰的助熔剂。[①] 从萧山跨湖桥遗址出土的陶器表面涂有食盐判断,我国东南沿海的原始氏族发明制盐术远早于北方的宿沙氏。

位于宁波北仑大榭开发区下厂村钱家与范家墩自然村之间的大榭遗址,海洋性特色鲜明。2016 年,宁波市文物考古研究所对其进行了抢救性考古发掘,确认该遗址堆积主体属于良渚文化晚期至钱山漾文化时期先民在平地上逐渐堆筑、扩展而形成的高台(系 2 个土台合拢而成)。第二期考古在第 4 层堆积中,出土了成群分布的盐灶 27 座、制盐废弃物堆 18 处,盐灶附近和制盐废弃物堆中采集的炭屑测年结果显示,制盐活动发生于公元前 2400 年左右至公元前 2100 年,其年代大约与太湖流域的钱山漾文化相当,该遗址被确定为目前中国古代海盐业的最早实证。[②] 这是浙江海岛上首次大规模考古发掘的史前制盐遗址,从而为探讨浙东沿海地区的早期盐业生产问题提供了重要线索。

宋代浙东沿钱塘江口到杭州湾南岸,主要的盐场有 7 处,而石堰、鸣鹤这 2 个盐场的产量占全部 7 场的 64%[③],其重要性可想而知。在盐的质量方面,如《宋史·食货志下四》所说:"石堰以东近海水咸,故虽用竹盘而盐色尤白。"所以无论产量、质量,石堰、鸣鹤的盐都是首屈一指的。元代天台人陈椿官下砂盐场司时所著《熬波图》,刊刻于元统二年(1334),为中国现存第一部海盐生产专著。《熬波图》卷上记载宋元人之说云:"浙东削土,浙西晒灰。"这构成了浙江制盐技术的两大分野。浙东盐民"刮咸以淋卤"(又称削土法)。其法将含盐汁较多而起霜的咸土表层,削取或刮聚在一起,堆成盐墩,然后淋漉取卤。削土法以咸土

① 柳志青等《跨湖桥文化先民发明了陶轮和制盐》,《浙江国土资源》2006 年第 3 期。
② 参见雷少、梅术文:《宁波首次发掘海岛史前文化遗址——大榭遗址Ⅰ期考古发掘的主要收获》,《中国文物报》2016 年 12 月 30 日;雷少、梅术文:《我国古代海盐业的最早实证——宁波大榭遗址考古发掘取得重要收获》,《中国文物报》2017 年 12 月 29 日;雷少、王结华执笔:《我国古代海盐业的最早实证——宁波大榭遗址考古发掘专家论证会综述》,《中国文物报》2017 年 12 月 29 日。
③ 陈桥驿《陈桥驿方志论集·〈慈溪盐政志〉序》,杭州大学出版社 1997 年版,第 487 页。

含盐分较多为前提,是浙东最为盛行的取卤技术,不同于卤源较淡的浙西所采用的晒灰法。

(三)饮食文明

饮食无疑是人类生存和改造身体素质的首要物质基础,也是社会发展的前提。随着生产力的发展和社会的不断进步,人类在谋取食物的活动中,也在不断丰富自己认识自然的能力,从而创造出各门具体的文化。从这个意义上说,饮食是人类文明的一个启程点。

1. 饭稻羹鱼

距今约 1 万年的浙东上山先民已经开始耕种水稻,显露了稻作文明的曙光。距今约 7000 年的余姚河姆渡人已经娴熟地掌握了水稻栽培技术,水稻已成为淀粉类的主食。河姆渡人创造了当时比较先进的谷物加工方法——春臼结合的春捣法,河姆渡遗址第四文化层出土的木杵是迄今我国最早的作为粮食加工器械的实物。河姆渡人用以烧饭的“锅”是陶釜,在河姆渡遗址第三、第四文化层出土的陶釜中,有的还粘有烧焦的米粒残渣或“锅巴”。学者推测,当时的主食应以稀饭和“馆粥”为主,同时,河姆渡人也食干饭。

浙东山区丘陵起伏,盛产山珍;东部沿海渔场密布,水产资源丰富。2019年 9 月开始正式进行考古发掘的井头山遗址年代为距今 8300—7800 年,这里出土了先民食用后丢弃的数量巨大的各种海生贝类(蚶、螺、牡蛎、蛏、蛤、蚝等),这是浙江境内首次发现的史前贝丘遗址。井头山先民生活于海滨,靠海吃海,发展出了最初的以鱼贝类为主要食物来源的海洋聚落文化,也不妨说是发展出了最初的海洋渔民聚落文化,可以视为浙东先民走向海洋的起点。1973年发掘余姚河姆渡遗址,从出土动物标本统计可知,先民捕获最多的是水生动物,鱼、蚌、龟、鳖类遗骨多得难以计数,鲻、鲨、鲸、裸顶鲷、青蟹等海产品,以及鲤、鲫、鳙、鲇、鳢等淡水鱼,均进入了先民的食谱,这可以看做越人“羹鱼”的滥觞。出土陶釜中常见的龟、鳖、蚌类水生动物遗骨,正是河姆渡人烧煮水产品的明证,细叶香桂的树皮可能是他们烹饪腥臊之食的解味物。鱼类的营养成分以动物蛋白为主,对河姆渡人的大脑生长发育极有助益。同时,河姆渡遗址还发掘出土了陶制的古灶和一批釜、罐、盆、盘、钵等日用陶器。这些都表明河姆渡文化时期的先民已经形成了"饭稻羹鱼"的饮食模式。《史记·货殖列传》就有"楚越之地……饭稻羹鱼"的记载,概括十分准确。

与本区的水利和垦殖开发密切相关,在历史时期水稻成为浙东主导性的粮食作物。至宋代时,水稻品种大量增加,推动了地区耕作制度的逐渐改变。但也由于南宋以来人口的激增,浙东逐渐成为一个缺粮地区。如明末祁彪佳《救荒杂议》所云:"虽甚丰登,亦只供半年之食,是以每借外贩,方可卒岁。"①清代以来,浙东山区才广泛种植玉米、番薯等杂粮。

2.酒情茶意

酒和茶是中国传统两大饮料。从考古发现看,浙东是酒文化的一大发源地。2021年9月,考古学家蒋乐平、王佳静在美国《公共科学图书馆·综合》杂志发表了题为《中国南方一个有9000年历史的平台堆中有饮用啤酒的早期证据》的研究论文。该文基于对浙江义乌桥头遗址一处墓葬中发现的古代陶器的分析,发现了9000年前南方人喝啤酒的证据;研究还显示了在啤酒酿造过程中使用霉菌的痕迹。依据陶器所处墓葬是在非居民区,他们推测饮酒可能是当时纪念死者仪式的一部分。若然,则从史前社会开始,酒已被赋予一种重要的社会文化功能。

于越国时,酿酒业发达,居人饮酒成风。据《国语·越语》记载,越国以酒奖励生育:"生丈夫,二壶酒,一犬;生女子,二壶酒,一豚。"②越国军队誓死伐吴,句践下令将酒投于河流之上,士卒承流而饮之,留下了"箪醪河"的著名典故。南朝时出现了"山阴甜酒",梁元帝萧绎很喜爱这款酒,自称:"吾小时,夏日夕中,下绛纱,蚊绸中有银瓯一枚,贮山阴甜酒。卧读有时至晓,率以为常。"③他所艳称的"山阴甜酒"大约是浙东最早的品牌酒,或是后来绍兴黄酒的前身。明清时绍兴城乡酒坊林立,乃有"酒乡""酒城""酒国"之称。雍正《浙江通志》卷一百四引《会稽县志》云:"越酒行天下,其品颇多,而名老酒者特行。"梁章钜在《浪迹续谈》中也说:"今绍兴酒通行海内,可谓酒之正宗。……至酒之通行,则实无

---

① [明]祁彪佳《祁忠惠公遗集》卷6。

② 《国语》卷20《越语上》,影印文渊阁《四库全书》本。

③ [南朝]梁元帝《金楼子》卷6,影印文渊阁《四库全书》本。

他酒足以相抗。盖山阴、会稽之间,水最宜酒,易地则不能为良。"①绍兴老酒除了品质一流外,还以贮存年代久远见称,故一些大酿坊常以"陈年老酒"或"远年陈绍"相标榜。清代诗人袁枚在《随园食单》中写道:"绍兴酒如清官廉吏,不参一毫假,而其味方真。又如名士耆英,长留人间,阅尽世故,而其质愈厚。"②1915年,绍兴黄酒在美国巴拿马太平洋万国博览会上获得金奖。

金华酒也是黄酒中的极品。明代金华酒风靡全国,获得了很高的评价。王世贞《酒品前后二十绝》中赞美说:"金华酒,色如金,味甘而性纯。"③李时珍在《本草纲目》中引用汪颖《药物本草》的话说:"入药用东阳酒最佳,其酒自古擅名……饮之至醉,不头痛,不口干,不作泻。其水秤之,重于他水。邻邑所造俱不然,皆水土之美也。"明朝弘治末年流传这样一副对联:"杜诗颜字金华酒,海味围棋左传文。"把"金华酒"与杜甫的诗、颜真卿的字、左氏《春秋》这些中国文化的精粹相提并论,可见当时金华酒受到了文人雅士何等的青睐。而这也是文人雅士对金华酒的最高礼赞。明代有许多小说描写金华酒,如邓志谟《锲五代萨真人得道骂枣记》中云:"开了碧澄澄的金华酒,煮了滑溜溜的玉糁羹。"《金瓶梅》中直接提及"金华酒"的有16处、21次之多。西门庆宴请家人和宾客,西门庆各房妻妾之间互相请客,一般都用金华酒。朋友和客户给西门庆送礼,也少不了金华酒,可见它是一种比较高档的名酒。金华酒在当时已经誉满京师。顾起元《客座赘语》记道:"京都士大夫所用,惟金华酒。"清康熙年间,学者刘廷玑在所撰《在园杂志》中写到历史上的金华酒:"京师馈遗,必开南酒为贵重,如惠泉、芜湖、四美瓶头、绍兴、金华诸品。"④可见在古代京都,金华酒不仅风雅而且很高贵。清乾隆年间,袁枚比较了金华酒、绍兴酒、女贞酒后赞誉说:"金华酒,有绍兴之清,无其涩;有女贞之甜,无其俗。亦以陈者为佳。盖金华一路,水清之故也。"⑤

用红曲酿造的天台红酒有着悠久的历史,是我国古代的三大红酒之一。南

---

① [清]梁章钜《浪迹续谈》卷4"绍兴酒"条,道光二十八年(1848)刻本。

② [清]袁枚《随园食单》卷4,清嘉庆元年(1796)小仓山房刻本。

③ [明]王世贞《弇州四部稿》卷49,影印文渊阁《四库全书》本。

④ [清]刘廷玑撰、张守谦点校《在园杂志》卷4"诸酒",中华书局2005年版,第170页。

⑤ [清]袁枚、夏曾传《随园食单补证·茶酒单》下册,浙江人民美术出版社2016年版,第381页。

宋剡溪诗人释行海在《南明道中》一诗中写道:"酒旗犹写天台红,小白花繁绿刺丛。蜂蝶不来春意静,日斜桐角奏东风。"①诗中的"天台红",指的就是天台山红曲酒。宁海人舒岳祥(1219—1298)曾作《梅下洗盏酌台红感旧》诗一首,云:"天台红酒须银杯,清光妙色相发挥。"②诗人强调须用"银杯"盛"天台红酒",让"清光"与"妙色"交相辉映。元代杨维桢曾任天台县尹,写下了《红酒歌(谢同年智同知作)》,诗中赞云:"桃花源头酿春酒,滴滴真珠红欲燃。"③明代方孝孺所作的《红酒歌》可谓将其情感抒发到了极致:"田家八月秋秫黄,赤肩满担金穰穰。西成万室喜登场,斗酒劳庆年丰祥。天台山人传秘方,酿成九酝丹霞浆。紫檀槽头秋点长,绛囊醅压甘露凉。猩红颗滴真珠光,蓼花色比桃花强。荐新设席请客尝,风吹桂花满屋香。"④这首诗详尽地描述了天台山红曲酒的酿造过程、品质特点。元代佚名《居家必用事类全集》中的天台红酒方就记录了造红曲法和天台红酒的酿制方法。中国科学院自然科学史研究所专家洪光住在其《中国酿酒科技发展史》中阐述,中国最早的红酒方,即为"天台红酒方",并由此认定用红曲酿酒的历史始于浙江天台。⑤ 笔者认为这个"天台",实际就是宁海。宁海人往往自署天台,如胡三省自署"天台胡三省"即为其例,外地人称宁海人亦然,如苏平仲《染说》称"天台方希直"。因此,宁海生产的红曲酒被称为天台红酒并不奇怪。自南宋开始,在很长一段历史时期里,天台红酒主要是在宁海生产的。清代宁海人杨万树《六必酒经》详尽地总结了台温红曲的传统制造方法,叶锡凤《瓯游草》第一草《宁海道中》诗云:"瓶盆酿酒斟红曲,橙橘留皮煮石泉。"亦明言他在宁海道中见到当地村民酿造红曲酒。从舒岳祥、方孝孺、杨万树、叶锡凤等构成的证据链看,宁海在相当长时间里都是天台红酒的主产地,宁海得天独厚的地理环境,十分有利于红曲霉的生长和红曲酒的酿造。杨万树还认为天台山泉水远胜于一般的江河水,是酿酒的佳泉。现经浙江省国土资源厅分析检测鉴定,天台山水质绝佳,堪与世界驰名的酿酒名泉——捷克比尔森泉水媲美。如此好的水质用来酿造红曲酒正是锦上添花。

① [宋]释行海《雪岑和尚续集》卷下,见《全宋诗》第66册。

② [宋]舒岳祥《阆风集》卷2,影印文渊阁《四库全书》本。

③ [元]杨维桢《铁崖古乐府》卷4,影印文渊阁《四库全书》本。

④ [明]方孝孺《逊志斋集》卷24,影印文渊阁《四库全书》本。

⑤ 洪光住:《中国酿酒科技发展史》,中国轻工业出版社2001年版。

浙东是茶文化的发源地。余姚河姆渡遗址出土了 7000 年前的樟科植物遗存，樟科植物叶片为原始茶的主要成分，是原始茶遗存。余姚田螺山遗址发现了世界上最早种植的茶树，距今 6000 年（也有学者对此提出异议）。萧山跨湖桥遗址出土了一粒茶籽，表面呈黑褐色，略有炭化迹象，判断为单室茶果的种子，其外观与现在的杭州龙井茶的单室茶果种子形状非常接近，体积大小也完全符合。经陈珲考证，这是世界上最早的茶树种子，表明茶树起源中心在杭州湾地区。①

汉代以来，道家在浙东十分活跃，道家的服食推动了浙东茶饮的初兴。自东汉以来，浙东境内名茶迭出，是绿茶的主要产地。浙东茶的文字记载最早可溯源到西晋王浮所著的《神异记》："余姚人虞洪入山采茗，遇一道士，牵三青牛，引洪至瀑布山，曰：'吾，丹丘子也。闻子善具饮，常思见惠。山中有大茗，可以相给。祈子他日有瓯牺之余，乞相遗也。'因立奠祀。后常令家人入山，获大茗焉。"②丹丘子是古代道教崇拜的神仙人物，看来浙东早期饮茶的风气与当地道士的活动有很大关联。虞洪是后汉浙东善制饮料的名家，他在丹丘子指点下采集的应该是野生乔木型大叶种茶树的遗存，这种茶树至今在四明山、雪窦山、天台山仍时有发现。王浮虽记虞洪为余姚人，但仅写明采茶之地为瀑布山。唐代陆羽依据其在越州调查所得，在《茶经》中注明："余姚县生瀑布泉岭曰仙茗，大者殊异，小者与襄州同。"据此，《神异记》中的"瀑布山"当即《茶经》中的"瀑布泉岭"，也证明余姚瀑布泉岭的地名在中唐时已存在，陆羽当已确认该地为虞洪采大茗故事的发生地。瀑布泉岭的地理位置，今人一般认为指今余姚四明山区梁弄的道士山白水冲，宋高似孙《剡录》认为其地在剡县："瀑泉怒飞，清波崖谷，称瀑布岭。"自注："岭中产仙茗。"又云："华镇《瀑布岭诗序》曰：'在嵊县西六十里。福善所集，蔚有灵气，昔产仙茗。'《寰宇记》曰：'瀑布岭属余姚。'盖此山联接余姚县界。"③施宿纂《嘉泰会稽志》卷十七又指为余姚化安瀑布茶。笔者以为不必将浙东的瀑布山定位得非常具体，而应视之为有一定地理范围的产区。宋元

---

① 陈珲《杭州出土世界上最早的茶树种籽及茶与茶釜 证明杭州湾地区是茶树起源中心及华夏茶文化起源圣地》，《农业考古》2005 年第 2 期。

② [唐]陆羽《茶经》卷下《七之事》引，见朱自振、沈冬梅编著《中国古代茶书集成》，上海文化出版社 2010 年版，第 11 页。

③ [宋]高似孙《剡录》卷 2，影印文渊阁《四库全书》本。

学者提到的上述地方,构成了仙茗的主要产区。陆羽最早将瀑布泉岭之茶记为"仙茗",表明浙东饮茶之风的初兴与道家服食有直接的关联。吴淑《事类赋注》卷十七引文有"丹丘出大茗,服之生羽翼"之句,说明当时的丹丘大茗乃是仙品,世传有服食升天之功效。《太平御览》卷八六七引陶弘景《新录》云:"茗茶,轻身换骨,昔丹丘子、黄山君服之。"唐代释皎然《饮茶歌送郑容》诗亦云:"丹邱羽人轻玉食,采茶饮之生羽翼。"自注:"《天台记》云:丹邱出大茗,服之羽化。"①又宋杨伯喦《臆乘》引谢氏《论茶》云:"此丹丘之仙茶,胜乌程之御荈,不止味同露液,白况霜华。"②东汉著名道士葛玄已植茗于天台山,至今还留下了"仙翁茶园"的遗迹,更佐明了这一点。

唐代茶圣陆羽,在唐肃宗至德元年(756)避难南下,隐居越州四年,对越中之茶有比较深入的了解。他在《茶经》中划分了主要茶叶产区,称浙西所产,以湖州上,常州次之,宣州、杭州、睦州、歙州下,润州、苏州又下;浙东所产,"以越州上,明州、婺州次"③。可见越州茶的品质在唐代居于浙东第一。陆羽《茶经》对各地瓷质茶具的评价也是"越州上",因为它"类玉""类冰",越茶正可借青瓷之色,使茶汤色泽翠青,分外诱人。这虽是从饮茶的角度来议论,却反映了越瓷如玉似冰、微带青色而又具有透明度的釉色之美,可以说茶艺的需求愈益促成了越瓷的精益求精。

宋代绍兴茶业蓬勃发展,以日铸茶(又名"日注茶")最负盛名。日铸茶产于会稽山日铸岭,被列为贡品。据欧阳修《归田录》记载:"草茶盛于两浙,两浙之

---

① [唐]释皎然《杼山集》卷7,影印文渊阁《四库全书》本。

② 又见[宋]杨伯喦《六帖补》卷16,影印文渊阁《四库全书》本。李广德《"乌程之御舞"与"谢氏〈论茶〉"考论》(《农业考古》2020年第2期)认为谢氏指俗姓谢、字清昼的释皎然,谢氏《论茶》当指皎然的《茶诀》。按,此说不确,谢氏实为谢宗,《太平广记》引《志怪》云:"会稽王国吏谢宗赴假。"东晋孔约《孔氏志怪》亦有"会稽吏谢宗赴假吴中"语,而谢宗当出渡江士族谢氏一族。东晋咸和二年(327)十二月,徙封司马睿少子、琅琊王司马昱为会稽王,置会稽王国。东晋太和六年(371),司马昱被桓温立为皇帝,会稽王国除为郡。谢宗任会稽王国吏当在其间,会稽王即指司马昱。清陆廷灿《续茶经》卷下之一中有谢宗《论茶启》,文字差同谢氏《论茶》,《论茶启》当为谢宗原文名。参见竺济法《东晋谢宗〈谢茶启〉探析——兼与杜育〈荈赋〉比较》,《农业考古》2020年第5期。

③ [唐]陆羽《茶经·八之出》,见朱自振、沈冬梅编著《中国古代茶书集成》,上海文化出版社2010年版,第13页。

品,日铸第一。"①高似孙《剡录》亦云:"会稽茶,以日铸名天下。"②此后,日铸岭一带的茶园长盛不衰,自清代以来形成一个茶市,成为平水茶的重要产地。清代曾专门在日铸岭内辟御茶湾,采制特级茶叶进贡皇帝。

四、浙东文化与浙西文化的差异

浙东、浙西的地理概念总是相伴而生的,因此,学者论浙东文化常常以浙西为主要参照系。浙东、浙西地理毗邻,在文化上有着高度的同源性和一致性,故范蠡说:"吴越二邦,同气共俗,地户之位,非吴则越。"③伍子胥亦说:"吴越为邻,同俗并土,西州大江,东绝大海,两邦同城,相亚门户,忧在于斯,必将为咎。"④从行政建置来看,秦朝置会稽郡,郡治山阴县,辖有越国和吴国故地。西汉末年,会稽郡统辖今江苏南部、上海西部以及浙江大部分地区,甚至还包括福建部分地区。东汉中期,分会稽郡浙江以北诸县置吴郡。会稽郡治移回山阴县,领十五县。也就是说,直到东汉中期,行政上会稽郡统辖之境大幅收缩,会稽郡与吴郡才相并而立。当然,基于不同的地理环境,浙东、浙西文化也存在着一定的差异。

古人早就认识到自然环境对地域文化形成的深刻影响。《汉书·地理志》云:"凡民函五常之性,而其刚柔缓急,音声不同,系水土之风气。"《浙江潮》主编蒋百里曾论述地理环境对浙东、浙西文化的影响:"抑吾闻之,地理与人物有直接之关系在焉,近于山者其人质而强,近于水者其人文以弱。地理之移人盖如是其甚也。"⑤自然因素造成了浙东、浙西文化的禀赋差异,也深刻影响了两地文化的形成。浙东区域的地理范围首先即是按照自然山水的明确界定来划分的,浙东在自然地理上自成统系。从地域文化的分类上观察,浙西相对单纯,而浙东稍显复杂,造成了两浙文化的禀赋差异。单从自然地理因素看,浙西的杭

---

① [宋]欧阳修《归田录》卷上,影印文渊阁《四库全书》本。
② [宋]高似孙《剡录》卷10,影印文渊阁《四库全书》本。
③ 李步嘉校释《越绝书校释》卷7,中华书局2013年版,第173页。
④ 李步嘉校释《越绝书校释》卷6,中华书局2013年版,第151页。
⑤ 蒋百里《〈浙江潮〉发刊词》,《浙江潮》1903年第1期。

嘉湖地区属于太湖平原的一部分,可以归为水乡平原文化类型,与吴文化的关系更为密切。浙西靠近中原,凭借着大运河的便利条件,南北交流频率极高。浙东多山地,丘陵绵延境内,其中宁绍地区兼有滨海、水乡、狭长海岸平原的地理特征;温台滨海地区,因括苍山、雁荡山的阻隔,历史上与外界的交流相对困难,故语言风俗自成一体;还有舟山等地海岛,为典型的海洋文化区;而浙南山地丘陵地区,地处内陆,在经济、文化上相对落后。依据王士性在《广志绎》中的观察分析,明代浙江境内,基于各地的地理环境和文化传统,形成了三个相对稳定的亚文化区域:"杭、嘉、湖平原水乡,是为泽国之民;金、衢、严处邱陵险阻,是为山谷之民;宁、绍、台、温连山大海,是为海滨之民。三民各自为俗,泽国之民,舟楫为居,百货所聚,闾阎易于富贵,俗尚奢侈,缙绅气势大而众庶小;山谷之民,石气所钟,猛烈鸷愎,轻犯刑法,喜习俭素,然豪民颇负气,聚党与而傲缙绅;海滨之民,餐风宿水,百死一生,以有海利为生不甚穷,以不通商贩不甚富,闾阎与缙绅相安,官民得贵贱之中,俗尚居奢俭之半。"①王士性对于浙江三区风土人情的精准概括,足资地域文化研究者参考。

自然环境决定了浙东、浙西经济状态的差异。浙西是我国历史上最富庶的区域,浙东则不然。宋代金华王柏指出:"窃惟两浙概号富饶,而东浙之贫,不可与西浙并称也。"②曹聚仁在《我与我的世界》中历陈浙东、浙西的不同:"浙东最大的富户,不会拥有两百亩以上的田地,没有不稼不穑的地主。""浙西属于资产阶级的天地,浙东呢,大体上都是自耕农的社会。"③浙东先民生存的艰难,在很大程度上是由自然环境决定的。浙东的自然条件相对恶劣,丘陵地貌有山洪漫流之患,滨海环境有潮汐侵袭之忧。《宝庆四明志》卷十四《奉化县志》记风俗云:"右山左海,土狭人稠,日以开辟为事。凡山巅水湄,有可耕者,累石堑土,高寻丈,而延袤数百尺,不以为劳。仰事俯畜,仅仅无余。人窜于财,亦惮为非。"浙东人处于崇山峻岭,没有浙西那样广袤肥沃的田园,其发迹靠的不是天,而是自己的奋斗,先民含辛茹苦,惨淡经营,赤手开出新的生存空间。尽管浙东

---

① [明]王士性著、周振鹤编校《王士性地理书三种·广志绎》卷4,上海古籍出版社1993年版,第324页。

② [宋]王柏《鲁斋集》卷7《赈济利害书》,影印文渊阁《四库全书》本。

③ 曹聚仁《我与我的世界》,人民文学出版社1983年版,第38—39页。

的宁波有优越的港口资源,自东晋以来,宁波的海上航线延伸得很远,"泛船长驱,一举千里,北接青徐,东洞交广"①,进入唐代以后,宁波的航海业更加发达,但这并未从根本上改变自耕农式的社会形态。

浙东独特的地理环境还养成了先民敦朴、奋斗、冒险、开拓等品性,他们洋溢着刚毅尚气、冒险进取的硬气精神。越地民风尚朴尚野,越王句践称之为"越性"。句践在战败后卧薪尝胆,将这种野性演绎得淋漓尽致。王晓初评价说,由句践所代表的"这样一种坚忍顽强、报仇雪耻的抗争精神可以说构成了越文化的又一精神原型。在某种意义上,也可以说是越人在经过了三次海侵,由河姆渡文化退居会稽山上刀耕火种3000余年顽强存活下来的民族精神的一次历史积淀。在越文化的发展史上,这种'硬气'的人物可谓比比皆是,而且越是面对险恶的环境,这一精神越是鲜明突出"②。越性中的硬气,乃是由山海环境磨砺出来的、凝定于浙东人身上的群体性格。秦汉时期,吴越人武勇好斗,《汉书·地理志》称:"吴粤之君皆好勇,故其民至今好用剑,轻死易发。"史籍记载的会稽人物中,不乏刚强之辈。如严光身上就有"狂奴故态",不屈于权势,不惑于富贵,更具有"不屈于帝王"的抗争精神。东汉王充《逢遇篇》云"夫希世准主,尚不可为,况节高志妙,不为利动,性定质成,不为主顾者乎"③,道出了浙东人物内蕴的"节高志妙,不为利动"的个性精神。东汉末年虞翻对王朗说"海岳精液,善生俊异"④,强调了自然环境对人物的影响。他所说的"海岳精液",精确地概括了浙东人物兼备海性与山性的特点,生活在斯区的俊逸,都是山海文化孕育出来的。虞翻本人就有性疏的个性,多次犯颜谏净。后来,孙权一怒之下将他贬谪到交州。永嘉南渡之后,大批北方士族迁居浙东,他们以诗书、玄学引领风气,浙东的刚性民风才逐渐弱化。但浙东地区由尚武向尚文的转变,是一个漫长的历史过程,至五代时,有些地方的尚武风气还很浓厚,白居易诗所谓"句践

① [西晋]陆云著、黄葵点校《陆云集》卷10《答车茂安书》,中华书局1988年版,第174—175页。
② 王晓初《越文化的渊源、流变与意义(上)——东方现代性的萌芽与发生》,《绍兴文理学院学报》(社会科学版)2008年第5期。
③ [东汉]王充《论衡》卷1,上海人民出版社1974年版,第4页。
④ [晋]虞预《会稽典录》卷下《朱育》,《四明丛书》本。

遗风霸"①,说的就是越地的尚武遗风。唐代的浙东人物,如义乌人骆宾王天生一副侠骨,好打抱不平,徐敬业起兵反武则天,骆宾王毅然参加,所作名篇《为徐敬业传檄天下文》,斥责武后罪状,行文气势凌厉,足见其刚直的个性。据《唐语林》卷一记载,元和初衢州人余长安的父、叔为同郡方金所杀,时长安才八岁,自誓惩办凶手,至十七岁成功复仇。其时浙东士人身上的这种刚强之气,融入佛道思想后,更多的是以变异的方式存在着的。如贺知章、张志和、释贯休等人身上,多见清狂放诞、豪放不羁之气。即便是清新纯真的越女,其内在精神也隐隐透出英气,如在国家危亡之际,西施义不容辞地入吴,不惜香消玉殒。李白在《西施》一诗中诠释说:"西施越溪女,出自苎萝山。秀色掩今古,荷花羞玉颜。浣纱弄碧水,自与清波闲。皓齿信难开,沉吟碧云间。勾践征绝艳,扬蛾入吴关。提携馆娃宫,杳渺讵可攀。一破夫差国,千秋竟不还。"②以来游浙东的李白的眼光观之,越女代表西施集柔媚与阳刚之气于一身。

直至北宋,浙东真正迈入尚文的时代,勇悍刚强的民风仍未完全消失,如南宋《宝庆四明志》卷十四《奉化县志》记奉化人"大抵受性刚直,任气尚义"。这种任气一路表现为犯颜直谏、官场抗争、桀骜不驯,另有一路化为学术上的尖锐批判、求新求异。明代万历《新修余姚县志》卷五《风俗》云:"比□国有大棘,裁难死节者,又吾姚士。"万历《绍兴府志》卷十二《风俗志》亦云:"士夫以名节相尚,嘉、隆以来,抗疏者籍籍,当时权相有言曰:'惟绍兴人饶我不过。'其语至今天下传之。"明代山阴文人徐渭桀骜不驯,这在其诗文中表现得非常突出。袁宏道在《徐文长传》中写道:"文长既已不得志于有司,遂乃放浪曲蘖,恣情山水,走齐、鲁、燕、赵之地,穷览朔漠。其所见山奔海立、沙起云行、雨鸣树偃、幽谷大都、人物鱼鸟,一切可惊可愕之状,一一皆达之于诗。其胸中又有勃然不可磨灭之气,英雄失路、托足无门之悲,故其为诗,如嗔如笑,如水鸣峡,如种出土,如寡妇之夜哭,羁人之寒起。虽其体格时有卑者,然匠心独出,有王者气,非彼巾帼而事人者所敢望也。"③邵廷采《明儒王子阳明先生传》一文更将姚士的清刚与阳明

① [唐]白居易《白香山诗集》卷29《和微之春日投简阳明洞天五十韵》,影印文渊阁《四库全书》本。

② [唐]李白著,瞿蜕园、朱金城校注《李白集校注》卷22,上海古籍出版社2011年版,第1288页。

③ [明]袁宏道《瓶花斋集》卷7《徐文长传》,明万历刻本。

良知学说直接联系在一起："姚江自文成后大臣以刚正著者,赵端肃锦、孙清简鑨、陈恭介有年,皆能以身明道。至施忠介邦曜、孙硕肤嘉绩,学文成之学,而生死大节同国休戚存亡,与夫世之口说良知者相万也。"①当然,浙东士人不受权势威压的刚性气质,在强大的君权专制面前,也容易受到严厉的摧折。明代方孝孺是"台州式硬气"的典型,他为了捍卫"道",在原则性问题上绝不妥协,誓不为燕王登基草诏,惨遭磔刑,被灭十族,这是刚而易折的极端例子。天台的齐周华认为雍正皇帝处理吕留良案极为不当,撰《救晚村(留良)先生悖逆凶悍疏》,公开赞扬吕留良的著作"能阐发圣贤精蕴,尊为理学者有之",因被拘至杭,在狱中受尽酷刑,坚不认罪。乾隆元年(1736),得赦出狱,浪迹中不改品行,后旧案复发,终被凌迟处死。浙东士人的刚强气质,在沧桑变革时代表现得尤为激烈,如浙东士人群体反清复明运动,书写了悲壮的一页。清代会稽人孙德祖《百字令·题甬上范氏所藏双忠卷。卷为倪文贞公兰石、张忠烈江上闻笛诗墨迹各一纸》词云:"浙东人物,染前朝碧血,尽多同调。"②此所云"同调",道出了浙东人物的群体性格。

在古代,浙西的自然条件优于浙东,浙东人口的聚居地,往往更容易遭受山洪、海溢、台风等天灾的袭击,靠个人的渺小力量无法完成修建堤坝、桥梁等大型工程,亦无法抗衡大自然的威胁,只有动用集体的力量,相恤相助,相帮相扶,才能建立起生存立足的家园。由此,浙东人形成了强烈的群体抱团互助意识。南宋政治家史浩说:"今夫民俗之善,不过出入相友,守望相助,疾病相扶持,其极则凿井耕田、日用饮食而已。"③当然,家族、乡党的合作,一方面形成某些竞争优势,但同时也因明显的排他性,给社会的发展带来一定的阻力。

在浙东文化的形成过程中,时代越靠后,人文因素的作用越突出。不同的地域因素造就不同的人文性格。浙西地处太湖流域的平原地带,农业发达,交通便利,故成熟后的文化多趋于典雅、精巧、藻丽、柔弱。浙东则不同,民风尚敦朴,"其民勤于身,俭于家,奉祭祀,力沟洫,有禹之遗风焉"④。明代王士性《广

---

① [清]邵廷采《思复堂文集》卷1,祝鸿杰校点,浙江古籍出版社1987年版,第48—49页。
② [清]孙德祖《寄龛词》卷3,《清代诗文集汇编》本。
③ [宋]史浩《尚书讲义》卷16,《四明丛书》本。
④ [宋]罗濬等《宝庆四明志》卷1引《会稽志》,中国国家图书馆藏宋刻本。

志绎》比较了浙东、浙西的风俗云:"两浙东、西以江为界而风俗因之:浙西俗繁华,人性纤巧,雅文物……浙东俗敦朴,人性俭啬椎鲁,尚古淳风。"①浙东地区的民风历来以俭朴为本,以"有禹之遗风"为傲,虽然受时代环境的影响,也会出现奢靡的风气,但无法与浙西相比,亦无法从根本上动摇本地敦朴的民风。故万历《绍兴府志》卷十二《风俗志》说:"物之熙熙,或病其质。……再传而侈靡竞出,世洽盛隆,四海皆若斯,独吾越乎哉?然俗沿于土,依于闻见,虽稍以时变易,综其实固不甚远也。"从这段文字的表述看,"质"是越俗的本色,是越俗的文化基因,这是由浙东人民的力本重农所决定的。在"以时变易"中,越地固然出现了奢靡之风,促使古朴之风稍衰,但在强大的"质"的文化基因作用下,奢靡之风被控制在一定的范围,因此并不能完全改变或颠覆"质"的民风。

地理环境上的差异,亦造成了浙东、浙西教育上的差异。富庶的浙西,追求享受者多,埋头读书者少。南宋黄榦曾指责说:"浙右之俗,专务豪奢,初不知读书为何事。"②浙东诸生则不然,能安贫乐道,读书向学的风气十分浓郁。如《宝庆四明志》卷十四记载明州"富家大族皆训子弟以诗书,故其俗以儒素相先,不务骄奢"。浙东、浙西在学术文化上亦有差异,总的说来浙西学者偏少,学术成就远赶不上浙东。清代章学诚《文史通义》中说:"浙东贵专家,浙西尚博雅,各因其习而习也。"③"贵专家"就是贵在一代代的学者在继承前人的基础上不断创新。专家之学,贵在独创,不断地推陈出新是他们的使命,而不是停留于对前人的著作进行考订注释。浙东学术因时而异,因时而新,不守旧说,冲破旧章,提倡学贵自得。章学诚所说的"博雅",指的是乾嘉考据学派。将考据的方法发展成为治史的主要方法,是由顾炎武开创的,顾炎武是浙西学派的代表。关于浙东、浙西在文风上的差异,黄宗羲曾比较说:"曾忆与陈令升剪烛论诗,颇有短长。余曰:'浙东之诗,看他好处不出;浙西之诗,看他不好处不出。'令升曰:'看他不好处不出,此言尤毒。如此做去,更自转身不得,所谓五百年堕野狐身也。'

---

① [明]王士性著、周振鹤编校《王士性地理书三种·广志绎》卷4,上海古籍出版社1993年版,第213页。

② [宋]黄榦《勉斋集》卷8《与胡伯量书》,影印文渊阁《四库全书》本。

③ [清]章学诚《文史通义》卷5《内篇五》,上海古籍出版社2008年版,第169页。

相与一笑。"①这里的"好"是指辞藻华丽。黄宗羲意为浙东之诗不尚辞藻,太过质朴,而浙西之诗专尚辞藻,太过华丽。黄宗羲的这种评价,表明他既不满意于太过质朴,更不满意于辞藻华丽,因为后者正表现为七子派的余焰。

---

① [清]黄宗羲《谢莘野诗序》,见沈善洪、吴光主编《黄宗羲全集》第 10 册,浙江古籍出版社2005 年版,第 97 页。

浙东文化的发展模式

　　文化的生长环境包括自然环境和人文环境,两者如山海镜花,相互映发,不可截然分开。从后世的大量记载来看,浙东历经了长期的海、陆、人互动的历史进程,其最吸引人之处,一是自然山水和丰富物产,二是氤氲宗教情趣的仙山佛国,三是悠久的人文历史,这三者又往往融于一体。尽管如此,不同历史时期自然地理与人文地理发生的作用却是大不一样的。即以文学而论,程千帆在《文论十笺》中指出:"中国文学的方舆色彩,细析之则有先天后天之分。先天者,原乎自然地理;后天者,原乎人文地理。古则异多同少,异中见同;今则同多异少,同中见异。"[1]这段话意味着,古则以自然地理影响文学为主导,故异多同少;今则以人文地理影响文学为主导,故同多异少。那么,古今的界限划在何处,程千帆没有明确回答。杨万里提出以宋代作为地域文学"古今"之界较为合理。[2]笔者顺次提出,影响浙东文化的古今地理之别,以宋为界较为合宜。宋以前的浙东区域,举凡越人性格的养成,玄言诗的发展和山水诗的兴起,以及浙东唐诗之路的形成,自然山水的作用尤为突出,下层民风尚武的色彩更为浓厚,中唐以来浙东激烈的反抗斗争此起彼伏,正是这种民风的表现。宋代以来,随着教育、科举及理学的传播,浙东文化的核心价值观与中原并无区别。简单地说,地理环境对浙东文化的影响,宋以前以自然为主导,宋以后以人文为主导,得益于诗礼的熏陶,社会相对安定,这也决定了浙东文化发展模式的前后差别。

---

① 程千帆《文论十笺》,黑龙江人民出版社1983年版,第125页。

② 杨万里《宋代地域文学研究》,上海古籍出版社2020年版,第3页。

一、人口变迁对浙东文化发展模式的影响

浙东人民自然是浙东文化创造的主体,浙东人民包括世代居住在浙东的本地人,也包括迁居和寓居的外地人。本地人与外地人也只是相对而言的,外地人若定居于此,经过世代累积,也就转化为本地人。外来高素质人口的涌入,对浙东文化的发展产生了极大的推动作用。

在浙东文化的发展过程中,人口迁徙与流动的作用十分直接。自有文字记载以来至宋室南渡,几次大规模的人口迁移,对浙东文化的影响甚为深刻。如越国迁都后,越地的人口亦大批北上,这是越地文化勃衰的一个重要原因。后越败于楚,楚文化逐渐南侵,秦并会稽后,多次移民,使会稽之地的人口大换血,促成了越、汉民族的进一步交融,其时浙东文化处于弱势发展的状态。永嘉南渡后,大批人口迁入浙东,浙东终于迎来了一个发展的机遇期。万历《绍兴府志》卷十二《风俗志》提及永嘉南渡后越地人物之盛云:"晋迁江左,中原衣冠之盛,咸萃于越,为六朝文物之薮,高人文士,云合景从,声名遂为江左之冠。"如孙绰居于会稽,游放山水十有余年。王羲之致书吏部郎谢万云:"比当与安石东游山海,斥行田视地利,颐养闲暇,衣食之余,欲与亲知时共欢宴。虽不能兴言高咏,衔杯引满,语田里所行,故以为抚掌之资,其为得意可胜言邪?"[①]高门世族之所以能长居会稽,与他们在会稽抢置田产有极大关系。田余庆指出:"东晋成、康以后,王、谢、郗、蔡等侨姓士族争相到此抢置田业,经营山居,卸官后亦遁迹于此,待时而出。"[②]高门世族在会稽抢置田业,有其出处进退、待时而动的精心谋划,同时此举也密切了会稽与建康之间的关系。王、谢等世家大族的迁入,使北方世族文化输入会稽,有力地促进了东晋会稽文化的突进。即以文学而论,"永嘉南渡使先秦以来的中国文学重心第一次从黄河流域迁移到长江流域,中国文学的空间版图发生了新的裂变和重组",北方世族迁居地所在形成了四大文学地理空间格局,即:以建康、京口为中心的丹阳、晋陵地区,以会稽为中心

---

① [宋]施宿《嘉泰会稽志》卷14,影印文渊阁《四库全书》本。

② 田余庆《东晋门阀政治》,北京大学出版社2005年版,第64页。

的东土五郡(会稽、东阳、新安、临海、永嘉),以庐山和彭蠡为中心的江州地区,以襄阳和江陵为中心的荆雍地区。① 其中以会稽为中心的会稽区块,有剡溪两岸的山水之胜,吸引了王羲之、谢安、孙绰、许询、李充等文士来此游弋山水,谢灵运等甚至在此建立庄园。他们将玄学与山水自然密切融合,孕育出山水文学。谢灵运的山水诗就是在这种文化背景中开创的。随着玄风南渡,晋人竞相以狂傲放诞相标榜,竟似习与性成,这大大启导了浙东人士刚性气质向清狂一路的转化。唐代贺知章生性放旷,"晚年尤加纵诞,无复规检,自号'四明狂客'"②,他的行为与晋人一脉相承。

唐代自安史之乱后的150多年间,战乱主要发生在北方,江浙地区则获得了平稳的发展,全国的经济重心向东南转移,江浙逐渐成为大唐最重要的财赋来源地,也促成了政治格局的南北变化。宋章如愚《群书考索续集》记载:"德宗建中之间,韩滉之节度浙江东、西也。是时车驾在奉天,滉则献绫罗四十担;李晟驻军于渭桥,滉则饷米百余艘。乘舆反正于长安,滉则贡米百万斛,非特此尔。而唐虽名为都长安,而大农之国计实仰给于东南,其它诸郡无有也。"③这一时期,北方常常干戈扰攘,北方士人开始了新一轮的大规模南迁运动。这些南迁人士主要集结于东吴一带,如李白在《为宋中丞请都金陵表》中所说:"天下衣冠士庶,避地东吴,永嘉南迁,未盛于此。"④浙东的越州也是北人重要的迁居地,可以视为"避乱东吴"现象的外溢。穆员说:"贤士大夫以三江五湖为家,登会稽者,如鳞介之集渊薮。"⑤可见安史之乱后涌入浙东越州的贤士大夫一度数量庞大。但他们中的很多人可能只是暂时寄寓,如独孤及自洛阳侍母赴越州避乱,投靠从叔越州刺史独孤峻。独孤及于乾元元年(758)入浙东幕府,后来他为官各地,最终没有安居浙东。因此,这批暂居越州的贤士大夫,除对浙东文学的影响比较显著外,并未引发浙东文化的突进。况且自天宝以来,浙东地区的社会矛盾比较尖锐,内患不断,出现了几次人民的反抗斗争,如天宝三年(744)吴

---

① 王建国《永嘉南渡与江南文学的空间演变》,《中国社会科学报》2014 年 8 月 27 日。

② [后晋]刘昫《旧唐书》卷 190《贺知章传》,中华书局 1979 年版,第 5034 页。

③ [宋]章如愚《群书考索续集》卷 46《财用门·东南财赋》,影印文渊阁《四库全书》本。

④ [唐]李白著,瞿蜕园、朱金城校注《李白集校注》卷 26,上海古籍出版社 1980 年版,第 1511 页。

⑤ [唐]穆员《工部尚书鲍防碑》,见《文苑英华》卷 896,影印文渊阁《四库全书》本。

令光起义、广德(763—764)初余姚龚厉父子起义,宝应元年(762)袁晁起义更是声势浩大,大中十三年(859)又有裘甫起义。晚唐时在黄巢农民军大起义的影响下,乾符四年(877)又爆发了刘文聚众于镜湖等起义。浙东地区接踵而起的反抗斗争,既给统治者以沉重打击,同时也阻碍了经济、文化的进一步发展。到了五代,吴越国采取保境安民之策,经济得到较快的恢复和发展,社会富庶而稳定,流离迁徙于浙东的人士才逐渐多了起来。尽管规模并不大,但他们的后裔开始在浙东的明州等地区发力,并对文化的进程产生了重大的影响。唐末五代,由于明州相对稳定,一批具有较高文化素养的外来户迁居至此。这种自发性的移民呈现出一定的规模。据现代浙东地区的氏族源流调查,自唐末五代迁入四明而至今繁衍成族的氏族至少有 20 余支,迁移原因有做官、避乱、商游等,近距离迁徙者为数不少。即以"庆历五先生"的家族而论,杨适之先相传为隋朝越国公杨素之后,后有杨岩仕于吴越,子孙散居会稽,号浙左院,其后随钱氏归宋,迁居慈溪,杨适即隐居石台乡大隐山。其他三个家族都自浙东其他地区迁徙而来,如王致之先为睦州桐庐人,五代时仁镐仕为明州衙推,因家于鄞之桃源乡;楼郁(1008—1077)之先为婺州东阳人,大约在唐末迁居四明奉化县;杜醇称"会稽杜先生",则其祖籍当在会稽。这些移民很快融入当地的社会中,并以其优良的潜质,为当地的经济开发做出了贡献。他们的后裔也很快显示出自己的文化优势。从某种意义上说,明州的新儒学运动首先是由一群具有民间隐儒门风的移民后裔发动起来的。甚至连他们的门生也多是从外地迁来的,如史氏,宋初迁自江苏溧阳;舒氏,吴越国时迁自齐;袁氏,大约在五代时迁入明州;高尚泽葛氏,庆历中自处州迁鄞;等等。各类移民在迁徙的过程中,往往历经磨难,因而更能够主动地选择和适应新的环境,在竞争中富有活力。可以说,明州不少移民的后裔在文化程度上要高出土著一等,且见多识广,因而在构建宋代明州主流学术文化的过程中起到了较为关键的作用。

靖康之难,促使以文士为主体的北方上层移民大规模南迁,史载"中原士民扶携南渡,不知其几千万人"[①]。其中江南、江西、福建是移民的主要分布区,其中入浙的移民中,精英阶层比例极高,且具有相当高的文化素质,正如右谏议大

---

① [宋]李心传《建炎以来系年要录》卷 86,中华书局 1988 年版,第 1422 页。

夫郑毅所说:"平江、常、润、湖、杭、明、越,号为士大夫渊薮,天下贤俊多避地于此。"①留居会稽的文士数量极多,会稽作为浙东首屈一指的巨镇,其地位几与金陵相当。故陆游《会稽志序》说:"中原未清,今天下巨镇,惟金陵与会稽,自荆、扬、梁、益、谭、广,皆莫敢望也。"②万历《绍兴府志》卷十二《风俗志》亦云:"宋南渡之后,学徒益盛。"会稽之外,明州、台州、温州亦是文人迁居的重地,故孙觌说:"四明,浙东佳处,年来士大夫避地多在温、明间。"③这些高素质的移民分布于浙东各地,立定脚跟,繁衍成族,并很快显示出独特的文化优势。如慈溪自"建炎南渡,衣冠士族,览山川之秀,多卜居焉,科文始盛,名族率称汴宋遗宗"④。再看奉化,戴表元说:"于时浙中诸老林立,寄公侨客自中原避兵来者泉集,而吾州尤为渊薮,衣冠谈笑,朝暮翕合。"⑤南宋定都临安,浙东诸郡成为畿辅,这为浙东文化的发展带来了千载难逢的历史机遇。

永嘉南渡、安史之乱、靖康之乱,这三次重大的历史节点,从总体上反映出中国经济文化中心向南迁移的历史趋势,而浙东文化则主要是在永嘉南渡和靖康之乱这两大节点上,出现了两次令人瞩目的文化突进现象。在大规模的人口迁移潮中,高素质的移民对浙东文化的发展至关重要。很多移民入越后,数代世居,遂成大族,又由大族发展成为文化望族。

有迁入亦必有迁出。浙东比较引人注目的人口迁出大约发生于明清,以底层民众为主。明清以来,浙东地少人多的矛盾日益突出,出现了大批劳动大军外出打工,还有众多的商人行走于全国各地。早在明代初期,宁波府鄞县外出务工人员就逐渐增多。黄润玉在《读〈农桑辑要〉》中云:"江浙人稠地窄,虽有不材,能欲广开垦,如农书之法,难矣!惟西江人多,往湖广、淮西砟山开荒,种艺以养生,但人牛力旺,无不充足。吾鄞人独陶冶者,散于江淮间,烧瓦与瓮而已。且大江之东,膏腴田土多归寺院。小民佃种十八,以养游食之人。安得限民名

---

① [宋]李心传《建炎以来系年要录》卷20,中华书局1988年版,第405页。

② [宋]陆游《渭南文集》卷14,影印文渊阁《四库全书》本。

③ [宋]孙觌《内简尺牍》卷2《与杨枢密》,影印文渊阁《四库全书》本。

④ [清]光绪《慈溪县志》卷55《风俗》引《嘉靖志》。

⑤ [元]戴表元《剡源文集》卷9《朱伊叟诗序》,见李军、辛梦霞校点《戴表元集》,吉林文史出版社2008年版,第122页。

田,以活小民,俾终岁勤苦、不饥不寒乎?"①这段话道出了浙地人多地少的社会现实。他将西江人与鄞人的经济状况进行了对比,指出以输出劳力方式外出谋生的鄞人,只有陶冶一艺散于江淮间,留在本土的小民以佃种为业,生活艰难,而膏腴之田多归寺院。这批外出谋生的鄞县手工业者,以迁居江苏宜兴从事陶业者最为著名,有功于宜兴紫砂壶的崛起。据《丁蜀镇志》记载,明景泰癸西年(1453),鄞县鲍氏为避天灾人祸,族人纷纷背井离乡,迁居外省他乡。后来鲍氏迁居宜兴丁山,在此繁衍生息。明嘉靖年间,同鲍氏有世代姻亲关系的鄞县葛氏,为了躲避倭寇的烧杀抢掠,也随之迁居丁山。定居丁山的葛、鲍两姓人氏经数代人的艰苦奋斗,至晚明逐渐发展成为丁山有名的窑户和商户。王穉登于万历十一年(1583)游宜兴时作《游荆溪疏》云:"蜀山黄黑二土,皆可陶。陶者穴火负山而居,累累如兔窟。以黄土为胚,黑土傅之。作沽瓴、药垆、釜、鬲、盘、盂、敦、瓵之属,鬻于四方,利最博。近复出一种似均州者,获直稍高。故土价踊贵,亩逾三十千。……陶者甬东人,非土著也。"②这段文字记录了江苏宜兴烧窑制陶工人皆来自甬东,这里的甬东指的是宁波,更确切地说是指鄞县。这在家谱中多有反映,如《光溪鲍氏宗谱》记载清任泰《竹林公传赞》云:"光溪鲍氏为鄞著姓,族大繁昌,明季有迁常州之阳羡业陶器治生理者,曰白宕,曰蠡墅,曰丁山,而白宕为尤盛。公幼籍光溪,于房分为西房,在壮年习闻之,窃自喜,遂来白宕,买宅业陶,以陶业起家。公为人敦厚朴诚,重然诺,不事华靡,乡里咸称之,以公为长者。公虽不与人计锱铢,较短长,而产日益丰。亲族人之先迁者,家业恒相埒,而声誉颇过之。"③天一阁藏光绪刻本《葛氏家谱》载葛启时《光远堂记》云:"我葛氏之由宁迁宜也,自前明嘉靖季年始。厥后或因兵燹,或因经商,或因工作,或因风俗之醇,或因溪山之胜,迄于国初,汤渡、湖㳇、白宕、丁山间源源而来者,于是处处焉。康熙中叶,二十六世祖九章公念子孙之栖止虽安,而宗祖之神灵靡托,爰邀宗长并及各支,酌理准情,捐资集款,乃得鲍姓旧宅两进十楹,虽非崇墉比栉,鸟革翚飞,取光远自他之义,颜之曰光远堂。"但不管怎么说,从浙东迁出的,以工商业者为主,非但没有动摇以经史、文学为主流的浙东精英文化,

---

① [明]黄润玉《南山黄先生家传集》卷25,浙江图书馆藏本。
② [明]王百谷《游荆溪疏》卷上,明刻《王百谷集十九种》本。
③ 《光溪鲍氏宗谱》卷11,宁波天一阁藏本。

而且还创造出近代独具一格的商贸文化。

二、从点状突进到谱系演进

　　叶岗、陈民镇、王海雷在所著《越文化发展论》中提出了越文化"点状突进"发展模式,认为越文化的发展进程有三个阶段、三次转型;越文化在几个历史时段中,经历了一次又一次跨越式、阶梯式的发展,从而表现出"点状"的特征;在每次突进的过程中,越文化的发展速度及整体发展水平都经历了大幅度的提高,因而在发展节奏上表现出一定的跳跃性,表现为生命力更为旺盛、文化活动更为活跃、名人涌现的概率更高,由此积淀下来的文化影响力也更为久远和深厚。[①] 该书将越文化的发展模式概括为"点状突进",令笔者深受启发。通而贯之,笔者认为宋之前的浙东文化确实呈现为"点状突进"的特征,原因甚多,往往取决于外部的政治因素,如更始元年(23),循吏任延为会稽都尉,他利用天下混乱的局势,促成了"会稽颇称多士"的局面。但维持不久,当政治稳定之后,会稽多士即告星散。东汉以后的会稽郡远离政治中心建康,有山水之胜,生活相对安定,士人可以自由行动,同时又能通过大运河的交通枢纽,与建康等保持一定的联系,某种程度上说,会稽成了建康的后花园,宜为士人所青睐。东晋时浙东文化的突进,即得力于王羲之、孙绰、支遁等一批侨寓士僧,但不久因时局的变化,侨寓士僧星散,文化也就难以为继。早期浙东文化的演进,还常取决于官员的作为。官员为官一方,往往成为一地文化的引领者或转变者。东晋兰亭文化现象的发生、山水诗的演变,会稽内史王羲之起了至关重要的作用。唐代越地诗歌的繁荣,与鲍防集团、元稹幕府的倡导分不开。而随着幕府的解散,这一点状的文化亦消散无形。总之,"点状突进"使文化的演进发生跳跃现象,但跳跃后呈现的繁荣乃是注入式的繁荣,并没有完成文化自身的积累,形成内在的驱动机制,因此繁荣状态往往是短暂的。就其根本的原因来说,文教事业的不发达,使斯区文化更易受到外部世界的左右。

　　浙东文化自南宋突进之后,总的来说发展态势是平稳行远,虽然有起伏,有

---

　　① 叶岗、陈民镇、王海雷《越文化发展论》,中华书局 2015 年版,第 304—311 页。

波澜,但很难再说"突进"了。因此宋代以后浙东文化的发展模式,笔者更倾向于用"谱系演进"来概括。在浙东文化从"点状突进"到"谱系演进"的成果中,北宋是一个过渡阶段,也是蓄势阶段。兹以宁波一隅而论,据沈约《宋书》的记载,会稽郡属下鄞、鄮、句章三县,不但"去治并远",而且还是一块"远废之畴,方翦荆棘"的区域,虽有所开发,但仍未摆脱"荒畴"的原始状貌。从北宋开始,甬上由一个"远废之畴"一步步走向"文献之邦"。宁波作为浙东文化的次生文化区为何奠基于北宋?根本原因就在于教育被摆上了人文开发的首要位置。"庆历五先生"奋力开拓明州教育事业,取得了卓越的成效。教育和科举大大改变了明州人才的成长模式,人才的培养和文化的传承初步形成了谱系化特征。因此,北宋向来被后世认定为宁波文化的正式形成时期。不但明州如此,温州亦不例外。

南宋立国,都于临安,使江南的经济中心与文化中心得以叠合,这为浙东文化的发展带来绝好的契机,大批高素质人才涌入浙东,必然使斯区的文化出现引人注目的突进。浙东文化这一轮的突进,是由政治版图的剧变带来的。突进之后,浙东文化一直处在稳定的繁荣状态,元明清时期浙东文化的发展虽有起伏,但其主体文化仍由南宋延续而来,从未发生断裂。这是因为,发达的教育事业已经成为区域文化持续发展的内在动力,形成了官学、书院、私塾的教育体系,教育空前繁荣,教育的覆盖程度很高。万历《绍兴府志》卷十二《风俗志》描述说:"宋南渡后,学徒益盛。……下至蓬户,耻不以诗书训其子,自商贾鲜不通章句,舆隶亦多识字。"赵孟頫亦称鄞县"其民……力本务农,好学笃志,尊师择友,弦歌之声相闻,下至穷乡僻户,耻不以诗书课子孙,自农工商贾鲜有不知乎章句者"①。这大体上可以从三方面来观察:其一,教育的成功,使得本地区人才济济,其盛前所未有。关于南宋四明人才之盛,文献多有记载。如陈造说:"夫四明多士之地,凡昔之光贲史册,今之辉映缙绅、标表士林者,不知其几。"②其二,形成了浓郁的耕读之风。浙东大族以耕读传家为主要特点,诗礼文化颇为突出。浙东的读书风气极为浓郁,这是浙东文化持久发展的基脉所在。明代

---

① [元]赵孟頫《题三氏同宗会谱后》,见《鄞邑城南袁氏三修宗谱》卷首,宁波市档案馆藏本。
② [宋]陈造《江湖长翁集》卷26《答刘秀才书》,影印文渊阁《四库全书》本。

吕时《沈世君问宁波风土，应教五首》之三云："有田俱成稼，无人不读书。"①张岱《夜航船序》说："余因想吾越，惟余姚风俗，后生小子无不读书，及至二十无成，然后习为手艺。故凡百工贱业，其《性理纲鉴》皆全部烂熟。偶问及一事，则人名、官爵、年号、地方，枚举而未尝少错，学问之富，真是两脚书厨。"②其三，形成了学脉的谱系化。在唐代以前，浙东地区文化的发展繁荣，很大程度上得益于家族文化传统。浙东山清水秀，孕育了一个又一个显赫的文化家族，绵延长久的诗书传统构成了独特的文化景观。自宋以来，浙东文化望族的形成，绝大多数与科举入仕有密切的关系。科举制度可以确保士子能够通过"学而优"进入仕途，而入仕则是大量积累财富、迅速提高政治地位的捷径。自宋以来，浙东教育发达，与之相适应，业儒仕进也就成为家族崛起的最主要和最重要的途径，浙东由此成为名副其实的科举之乡。宋代浙东不仅涌现了名门望族，以血缘为联接点传承学问，更主要的是学问的传承更多依靠地缘、师缘、学缘关系。教育的发达，使知识、学问传承有序，凡名师讲学，必有大批的追随者，甚至几百成群亦不鲜见，这必然形成学脉的谱系化。南宋浙东的吕学、永嘉学、四明心学都有自己的学脉。如全祖望论吕祖谦一支学脉时说："明招诸生，历元至明末绝，四百年文献之所寄也。"王梓材按云："东莱学派，二支最盛，一自徐文清，再传而至黄文献、王忠文，一自王文宪，再传而至柳文肃、宋文宪，皆兼朱学，为有明开一代学绪之盛。"③浙东大地上出现了无数不同领域、大大小小的学脉谱系，某一具体的谱系或会发生断裂，但从整体上看谱系不断绵延，从而推动了文化的有序演进。

明末夏允彝《岳起堂稿序》论及唐宋至明中后期文坛权力的下移变化时说："唐宋之时，文章之贵贱操之在上，其权在贤公卿，其起也以多延奖，其合也或赘文以献，挟笔舌权而随其后，殆有如战国纵横士之为者。至国朝而操之在下，其权在能自立，其起也以同声相引重，其成也以悬书示人，而人莫知能非。故前之贵于时也以骤，而今之贵于时也，必久而后行。"④笔者认为将这段话中的"文

①　[清]胡文学等《甬上耆旧诗》卷23，影印文渊阁《四库全书》本。

②　[明]张岱《琅嬛文集》卷1，紫禁城出版社2012年版，第46页。

③　[清]黄宗羲、全祖望等《宋元学案》卷73《丽泽学案》，见沈善洪、吴光主编《黄宗羲全集》第5册，浙江古籍出版社2005年版，第916页。

④　[明]陈子龙《陈忠裕公全集》卷首，嘉庆八年（1803）䢛山草堂刻本。

章"改为"文化",基本上能用来说明浙东文化演进的态势。所谓"前之贵于时也以骤",即"点状突进",主要原因是文化之权掌控在某些人(如地方官、侨寓贵族等)手里,他们的延奖,或一批人的追随,引发了地域文化的突进现象。夏允彝认为这与战国纵横士的作风有点类似,其兴或衰都会有"骤"的时限性。至于"今之贵于时也,必久而后行",其实就是笔者所说的"谱系演进",其背后就是文化权下移,它不是寄托于一二官员或侨寓之人身上,而是依赖于发达的教育,"其权在能自立",能扎根于地域,能"同声相引重",而不为别人所左右,因而文化的延续不会出现骤兴骤衰的现象,而是可以持续长久。"点状突进"更多地表现为一种外在动力的推动,而支撑"谱系演进"发展模式的是发达而普遍的教育,其为地域文化的持续发展注入了内在动力。因此,"谱系演进"就是地域文化能够自立的标志,地域文化的"谱系演进"与文化自立是互为表里的。"谱系演进"使浙东文化与全国的主流文化完全接轨,甚至有机会反客为主,引领时代风尚。浙东文化至此才摆脱了越文化的羁绊,脱颖而出,自成面目。

如果说宋之前浙东的人文之盛尚发生于局部地区,那么自宋代开始,其已弥漫至全域,繁盛的规模和程度更是前所未有。自宋以来,浙东在人文领域不断崛起,人才辈出,思想学说推陈出新,成为人文思维的重镇。

三、士人行为模式的两极张力

与浙东文化发展模式息息相关的是浙东士人群体的行为模式。古代浙东读书人群体中,隐士不绝如线。明姚涞《卧白山人挽诗序》云:"会稽山水为江左之冠,自晋氏之南,幽人每托而逃焉,若夏仲御、谢庆绪、孔彦深诸贤,皆隐居山中,饮石泉,庇松柏,冥心物表,望古独适,卒遂其高而全其真。"姚涞由此慨叹:"稽山固隐士之窟也。"[①]浙东的隐逸传统和隐士们的踪迹闻名遐迩,甚至历代文人都企慕不已。那么,为什么浙东会被古人看做隐逸的最理想场所呢?叶岗等在《越文化发展论》中论述了越文化的隐逸风格:"因为偏处东南一隅,随着中国文化的重心在中原地区确立,越文化也便逐渐游离于中原士人的视野之

---

① [明]姚涞《明山先生存集》卷1,中国国家图书馆藏本。

外。……由于偏离政治中心,越地得以远离政治斗争的漩涡。正由于此,越地在王朝更迭、异族入侵之际所遭受的破坏相对较小。西汉末年的动荡、'永嘉南渡''安史之乱'以及'靖康之难'于中原地区而言可谓创剧痛深,不但因兵燹洗劫人口锐减,社会经济倒退,而且文化发展也面临困境。相比之下,越地不但没有受到这些大变故的直接影响,反而因此得到发展的机遇。也正是由于偏离政治中心,越地遂为逃离政治祸乱的人们提供了放逐心性的理想场所。……一些士人在厌倦政治斗争之后在越地的山水之际整理情绪,更有一部分从此或栖隐于山林,或逃遁于佛道。"①笔者认为越文化的隐逸风格,与斯区黄老学派的文化基因密切相关。早在古越国时,范蠡等人的思想就有浓厚的黄老学派色彩。越王句践卧薪尝胆,虽然是一种政治决定,但某种程度上也可看做隐逸的特殊形态。东汉严光是一位标杆式人物。笔者在《宁波通史》(史前至唐五代卷)中曾论述说:"严光的治国思想无疑属于儒家一派,但他对社会理想模式的雕塑不免失之简单,甚或带有幻构色彩,他并不准备亲自去实践它,或者说是根本没有能力去实践它,而宁肯去发扬箕山颍水的高风,这倒说明严光的黄老思想更为深入骨髓。……以守志为真,高尚为德,自由为美,都体现出黄老学派的思想倾向。"又说:"严光现象是中国的社会现象和文化现象,已经成为含义丰富的人格'原型',蕴含着深刻的道德和审美的内涵。不但严陵垂钓成为一种诗意的隐士风范,凸现出一份悠闲睿智的乐趣,更主要的是严光不是违心屈志,而是主动挣脱仕途和君权对士人的束缚,以换取一份精神自由。严光的主要活动虽然在浙东地域之外,但受到浙东人民的无比敬仰和尊崇,姚江畔耸立的严子陵陵祠、客星庵、高风阁、高节书院、'高风千古'石碑坊、严子故里碑亭等等建筑物,都是最好的纪念。严光无疑启导了浙东隐士文化的地缘和乡缘传统,浙东人士受到子陵精神的陶冶和激励的不胜枚举,如黄宗羲在《梨洲末命》中就嘱其子孙:在他死后,墓前的石柱上当刻上'不事王侯,持子陵之风节;诏钞著述,同虞喜之传文'一联。从这个意义上说,严光不仅是余姚的乡贤之首,而且是浙东文化史上的最早楷模,是浙东文化发轫的一块界标。"②

---

① 叶岗、陈民镇、王海雷《越文化发展论》,中华书局 2015 年版,第 317 页。
② 傅璇琮主编,张如安、刘恒武、唐燮军著《宁波通史》(史前至唐五代卷),宁波出版社 2009 年版,第 87—90 页。

大凡浙东的隐士，都深受安逸出世的道家思想的影响。唐代时浙东弥漫着浓厚的尚隐风尚。浙东负陆面海，有秀美的山水；远离皇城，政治环境较为宽松，受礼教的约束不强；宗教气氛浓郁，隐逸文化源远流长。这种种因素，严重消解了浙东人对政治连同仕途的关注热情。举例来说，宋代甬城握兰桥旁出土了唐《太原夫人墓志》，谓其曾祖王元浩在元宗时拜谏议大夫、左庶子，慕巢由之志，辞疾不就。① 慈溪上林湖罗氏"守官多在诸州，皆性乐丘园，不上荣禄"②。余姚茅山北有逸民余季，因名其地为余季墩。③ 这些都是典型的例子。唐代宁波人的"官"意识相对淡薄，而以世外自然、特立独行为其本位，以自我为中心，从而铸成了从古老的吴越文化中升华起来的一种超脱物役的文化人格，其影响甚为深远。宋末元初的戴表元说："吾奉化前百数十年时，地理去行都远，士大夫安于僻处，无功名进趋之心，言若不能出诸口，气若不欲加诸人，闭门读书，以远过咎，耕田节用，以奉公上。"④这里"地理去行都远"的边缘意识，造成了民众安于自我的意识。

南宋定都临安，越州、明州成为畿辅，浙东诸郡亦成为科举之乡。尤其是明州，一跃成为"相乡之地"，在京城做官的四明人士比比皆是，以至时人有"满朝紫衣贵，皆是四明人"之讥。即便如此，浙东的隐逸文化仍根深蒂固。即以赫奕宠荣的史氏家族而论，史弥应遁迹林墅，不与世接，"交游往来，言时事者退之，谈风月者进之"⑤，平生唯寄情诗歌，以发舒逸致而已。史守之中年避势远嫌，退居月湖之松岛，累诏不起。元代阻断了南士的仕进之路，因此两浙人士普遍以隐逸为尚，隐逸成为两浙文化的共同主题。但相比而言，浙西以玉山草堂为代表的隐逸比较奢华和张扬，浙东士人的隐逸更为安分，故戴表元自命缩斋，郑本忠自命安分斋。安分守己正表现出浙东文化的务实品性。自元以来，四明士人不是遁身山林，而是隐于田野，不离农耕，故隐逸更多地与田园相结合，呈现亦隐亦耕的务实作风。明初四明殊多隐逸、田园诗人，这也是对元代崇尚隐逸

① ［清］光绪《鄞县志》卷65《冢墓》。
② ［五代］龙德二年(922)罗琏墓志录文，见章均立《越窑青瓷墓志》，《浙东文化》2000年第1期。
③ 杨积芳《余姚六仓志》卷2《山川》，王清毅、岑华潮点校，杭州出版社2004年版，第16页。
④ ［元］戴表元《剡源文集》卷9《董叔辉诗序》，影印文渊阁《四库全书》本。
⑤ ［清］同治《鄞县志》卷56史弥应《自乐山翁吟》史一之跋。

风气的继承,因此浙东后期的隐逸更具人间化色彩。如洪武初福建人林添卜居宁波城北,其父元道"日课以耕读"。林添"年及耆艾,雅好花石,于所居之南构小亭,覆以茅茨,日吟憩其间,自号为草亭处士";其孙林升晚年在"室之后锄隙地为园,喜植花莳果以自娱,因号曰东园,优游卒岁"。① 谢直庵"性雅吟咏,内腴经史,而乐恬市隐,绝意荣显之途"②。在价值取向上,他们有儒学的文化质素,又有安分的隐逸情怀,无不以耕读为荣,以诗文为乐。故万历《绍兴府志》卷十二《风俗志》描述说:"山林之遗逸,各以诗文名其家。"耕读也是治生的需要。有的士人为生活所迫,以农业为谋生手段。如鄞县桃源乡人戴安仲"日以耕读为业,行义望于乡邦"③。浙东士人通过耕读,近距离接触农业生产活动,更能体会农业生产的苦与乐,因而写出了不少直面农村生活、反映农民喜怒哀乐的作品。

浙东之地虽然宜于隐逸,但浙东也不乏建功立业的豪杰之士。浙东籍政治人物从小体认到生活的艰难,对农民抱有深切的同情,往往有着强烈的民本思想。即以南宋政治家史浩为例,史浩从小在磨难中历练,曾有"黄粱绝粒,甑几至于生尘"的绝望时刻④,故深知农民之不易,这筑成了其以仁义为构的思想大厦。他曾在《尚书讲义》中动情地说:"天下之至勤劳,无若农夫,终岁勤勤,仅而成功,幸而有年,足以饱暖,不幸而凶歉,相借而为莩,然未尝因噎废食,而遂至于辍耕也。是以岁时毕,春气萌动,又将有事于西畴,四时循环,无日休息,可谓艰难矣。"⑤他深刻地认识到这一点,曾在《尚书讲义》中写下了感人肺腑的一段话:"吾之有生,衣帛食肉,养生丧死之具,无一不以粟易之者,是皆农夫之勤所致也。吾虽不亲耒耜,不荷畚锸,敢不知其所自乎?知其所自,安敢妄有作为,而劳吾民乎?此吾之逸所以异也。小人依我以为命,一颦一笑是其休戚,一动一止是其死生,吾宁瘠而使天下肥,吾宁不足而使百姓足,一赋敛不敢过,一力役不敢兴,而况盘游田猎、干戈之战斗,土木之营作乎?"⑥基于悯民的思想情

---

① 《北郭林氏宗谱》卷2《世传》,宁波天一阁藏本。

② [明]李堂《堇山文集》卷12《谢直庵挽诗序》,《四库全书存目丛书》本。

③ 《四明桃源戴氏家乘》卷11,宁波天一阁藏本。

④ [宋]史浩《鄮峰真隐漫录》卷26《权昌国西监谢秦提举启》,影印文渊阁《四库全书》本。

⑤ [宋]史浩《尚书讲义》卷16,《四明丛书》本。

⑥ [宋]史浩《尚书讲义》卷16,《四明丛书》本。

感,史浩在做官时常存恤民之念。如他起草的内制《戒监司令所部不得重价折变两税诏》云:"尚念耕夫桑妇终岁勤勤,价贱不足以偿其劳。而部邑或弗知恤,使倍蓰以轻其直,甚亡谓也。"①史浩的仁义思想是根深蒂固的,他还力劝宋孝宗弃功利而行仁义,有《进呈故事》云:"二帝三王,不异此道,故曰:'与治同道亡不兴。'所谓道,何道也?仁义而已矣。后世功利之说胜,而仁义之治息。非仁义不足用也,不能以仁义存心,而功利之说得以撼之也。夫存心以仁义,治虽未成,一念潜萌,冲和之气已充塞乎宇宙,由是而之焉,则为帝王之隆平。存心以功利,事虽未济,一念潜萌,怨讟之气已充塞乎宇宙,由是而之焉,则为战国之权谋。务先仁义,功利随之,雍容垂裕,其福无穷。务先功利,权谋随之,敓攘争取,其祸有不可胜言者。……臣愿陛下以仁义为规模,先定于胸中,凡施为注措,一以仁义为本,本立则末自随。若舍本而从事于末,则殆矣。……夫以仁义为本,治定功成,若此之易,尚奚以权谋为哉?"②史浩在政治实践中,努力践行仁义思想,爱民恤民,德政卓著。

叶岗等学者指出:"虽然越文化有隐逸的风格,但并不意味着它与政治和社会绝缘。事实上,越地人士从来不缺乏事功的情怀。一些人通过科举参与政治,还有的人则以实际行动践行社会理想。从陆游到徐渭,从黄宗羲到章学诚,从'越诗派'到'越中十子',从徐锡麟到鲁迅,乃至于数目庞大的'绍兴师爷',无不表现出经世致用、积极投身社会改造的热情。"③在笔者看来,隐逸与事功并非完全对立的,可以统一在一个人身上。远者如越王句践,有着坚忍不拔的性格,既有卧薪尝胆时的隐忍,又能够待机而起,报仇雪耻。南宋政治家史浩以"待时""乘势"说诠释云:"越王句践怀会稽之耻,忿行成之辱,非不能收残余以决一战,顾乃奉皮币玉帛春秋不绝,男为之仆,女为之妾,不敢轻咈吾人之意,知时有未至也,故其坚忍不动之谋。至二十二年,吴人称稻蟹不遗种,而后能得志焉,势可乘也。……向使越句践、汉文帝不知待时之道,不忍愤愤,张虚声以震慑之,彼既为计我以防我,又安得其后各有乘势之功乎?"④东汉句章董黯是一

① [宋]史浩《鄮峰真隐漫录》卷6,影印文渊阁《四库全书》本。
② [宋]史浩《鄮峰真隐漫录》卷11,影印文渊阁《四库全书》本。
③ 叶岗、陈民镇、王海雷《越文化发展论》,中华书局2015年版,第317页。
④ [宋]史浩撰、俞信芳点校《史浩集》卷11《别拟》,浙江古籍出版社2016年版,第212—213页。

个有名的孝子,邻居富家不孝子王寄经常侮辱董母,董黯都忍了,"及母终,负土成坟,鸟兽助其悲号。丧竟,竟杀不孝子置家前以祭"①。董黯先隐忍后复仇的行为模式,与句践何等相似。但句践是为了复国,董黯则是不惜一切代价捍卫儒家"孝"的伦理规范。有学者曾说:"儒家的伦理道德观以及三纲五常在这个地区(按,指绍兴)推广起来,比其他任何地方都来得激烈,因为'中庸''忠''孝''贞节'等观念与强悍好斗、野性十足的越人性格冲突非常大。但是,一旦越人接受了这些规范,就比其他任何地方实践得更彻底。"②这其实已可以从董黯对"孝"伦理的捍卫中看出端倪。此后,孝伦理在越地的实践有时会走向极端,以至于唐代陈藏器《本草拾遗》首次正式将人肉疗羸瘵载入药典,助长了"闾阎有病此者多割股"的陋风。再如东晋谢安并非单纯地隐居东山,而是企求东山再起。《世说新语》载,谢安隐居东山多年,具有很高的社会声望,朝廷屡召不至。后因形势所迫,谢安出任桓温的司马。一天,有人送给桓温中药远志,桓温便问谢安:"这种药还有个名字叫小草,为什么一种植物有两种称呼?"谢安一时不知如何回答。参军郝隆在旁应声答道:"这很容易解释,处则为远志,出则为小草。"桓温认为郝隆的话很有道理。出仕和隐居看似矛盾,其实充满奇妙的张力,既有着道家以雌守雄、隐忍内敛的隐逸意味,又有着儒家经世致用、自强不息的进取精神,一退一进之间,相映成趣,这其实与儒家"穷则独善其身,达则兼善天下"的价值取向有相同之处。远志、小草一体化的现象,在浙东人身上并不鲜见,深层次看,其实表现为儒道混合的人格形态。如南宋史浩虽然力主以仁义治国,但他身上有着浓郁的道家思想,一直怀有"真隐"的人生理想。明代丰坊的思想基因亦带有儒道混合的色彩,其所作《瑶华阁赋》云:"吾将以虚静为基兮,构仁义之广居。"③这个以"虚静为基"而构筑起来的"仁义"之广居,充满了两极张力,恰好形象地昭示了其思想的深层结构。也就是说,他的人格呈现为儒狂与道逸互补的态势。

从结构上看,浙东传统文化自宋以来一直以儒家思想为主导,各家思想相互交融而成为一个整体。宋代以来浙东学者的儒家思想已占据主流地位,各家

① [晋]虞预《会稽典录》卷上,《四明丛书》本。
② 朱文斌《风景之发现——论越文化对鲁迅的负面影响》,《鲁迅研究月刊》2005年第3期。
③ [明]丰坊《万卷楼遗集》卷2,《北京图书馆古籍珍本丛刊》本。

思想为我所用,相互补充,相互交融,共同构成了一个完整的精神世界。

四、博纳兼容的建构模式

浙东文化虽然衍展于浙东地域,但根本不是一种高纯度的本土文化,究其发展原因,主要在于它具有开放性运作机制,在于这种机制下逐步形成的海纳百川的开放态势和对待异体文化的应变能力,一句话:在于它具有博纳兼容的恢宏气度。在某种意义上,博纳兼容也是浙东文化建构的核心模式。

(一)浙东学人的知识结构:博闻贯穿

积淀于民众社会实践生活中的文化精神,如果没有学者的提炼概括,很难跃升到更高的层次和境界。地域文化由自在走向自觉,由散漫走向独立,由低俗走向深度的精神体验,还必须靠学术来涵养,于是浙东文化的建构,最终会落实到地域精英的身上。这样,浙东学者的知识结构,也就会直接影响文化创造的强度、高度和开放度。

知识结构是各种知识在人类大脑中的组织方式。知识的组织方式在理想状态下应该是纵横交错、井然有序的网络结构,因为支离破碎的知识很难提供一个充溢着创造性思维的广阔空间。浙东学者历来以孤陋寡闻为耻,于是"博闻贯穿"就成为地域精英群体共同追求的目标。

浙东学者善于吸纳古今中外一切有益的知识,不断地充实自己。早在东汉,王充就博采古今,广泛地汲取先秦以来各家各派的思想及自然科学知识,成为东汉最渊博的学者之一。"风光八朝"的余姚虞氏家族中的虞翻、虞喜、虞世南,均以博洽旁通闻名当世。南宋时代,"博闻贯穿"逐步形成为浙东的优良学风,只要翻阅一下楼钥《攻媿集》中的浙东人物传记,就不难发现浙东博学之士屡见不鲜,如王伯庠"贯穿经史,旁出入百氏",楼弈"勤百氏之言,无不该贯",赵善誉"考求世故,贯穿今古",高元之"自天文、地理、稗官小说、阴阳方伎、种艺之书靡不究极",宋晋"贯穿百家",周之卿"博贯经史"。至于吕祖谦、王应麟等,都是人所共知的博学大师。

明代士大夫束书不观、空谈心性是普遍的现象,从而造成明代学术的空疏。受这种时代氛围的影响,浙东学者追求通博的风气有所削弱,上不如南宋,下不如清代,但相对于当代而言,博闻贯穿之士还是迭有涌现。如被朱元璋称为"开国文臣之首"的宋濂博极群书,于学无所不能,其弟子方孝孺,"凡理学渊源之统,人文绝续之寄,盛衰几微之载,名物度数之变"①,无不通晓。杨守陈博求广取,实事求是;特别是胡应麟,为公认的学问精博的文献大家。

清代的浙东学者勤学苦读,兼收并蓄,对知识的网罗之广,令人叹为观止。他们的知识结构网络之完善,也达到了有史以来的最高境界。浙东学派的鼻祖黄宗羲,"以濂洛之统,综会诸家,横渠之礼教,康节之数学,东莱之文献,艮斋、止斋之经制,水心之文章,莫不旁推交通,连珠合璧,自来儒林所未有"②。其得意门生万斯同博闻强识,尤长于史,"自西汉以来,数千年之制度沿革、人物出处,洞然腹笥"③。私淑黄氏的全祖望,兼有经学、史学、辞章之长,"其学渊博无涯,于书靡不穿贯"。至于邵廷采、章学诚、黄氏三父子、平步青、李慈铭等学者,无不以兼综博学见长。

总而言之,兼取朱陆之长,并蓄汉宋精华,互相借鉴,互相吸收,这在历代浙东学人身上都有不同程度的体现。以上列举的众多事实,足以说明浙东学者知识结构蕴蓄富有的开放性向度。浙东学者这种开放的思想意识,又与其独立的文化人格相为表里。如果细加解剖,我们还可进一步发现:

其一,浙东学者的知识结构往往是跨学科的。学科之间的互动、渗透和重构,实际上体现着认识向更高层次的迈进。浙东学人的博采虽以经史之学为重点,但又能兼涉人文学科的各个分支,同时也涉足自然科学领域,尤其是天文、地理、历算、水利之学。

其二,浙东学者的知识结构往往是跨门户的。浙东学者对"门户"最为厌恶,明代黄尊素曾说:"门户二字,伎院名也。……今者国家动称门户,以此诱

---

① [明]宋濂《文宪集》卷31《送门生方孝孺还乡诗》,影印文渊阁《四库全书》本。

② [清]全祖望《鲒埼亭集》卷11《梨洲先生神道碑文》,见朱铸禹汇校集注《全祖望集汇校集注》上册,上海古籍出版社2000年版,第220页。

③ [清]黄百家《万季野先生墓志铭》,见方祖猷主编《万斯同全集》第8册,宁波出版社2013年版,第510页。

人,以此傍人,亦以此攻人,恐此二字与国运终始。"①浙东学者最反对门户之见,也最不守门户之见,他们多能平视各家各派,不私一说,不名一师,务求真旨,为我所用。所以浙东学者能够并蓄汉宋精华,淹取朱陆之长,也能折中儒佛,兼探百家。正因为浙东学者超越门户,不存宿见,所以其能够成功地进入前辈学术大师的创造性天地,充满兴趣地去探索他们的理论底蕴,感受他们对宇宙、对人生的观察与思索,从中汲取有益的汁液,获取宽广的思路和创造的张力。

博闻贯穿作为知识结构的一种开放模式,其所获得的逻辑张力,不仅为学术创造提供了一个产生新知识的思维空间,而且也为浙东学术的兼综整合提供了主体一方的内在条件。

(二)浙东学术的建构模式:兼综整合

任何一种群体文化都有其固有的文化传统和文化惰性,而且对不同的群体文化存在着排斥的倾向,往往由此形成文化的冲突;同时,为了自身发展的需要,群体文化也具有融合吸收不同文化中有利东西的倾向,并且不断进行着文化的整合。作为群体文化的一种,浙东文化当然也不例外。但是,由于浙东地域是一块文化相融的沃土,多元兼容的格局促使其更多地表现为文化整合而不是文化冲突。特别是作为浙东文化最精致形态的浙东学术,其构建者是一群具有开放式高知识结构的地域精英,其知识的逻辑张力渗入潜意识的本能深处,往往积淀为人的内在心理结构,从而成为激活创造潜能的巨大力量,同时也为兼综整合提供了可能。又因浙东地域狭小,仅靠自身的努力无法达到构建学术的目的,客观上也必须借采他山之石来攻铸自家新玉。因此,浙东学术就其主流的变迁而言,实质上是整合型的高级文化形态。文化的整合,不是不同文化特质、文化因素等等之间的机械组合,而是在新的基础上的有机构成。文化的整合,往往意味着某种新质文化的产生,至少意味着原有文化的发展进入一个新的阶段。

文化的分化与整合是文化发展过程中必然出现的现象和趋势,也是文化区

---

① [明]黄尊素《说略》,见黄成蔚、张梦新点校《黄尊素集》,浙江古籍出版社2016年版,第94页。

域运动变迁的基本形式。但具体到浙东地域,文化的整合远比分化来得典型,越到后来,文化的一次又一次整合运动越是构成了浙东学术不断延续的发展序列,而在不同的历史阶段中,文化的整合又具有不同的特点。我们不妨从文化整合的视角粗略地勾勒浙东学术不同历史阶段的运演过程。

1. 文化区域草昧时期的整合融流

汉唐时期的浙东学术,已初具善于吸纳整合的风格特征。最为典型的是王充和智颛。王充广泛地吸收了先秦以来各家的思想及自然科学知识,将朴素唯物主义推向了一个新阶段。隋朝的智颛是一位杰出的宗教理论家,他既兼容并蓄,承认各种佛教流派的合理性,又以圆照的方式对印度佛教进行了改造,使之成为中国式佛教,从而创立了第一个中国佛教流派——天台宗。隋平定江南之后,吉藏来到会稽嘉祥寺,倡导三论宗。他曾“废讲散众,投足天台,餐禀《法华》,发誓弘演”①。吉藏专程到天台山学习研究《法华经》等经典,从中吸收精华,借鉴理念,以丰富三论宗的义理,故其所著《三论玄义》,多次引用《法华经》《大智度论》《大品般若经》,为三论宗别开生面。而天台宗的主经为《法华经》,《大智度论》《大品般若经》也是天台宗重要思想的来源。吉藏与智颛研读共同的经典,因此二人的思想有着十分密切的关联。

2. 文化区域自立时期的整合融流

文化独立是地域文化自立的重要标志,而文化独立的最核心的表现乃是学术的独立。引发浙东文化区域自立的条件有两个:一是儒学的地域化进程波及浙东,“明州杨杜五子”和“永嘉九先生”率先切入了“新儒学”的文化精髓。与汉唐时期的“移植”有所不同,北宋地域精英所做的工作主要是借采。在文化的借采过程中,任何一种被借采的文化模式都有可能被借采主体重新整合。由于“明州杨杜五子”和“永嘉九先生”面对的是高元文化,消化和吸纳是主要任务,还无力进行整合。但是,他们的借采工作,使儒学在浙东地域的隐性存在转换为显性凸现,从而动摇了浙东佛教的“霸权”地位。二是宋室南迁带来的历史机遇。北方文化人大量涌入浙东安营扎寨,使得浙东人文骤盛,名冠全国,出现了

---

① [唐]释道宣《续高僧传》卷19《唐天台山国清寺释灌顶传》,见[南朝梁]释慧皎等《高僧传合集》,上海古籍出版社1991年版,第263页。

世所罕见的文化繁荣景象,在全国范围内素有声望的学术共同体——浙东学派(包括"四明学派""永嘉学派""金华学派"和"永康学派")正式成形。浙东学术一旦自立,文化区域也就正式形成。其时浙东学术虽然属于多中心的合成体,但粗略地看,又可分为心学和事功学两大系。心学一系以四明为大本营,注重主体的自觉,是致力于向内开掘的"内圣型"经世理论;事功一系强调实事实功和经世致用,是崇尚功利的"外王型"经世理论。浙东四派各有宗旨,又不同程度地作出了整合的努力。他们相互切磋,建立了文化沟通的网络,形成了巨大的"文化交流场"。四派之间除了相互融合外,他们还把思维的触角伸向更广阔的学术天地。其中吕祖谦的学术被后人称为综合之学,他继承了博采众家、泛观广接的家学之风,把朱熹的理本论与陆九渊的心本论融为一体,合为一炉,构成自己的哲学思想体系,并使之具有调和性、综合性、包容性的特点。四明"淳熙四先生"既取资于吕学和永嘉学术,也有得于湖湘学,尤其是杨简,公然援禅入儒,将陆派心学导向唯我论。南宋的浙东学术虽未形成统一的学术范型,但已勾勒出事功学和心学的两大形象,从而为下一阶段更高程度的整合融流进行了必要的铺垫。

3. 文化区域成熟时期的整合融流

南宋浙东文化的自立借助于宋室的南迁,此后不管政治中心如何变动,浙东学术文化已能按照自我发展的惯性驱动运演,这说明文化区域已趋成熟。南宋是浙东文化的自立时期,当然也是文化区域成熟的开端,至明清时期,浙东文化区域已完全成熟。自立和成熟是前后相续的两个文化阶段,南宋的事功学和心学分别倡导了近代理性所需要的现实精神和主体精神,因而对以后的中国启蒙思想产生重大影响,然而这一启蒙还是十分稚弱的,"因为从人类思想发展的逻辑来看,近代理性要求思想的现实精神与主体精神的充分结合,只有这样才能将思维对存在之关系建立在一个真实的基础之上,并对关于自然与人生之近代的科学认识之形成与发展产生强有力的推动。因而只有将事功学的现实精神与心学的主体精神融合贯通,才能产生更大的启蒙力量。到了明代中叶,浙东的王阳明才真正在这方面做出了重要的努力"①。王阳明的思想尽管是心学

---

① 滕复、徐吉军《浙江文化史》,浙江人民出版社 1992 年版,第 231 页。

立场,但更加开放和包容,他充分吸收和继承了元代以来各种思想融合的成果,建立起了"范围朱陆"并集心学与事功学大成的圆满而精致的哲学理论体系。王阳明之后,王学产生了分化。浙东学派的鼻祖黄宗羲在其师刘宗周批判程朱、修正陆王的思想启发下,进一步表现出"宗王而不悖朱"和"折中朱陆"的思想倾向。他站在心学立场吸取了张载、罗钦顺、王廷相的气本论,构建出理气合一、心性合一、心理合一和穷理者穷心之万殊的哲学体系,它源于阳明心学而又修正、改造阳明心学,同时还吸收了西学中的自然科学知识。黄宗羲还提出了"会众以合一"的治学归纳法,他说:"土生千载之下,不能会众以合一,由谷而之川,川以达于海,犹可谓之穷经乎?"①由分析而走向归纳,便是求得真理之途,也是文化整合融流的重要方式。在浙东文化大师那里,追求发现与追求深刻相兼得,前瞻视野与务实批评相结合,天下眼光与乡土关怀相并进,这是通过兼综整合才能达致的伟大境界。

　　浙东文化是吸收外来文化最为积极、最有气魄的地域文化。浙东文化的每一次整合融流,非但没有因此而解体,反而表现出极强的凝聚力和调适能力,而且几乎都导致了文化的增殖。浙东文化就是这样从弱势到优势,从自立到成熟,在不断的集长补短、博纳兼容中,释放出创造发挥新文化形态的潜力,并驱使自己走向辉煌的顶点。②

---

① ［清］黄宗羲著、陈乃乾编《黄梨洲文集·万充宗墓志铭》,中华书局 1959 年版,第 199 页。
② 本部分据曹屯裕、怡江(张如安)《博纳兼容:浙东文化的恢宏品格》修改而成,原文载《宁波大学学报》(人文科学版)2000 年第 2 期。

浙东文化的演进脉络

　　文化的发展不是一个简单的线性过程,而是有波峰、有波谷,有承续、有变异,有兴起、有消亡,甚至还有可能断裂。文化从来不独立于世界而存在,其与外部世界关系的建构往往通过空间各种要素来实现。即使在文化区域的内部,不同的空间也会存在某种差异性。浙东文化的发展经历了漫长的历史区间,经过多次的自我异化后,至南宋才真正成熟。在早期,吴越文化是一体的,如《汉书·地理志》记载:"汉粤之君皆好勇,故其民至今好用剑,轻死易发。"这种刚勇尚武的风气,吴越之间一脉相通。秦置会稽郡,郡治设在吴县,辖春秋时长江以南的吴国、越国故地,在行政上也是统一的。汉初为韩信楚国所领,后属刘贾荆国、刘濞吴国。七国之乱后,复置会稽郡。汉成帝时领二十六县,人口逾百万,为当时辖境最为广阔的一郡,隶属于扬州刺史部。东汉顺帝永建四年(129),吴会分治,分会稽郡浙江以北诸县置吴郡,会稽郡治所移至山阴县,领十五县。这可以看做日后浙东与浙西产生文化分野的重要契机。随着时代的不断变迁,浙东与浙西的文化呈现出更多的分野。浙西是江南文化的核心区域,历史上最富庶的一个区域,文化面貌比较统一,消费性、精细性、审美性构成了其文化的根本特征,而浙东的文化因为分布在绵延的丘陵和海滨地带,虽然声气相通,但仍存在明显的亚文化区块分割的特征。浙东地区与浙西相邻,风气相接,故在文化上当然也会呈现江南文化的一些特征,因而被视为江南文化圈,如会稽常被视作江南文化的一块绿洲,但就整体而言,浙东最多只能成为江南文化圈的外缘。从纵向历史看,浙西文化最终告别了刚勇尚武的原始面貌,浙东文化则更多地继承了越文化的质素,凸显出山岳气与海洋性,又呈现为"去江南性"的特征。古人称浙东地理为"山海奥区",则其所孕育的文化必为"山海文化"类型,而山岳气与海洋性正是山海文化类型的标志性特征,这有别于浙西的平原湖泊的文化类型。

浙东历史肇端于 1 万年前的浦江上山文化,源远流长,为便于观照,我们不妨将这万年文化演进的历史分为四个阶段,从中窥察浙东文化在各个时期的呈现形态和文化面貌。

一、永嘉南渡前的浙东越文化

永嘉南渡前,浙东地域内的文化基本上为越文化所笼罩,可以看做浙东文化的远源。这一时期,古越之地长期成为一方的政治和行政中心,故文化之盛亦偏于古越一隅。胡正武指出:"浙东的政治文化中心钟于越州,是从远古时代传说中大禹治水、先秦越王勾践兴越灭吴以来自然形成的。"[①]在这一漫长的历史进程中,浙东文化的精神基因逐渐形成和畅显。从时间轴看,这一历史进程又可划分为几个时段。

(一)考古学揭明的浙东先越文化

先越文化是浙东文化之远源。先越文化属于史前文化,是由考古学书写的。若称之为史前文化,过于笼统,称为"先越文化",恰好规定了文化发生的时空范围。

浙东先越文化不见于文献记载,茫昧难知,幸而有当代考古学的丰硕成果,得以重建浙东先越文化繁复的区系类型及其发展序列。约而言之,全新世之初,中国东部沿海出现了第三次海侵——卷转虫海侵。距今 1.1 万年左右,海平面上升到现代水深的−60 米位置。距今 9000 余年,上升到−25 米左右。距今 8000 余年,上升到−5 米的位置。此时舟山丘陵已沦为群岛。另据对河姆渡遗址第四文化层下沉积物中微体古生物的鉴定分析,应属于潮间泥滩或河口——潟湖相沉积,而生土则是青灰色的海相亚黏土,这显示河姆渡遗址在成陆之前,曾受海侵的影响。这一时期人类活动已经进入新石器时代,浙江境内

---

① 胡正武《唐诗之路与政治因素之关系》,《台州学院学报》2006 年第 1 期。

的人类足迹分布更为广泛。其中属新石器时代早期的如浦阳江上游浦江上山遗址,距今11000—9000年,为浙江迄今发现最早的新石器时代遗址。考古学家在上山遗址中发现了最早的居住址以及掺有大量稻壳的陶片,这表明上山先民已经开始耕种水稻,已处于稻作农业生产活动的起始阶段。① 我国原始农业的发轫,距今已有约1.2万年。在原始农业的起源过程中,稻作农业的诞生具有划时代的意义。上山文化主要分布在金衢盆地,但在浙南的灵江流域也有少量分布,除了浦江上山外,目前仅有嵊州小黄山、仙居下汤、义乌桥头、临海峙山头、龙游荷花山等遗址的发掘初具成果,学者主要就其文化谱系、生业形态、地理环境等进行研究。② 义乌桥头遗址距今约9000年,自2012年发掘以来,考古学家有更多惊人的发现,如发现了国内最早的环壕聚落形式;推测桥头人可能酿造出世界上最早的啤酒;出土了成百上千的上山文化中晚期彩陶,疑为世界最早的彩陶。

1990年开始发掘地处浦阳江下游的萧山跨湖桥遗址。据碳14测年,跨湖桥遗址距今8000—7000年。跨湖桥人与海洋的关系比较密切。考古学家发现跨湖桥遗址的彩陶、太阳纹图案与义乌桥头遗址出土的彩陶、太阳纹图案一脉相承,充分说明上山文化是跨湖桥文化的重要源头。堪与萧山跨湖桥遗址媲美的是余姚井头山贝丘遗址,位于今宁波余姚三七市镇井头山南麓,2019年9月开始正式进行考古发掘,出土大量精美的陶器、石器、木器、骨器、贝壳器等人工遗物和早期稻作遗存,以及极为丰富的水生、陆生动植物遗存。碳14测年和文化类型比较研究结果表明,井头山遗址距今8300—7800年。根据现有的考古材料,浙江海洋文明的起源可以追溯到跨湖桥文化时期和井头山遗址时期,其时浙地境内滨海地区的先民已率先跨入海洋聚落文化时期。至此,浙东成为中国海洋文化的重要发祥地之一已毫无悬念。

距今7000—6000年,卷转虫海侵已达最大范围,今杭嘉湖平原西部和宁绍平原南部,成为一片浅海。正是在跨湖桥文化和井头山遗址因海平面上升而迁

---

① 盛丹平、郑云飞、蒋乐平《浙江浦江县上山新石器时代早期遗址——长江下游万年前稻作遗存的最新发现》,《农业考古》2006年第1期。

② 参见徐紫瑾、陈胜前《上山文化居址流动性分析:早期农业形态研究》,《南方文物》2019年第4期。

移消失之时,余姚河姆渡文化却空前繁荣起来。河姆渡遗址出土了大量人工培植的水稻谷物,同时出土的还有大量种植与加工工具,如耕作用的骨耜,除草、翻地用的木铲、锄头,谷物加工用的石质磨盘、木杵等。河姆渡人建造的干栏式建筑,已具有较高的技术含量。

距今 5000 余年,海平面基本上达到了现代海面的高程,先民开始在今余杭良渚一带繁衍生息。杭州余杭区是良渚文化遗址发现最多的地区,尤以处于扇形地域内的良渚和瓶窑两镇最为密集。自杭州城郊的良渚遗址被发现之后,考古学家相继发掘出大量玉礼器、巨型建筑基址、良渚古城、水坝遗址等,良渚遗址不断带来惊喜。研究表明,良渚社会已进入王国阶段,可媲美于同时期的其他世界文明。良渚文化存续时间为距今 5300—4000 年,就分布范围而言,南至今浙江的宁绍平原,东及舟山群岛,西达今江苏的宁镇地区,现已发现遗址 400多处,浙东、浙西两片文化逐渐融为一体。

(二)于越文化的狂飙突起

于越是春秋战国时期生活在太湖和钱塘江流域的一支古老民族,"于"为越人的发声词。关于于越民族的来源,学术界众说纷纭,比较可信的说法是,于越民族的来源及其构成主要是本地区的土著居民,于越民族的文化是由本地区的土著文化独立发展而成的。

于越部族因海侵而被迫迁入山区,社会经济发展缓慢,长期停滞在刀耕火种的迁徙农业和狩猎阶段。相传越为禹后。于越部族的最早首领是无余,以绍兴一带为部落的聚居中心,"随陵陆而耕种,或逐禽鹿而给食"[①]。据今本《竹书纪年》载,周成王二十四年(前 1081)"于越来宾"。至允常时方始称王,才成子爵小国。春秋时越国逐渐发展起来,至越王句践时励精图治,灭吴称霸,国力达到顶峰。越王句践治国的基本策略是与民休息,鼓励生育,发展生产。他大力延揽人才,与谋士文种、范蠡、计然讨论治国之道、争霸之谋,围绕的是政治、经济、军事等重大主题。浙东学术思想在先秦的最初形成,呈现为谋略的形态,故越王句践谓文种"有阴谋兵法"。班固《汉书·艺文志》著录兵书共五十三家,其

---

① 周生春《吴越春秋辑校汇考》之《越王无余外传》卷六,上海古籍出版社 1997 年版,第 109 页。

中权谋家有《范蠡二篇》《大夫种二篇》(今皆不存),说明范蠡、文种皆以善于谋略著称,他们的思想属于谋略家的思想。句践还坚甲厉兵,壮大军力。《史记·越王句践世家》记载,当越伐吴之时,总兵力达到 5 万人,军容之壮、军容之威由此可见一斑。

于越之地,三江相环,湖泊相间,东濒浩瀚的海洋。严酷的水环境对越人既构成了生存考验,也迫使他们为了适应环境而奋力进取,故而越人从小即练就了善于使楫驾舟的过硬本领。句践说越人"水行而山处,以船为车,以楫为马,往若飘风,去则难从,锐兵任死,越之常性也"①。如此娴熟的驾驶舟船技巧,生动地道出了于越国发达的水上文明。

公元前 490 年,越王句践为报仇复国,以今绍兴卧龙山一带为城址,授命范蠡筑城。之后范蠡又在其东建成山阴大城,史称"蠡城"。这个越国小城,实为浙东唯一的古都,不仅是绍兴城市的源头,也是孕育浙东城市文化的发源地。越王句践卧薪尝胆,带领越国父老百姓"十年生聚,十年教训",终成复国大业。句践由此成为浙东文化的精神原型,对后世的影响甚为深刻。诚如王冶秋所说,这种"以牙还牙""睚眦必报"的精神,对于这个地方的人性,是有着部分的影响的。②鲁迅深知会稽人民的复仇反抗精神,他曾在《女吊》一文中引用了明末山阴王思任的话:"会稽乃报仇雪耻之乡,非藏垢纳污之地。"③又在《致黄苹荪信》中表示:"'会稽乃报仇雪耻之乡',身为越人,未忘斯义。"④

(三)秦汉时期的缓慢转型

秦朝统一中国以后,统一的政治局面使地域文化产生裂变,浙东文化逐渐向中国文化共同体中某一区域文化形态艰难转型。秦汉时期浙东属于边缘的弱势文化区,同时也出现了文化的一次转型,即从越文化融入大一统的汉文化。这一转型并非浙东地区的孤立现象,其实是在江南这一更为广阔的地域中发生

① 李步嘉校释《越绝书校释》卷8,中华书局 2013 年版,第 222 页。
② 王冶秋《民元前的鲁迅先生》,生活·读书·新知三联书店 2012 年版,第 17 页。
③ 《中流》1936 年第 1 卷第 3 期,后收入《且介亭杂文末编》。
④ 《鲁迅选集》第 4 卷,人民文学出版社 1995 年版,第 545 页。

的,根本性质是"民族性转型",即"从夷越文化转变为华夏—汉族文化"。① 当然,这一转型是相当缓慢的,跋涉也是很艰难的。

秦至西汉,于越国故地虽已纳入帝国版图,但未能改变这里的落后面貌。西汉时期,政府对边区的开拓,重点是用兵西北,对江南的开发并未引起足够的重视。在西汉 200 余年内,浙江地区增置新县不多,但在宁波平原上,在原有的句章、鄞两县的基础上,又增设了鄮和余姚两县。西汉政府在政治上加强了对浙东的行政管辖,然因毗邻的闽中郡的闽瓯之民据险抗汉,于是浙东也就成为西汉的军事战略要地。元鼎六年(前 111),汉越之间的矛盾日益白热化。汉武帝派出四路军从四个方向水陆并进,向闽越进攻。在解除了瓯越、闽越的军事威胁之后,浙东地区已处在相对稳定的环境中,加快了开发的进程。大约自西汉中叶开始,浙东经济已走出低谷。

西汉时期,整个江南士人尚无强大的社会基础,形成不了整体力量,入北求仕者也寥若晨星。这里的土著文化还很盛行,很少出现文人。直至东汉后期,浙东经济再度复苏。顺帝永和五年(140),马臻为会稽太守,主持修建了大型水利工程——鉴湖,给越地带来了丰厚的利益。东汉后期,山阴已经是我国重要的铸镜中心。经过不断的开发,以及中原文化的不断浸润,会稽地区逐渐摆脱蛮荒的形象。据《后汉书·循吏传》记载,更始元年(23),任延为会稽都尉,"时天下新定,道路未通,避乱江南者,皆未还中土,会稽颇称多士。延到,皆聘请高行如董子仪、严子陵……敬待以师友之礼"②。按董子仪、严子陵似系会稽余姚人而游学中原者,此次因避乱而随北士南下。由循吏促成的"会稽颇称多士"的局面是前所未见的,但任延所注重的还属于道德风节上的高行,而且维持不久即告星散,没有取得文化上的成绩。但任延为官一方、招揽士人的举措,开了会稽地区崇士的风气。此后北方士人陆续生根落脚于会稽的为数不少,如东汉初河东人杨茂以军功封乌伤新阳乡侯,子孙遂居乌伤;王充在《论衡·自纪篇》中曾述其家世,即从北方迁钱唐再迁上虞;东汉中叶虞氏由北方东郡迁入余姚;句章董黯为董仲舒的六世孙,当从中原迁来;孔潜东汉末年从北方梁国避地会稽,后并为会稽大族。他们既参与了会稽区域的开发进程,也能尊重该地域的文化

---

① 董楚平《吴越文化的三次发展机遇》,《浙江学刊》2001 年第 5 期。
② [南朝宋]范晔《后汉书》卷 76《循吏列传·任延传》,中华书局 1965 年版,第 2461 页。

传统,而与土著越人共居一地,和睦相处。至于像王望那样客寓会稽的,为数更多。北士迁入会稽的过程,也就是中原文化传播的过程。他们在会稽兴办学校,著书立说,大大开阔了南土的眼界,改变了固有的风习。而会稽人士也不是一味地消极等待先进文化来化育他们,不少人表现出奋发进取的求学精神,有的就读本地学宫、师馆,有的则负笈治装,千里游学,这使得会稽士人的素质大为提高。

继任延之后,会稽的循史张霸在倡行教化上也有突出贡献。《后汉书·张霸传》云:"永元(89—104)中,(张霸)为会稽太守,表用郡人处士顾奉、公孙松等。……其余有业行者,皆见擢用。郡中争励志节,习经者以千数,道路但闻诵声。"[1]从文化转轨的角度看,张霸的倡导意义非同寻常。原来吴会作为全国四大文化区域之一,学风特点以文学、黄老学、小学等较为发达,而经学分量甚轻,吴会学风又以吴为重,至于会稽文化发展极为有限。张霸的大力倡导,使会稽地区在推行代表当时官方思想和主流文化的儒学方面有了突破性进展,从而导致吴会文化的内涵发生实质性的变化,辞赋衰息而经学大盛。此后会稽地区的文化蓬勃上升,与吴并驾齐驱,为后来孙吴立足江东奠定了良好基础。

汉顺帝永建三年(128),吴会分治,实为行政区划的一次重大变革。《水经注·浙江水》记载:"永建中,阳羡周嘉上书,以县远,赴会至难,求得分置,遂以浙江西为吴,以东为会稽。"[2]此一政治举措,事实上开启了浙东、浙西的分治理念。在这一背景下,山阴重新成为会稽一郡的政治中心,这为本地域经济、文化的起飞带来了契机。会稽郡领县十五,其中山阴、上虞、余姚等地是较早得到开发的地区。随着经济的发展,文化教育事业也有了相应的发展。文化教育的发展,为这个地区培养了不少著名的学者。王充曾热情赞颂"会稽文才",称"会稽吴君高、周长生之辈,位虽不至公卿,诚能知之囊囊,文雅之英雄也"。他特别推崇"君高之《越纽录》,长生之《洞历》",说这二人的作品,"刘子政、扬子云不能过也"。[3]《论衡·超奇篇》曾对《洞历》这部奇书作了简要介绍:"长生之才,非徒锐于牒牍也,作《洞历》十篇,上自黄帝,下至汉朝,锋芒毛发之事,莫不纪载,与

---

① [南朝宋]范晔《后汉书》卷66《张霸传》,中华书局1965年版,第1241—1242页。
② [北魏]郦道元著、陈桥驿校证《水经注校证》卷40《浙江水》,中华书局2013年版,第900页。
③ [东汉]王充《论衡》卷29《案书篇》,上海人民出版社1974年版,第440页。

太史公《表》《纪》相似类也。上通下达,故曰《洞历》。然则长生非徒文人,所谓鸿儒者也。"①可见周长生《洞历》是一部内容丰富的编年体通史,简直可与司马迁的《史记》相媲美。王充对吴君高、周长生及以他们为代表的"会稽文才"作了高度评价。

二、永嘉南渡后的文化突进

三国吴时分会稽郡置临海郡(今浙江东南)、建安郡(今福建)、东阳郡(今浙江金华、衢州一带)。西晋至南朝末年,会稽郡仅辖今绍兴、宁波一带。此后至南朝末年,会稽郡辖境不变。

太康元年(280),浙江地区纳入西晋版图。但西晋统一不久就爆发了"八王之乱",黄河流域再度陷入战乱。西晋末年的永嘉之乱,最终导致了西晋政权的覆亡。而江南地区却相对安定,司马睿渡江至建康建立了东晋政权,其中会稽一带成为北人侨居的重要区域,不少王公贵族和文学名士聚居于此,从而迎来了突发性的人口增长高潮。

永嘉南渡是我国古代出现的第一次人口南迁高潮,它促使中原文明大规模转移至我国的南方地区,推动了南北文化的交流与融合,也促进了中原文化对浙东蛮夷文化的改造。南迁的北方人给江南带去的不仅是先进的生产方式,还有他们的文化好尚乃至风俗习惯,推动了中原文化的传播和江南文化的发展。特别是北方世家大族在此之后分批陆续寓居浙东,为地域文化的发展注入了活力。王志邦在《六朝江东史论》中将此期的北方人士流寓会稽划分为三个小阶段:(1)西晋末年至东晋元年(317),北地泥阳傅氏、颍川鄢陵庾氏、高阳许氏、陈郡阳夏谢氏等避永嘉之乱而来,数量尚有限,大多选择在会稽土著力量薄弱的上虞江流域居住。(2)成帝至康帝时期(326—344),陈留阮氏、太原晋阳王氏以及俗籍琅琊王氏的僧人竺道潜为避苏峻之乱而来,大多选择上虞江源头的剡溪流域为落脚点,此地远离会稽政治中心,有安定的生活环境。(3)穆帝时期(345—361),太原中都孙氏、江夏李氏、琅琊王氏、高平郗氏、谯国戴氏、乐安高

---

① [东汉]王充《论衡》卷13《超奇篇》,上海人民出版社1974年版,第214页。

氏及高僧支遁等,特别是穆帝永和七年(351)王羲之出任会稽内史后,会稽侨寓士族数量、质量均达顶峰,大大促进了会稽文化的繁荣。① 有学者认为永嘉南渡引发了中国社会板块结构的变动,"永嘉南渡之前,由于传统文化的中心一直在北方,以中原文化为核心的北方文化在很大程度上成为中国文化的主流,而随着大批中原士人的南迁,不仅把北方文化思想带到江南,促进了南北思想的融合与交流,也使江南文化第一次得到展示其独特魅力的宝贵机遇"②。这种社会板块结构的变动,也为浙东地域文化的自我异化和蜕变提供了绝好的机遇,浙东文化至此获得长足的发展,其发展的形态与秦汉时期已大有不同。董楚平指出:"从秦汉至南宋,吴越地区与中原的经济文化交流,主要是中原影响江南,因此,吴越文化常常带有中原文化的新质态,这种情况在东晋、南朝、南宋等时期尤为突出。"③除了"南宋"尚可商榷之外,董楚平所论亦适用于浙东文化。约而言之,这一"新质态"包含了三方面内容。

其一,玄谈中心的确立。东晋初期,王导、庾亮礼敬玄谈名士,建康及武昌等地清谈之风大兴。迨至庾冰执政,力主法治,排斥玄虚,于是高士和名僧陆续离开建康而转入会稽,会稽因此而成为东晋的玄谈中心。《晋书·王羲之传》记载:"羲之雅好服食养性,不乐在京师,初渡浙江,便有终焉之志。会稽有佳山水,名士多居之,谢安未仕时亦居焉。孙绰、李充、许询、支遁等皆以文义冠世,并筑室东土,与羲之同好。"这些人聚集在一起,足以构成一个实力强大的清谈阵容。同时,永和政局相对安定,亦为他们高逸洒脱的生活创造了外部条件。如田余庆所说:"永和以来长时间的安定局面,使浮沉于其间的士族名士得以遂其闲适。他们品评人物,辨析名理,留下的轶闻轶事,在东晋一朝比较集中,形成永和历史的一大特点。"④集结在会稽的永和名士逍遥自守,游弋山水,谈论的话题多为老庄及佛理,对玄言诗的创作影响很大。他们以玄对山水,将玄理体悟与山水描写结合起来,最有标志意义的便是永和九年(353)的兰亭雅集诗。

永和末年,政局动荡多变。升平四年(360)以后,活跃在会稽的侨寓士族人

① 王志邦《六朝江东史论》,中国青年出版社 1989 年版。

② 刘士林、苏晓静、王晓静《江南文化理论》,上海人民出版社 2019 年版,第 82 页。

③ 董楚平《吴越文化的三次发展机遇》,《浙江学刊》2001 年第 5 期。

④ 田余庆《东晋门阀政治》,北京大学出版社 2005 年版,第 145 页。

士,有的去世,有的入仕,有的被召进京,群落逐渐解体,会稽文化中心亦走向衰落,代之而起的是江州庐山文化中心。

其二,佛学中心的确立。从东晋到南朝的一百多年间,会稽境内高僧云集,发展成为南方的佛学中心。般若学是东晋佛教的显学,大致可分为六家七宗,其中有六位高僧曾在会稽活动,促成了东晋会稽般若学的兴盛,其中最有代表性的人物即为支遁。慧皎编纂了我国第一部《高僧传》,入传的越地高僧有 17人。至隋朝时,智𫖮开创了天台宗,是为中国佛教最早创立的一个宗派。

其三,士族家学趋于发达。南朝的浙东文化正是在此基础上发展的。[①] 南朝浙东私学发达,会稽士人执教于中央学馆和地方私馆者为数不少。如贺玚为五经博士,曾聚徒教授于乡里,授业者达三千余人。家学为士族门第的根基,承汉晋之流风,南朝浙东士族的家学发达,山阴贺氏、孔氏和余姚虞氏为浙东学术的三大代表。这一时期,浙东学者研经成风,著作繁多,且呈现为明显的家族性特征(详参表 1)。

表 1　两晋、南朝浙东学者经学著作一览

朝代	作者	著作	著录
西晋	谢沈	尚书注(十五卷)	《隋书·经籍志》
		毛诗注(二十卷)	《隋书·经籍志》
		毛诗答问驳谱(合八卷)	《隋书·经籍志》
		毛诗释义(十卷)	《隋书·经籍志》
		毛诗义疏(十卷)	《隋书·经籍志》
	虞喜	尚书释问(一卷)	《隋书·经籍志》
		毛诗略	《隋书·经籍志》
		周官驳难(三卷)	《隋书·经籍志》
		论语赞郑氏注(九卷)	《隋书·经籍志》
		孝经注	《晋书·儒林传》

---

① 金兆丰《中国通史》,中国工人出版社 2016 年版,第 654 页。

续　表

朝代	作者	著作	著录
东晋	贺循	丧服谱(一卷)	《隋书·经籍志》
		丧服要记(六卷)	《隋书·经籍志》
	孔伦	集注丧服经传(一卷)	《隋书·经籍志》
南朝宋	虞愿	五经论问	《南齐书·虞愿传》
	贺道养	春秋序注(两卷)	《隋书·经籍志》
	孔澄之	论语注(十卷)	《隋书·经籍志》(作七卷)、《经典释文》卷一(作十卷)
南朝齐	虞遹	论语注(十七卷)	《经典释文》卷一
南朝梁	孔子祛	续朱异集注周易(一百卷)	《南史》卷七十一
		尚书义(二十卷)	《南史》卷七十一
		集注尚书(三十卷)	《南史》卷七十一
		续何承天集礼论(一百五十卷)	《南史》卷七十一
	贺玚	周易讲疏	朱彝尊《经义考》卷十二
		丧服义疏(两卷)	《隋书·经籍志》
		礼记新义疏(二十卷)	《隋书·经籍志》
		礼论要抄(一百卷)	《隋书·经籍志》
		孝经讲义(一卷)	朱彝尊《经义考》卷二二三
		五经异同评(一卷)	《隋书·经籍志》
		梁宾礼(贺锡等撰)(一卷)	《旧唐书·经籍志》(《隋书·经籍志》作《梁宾礼仪注》九卷)"
		梁宾礼仪注(十三卷)	《新唐书·艺文志》(《通志》卷六十四作十二卷)
	贺琛	三礼讲疏	《梁书》卷三十八
		五经滞义	
	虞僧诞	申杜难服	《梁书》卷四十八
南朝陈	谢峤	丧服议	《隋书·经籍志》

进入唐代以后,浙东以越州为行政中心,江南道浙东观察使即驻节于越州,越州的地位和名声远远高于杭州。吴熊和指出:"无论是谢灵运的时代,还是李白、杜甫的时代,越州的东南重镇地位向来胜于杭州,鉴湖的名气也远远超过杭州的西湖。"①唐代浙东地区,儒学相对寥落,弥漫着的是浓郁的诗性文化,佛道获得了强势发展。若就地域空间而论,于越故地的会稽文教并兴,儒文化相对浓郁,而作为瓯越故地的台温文化则佛道并重,直到郑虔左迁台州,聚徒讲学,台州文教的格局才有较大改观。

(一)诗性文化,弥漫浙东

这是唐代浙东文化最耀眼的收获之一。唐代浙东诗歌的发展,从空间分布上看,以越州为重。宋孔延之《会稽掇英总集》序云:"会稽称名区,自《周官》《国语》《史记》,其衣冠文物、纪录赋咏之盛,则自东晋而下,风亭月榭,僧蓝道馆,一云一鸟,一草一木,觏缕而曲尽者,自唐迄今,名卿硕才,毫起栉比。碑铭颂志,长歌短引,究其所作,宜以万计。而时移代变,风磨雨剥,见于今者,盖亦仅有。"②他估算自唐代以来会稽诗歌总数"宜以万计",数量实在惊人。胡可先描绘了唐代越州的诗坛图景,指出:"唐代越州文学尤其自身的特点与演变规律,又与这一区域深厚的文化积淀、众多的人文与自然景观相关。对越州文学发展作出重要贡献者,既有本籍诗人,又有全国各地仕宦或漫游于此的文人墨客,因而越州文学的发展,又与唐诗的整体发展相联系。"③胡可先勾勒出了唐代越州文学演进的三个重要节点。他首先注意到了盛唐吴越文学的繁荣。洛阳偃师市南蔡庄村北出土一方《徐浚墓志》,其文云:"至于制作侔造化,兴致穷幽微,往往精策,蔚为佳句。常与太子宾客贺公、中书侍郎族兄安贞、吴郡张谔、会稽贺朝、万齐融、余杭何謇为文章之游,凡所唱和,动盈卷轴。"这一南方文学群体中,有越州作家贺知章、贺朝、万齐融三人,衢州作家徐安贞一人。这方墓志是盛唐时期吴越地区人文荟萃的有力佐证。其次,他论述了中唐前期的鲍防文学集团。安史之乱后,中原动荡,而南方安定繁荣。宝应元年(762),台州有袁晁起

---

① 转引自胡正武《唐诗之路与政治因素之关系》,《台州学院学报》2006 年第 1 期。

② [宋]孔延之《会稽掇英总集》卷首,影印文渊阁《四库全书》本。

③ 胡可先《唐诗发展的地域因缘和空间形态》,中国社会科学出版社 2010 年版,第 188 页。

义,攻掠台、明、温等地,对这三地造成的破坏相对严重,但越州仍较安定。广德元年(763)四月,李广弼调重兵镇压了袁晁起义,浙东很快又重归安宁。广德元年至大历五年(770),鲍防任浙东从事,以其"道备文武"之材,吸引了大批文学之士前来投奔。穆员《工部尚书鲍防碑》说:"是特中原多故,贤士大夫以三江五湖为家,登会稽者如鳞介之集渊薮,以公故也。"①这样,越州形成了以鲍防为核心的文学集团。《大历年浙东联唱集》及《状江南十二咏》《忆长安十二咏》等作品相继问世,极大地推进了浙东区域文学的繁荣。再次,他讨论了中唐后期的元稹集团。长庆三年(823)八月至大和三年(829)九月,元稹任浙东观察使,书写了浙东文学的最盛传奇。胡可先指出:"元稹的浙东幕府诗酒文会活动颇盛,所辟幕僚与宾客如郑鲂、陆涥、卢简求、韩杼材、周元范等,都是能文善诗之士。"②

唐代越州出现了各种大大小小的诗会雅集,《会稽掇英总集》记载了元和九年(814)齐推等人的石伞峰诗会、越州刺史薛苹的禹庙诗会。即便是文学风气尚不浓厚的明州地区,也存在这种诗会。宋王庭秀《水利说》云:"唐贞元中,民有请湖为田者,诣阙投匦以闻。朝廷重其事,为出御史按利害。御史李后素衔命询咨本末利害之实,锢献利者置之法,湖得不废。后素与刺史及其寮一二公唱和长篇纪其事,而刻之石。诗语记湖之始兴,于时已三百年,当在魏晋也。"③考曾巩《广德湖记》,此事发生在唐宣宗大中元年(847),王庭秀误为贞元中。御史李后素来到明州处理废广德湖为田一案,与明州"及其寮一二公唱和长篇纪其事",这是明州幕府最早的集咏唱和活动。这一唱和活动以广德湖水利为主题,创作的是长篇纪事诗,具有浓厚的"诗史"色彩,可惜没有保留下来。但北宋的王庭秀确实看到过石刻,并称诗中记载广德湖之兴已经三百年,还据此推断其兴起在魏晋间。又据赞宁《宋高僧传》记载,明州国宁寺僧宗亮"恒与沙门贯霜、栖悟、不吟数十人,皆秉执清奇,好迭为文会,结林下之交"④。这是宁波地区最早而又颇具规模的文学社团。

---

① [宋]李昉《文苑英华》卷 896,影印文渊阁《四库全书》本。
② 胡可先《唐诗发展的地域因缘和空间形态》,中国社会科学出版社 2010 年版,第 215 页。
③ [宋]罗濬等《宝庆四明志》卷 12,中国国家图书馆藏宋刻本。
④ [宋]释赞宁《宋高僧传》卷 27,见[南朝梁]释慧皎等《高僧传合集》,上海古籍出版社 1991 年版,第 553 页。

(二)仙源佛国,声势大张

唐朝社会博大宽容,三教并行,形成了思想信仰比较自由的社会氛围。唐代浙东道教以天台山为盛,天台山道教则以传授上清大法为特色,并形成了自己独特的传承。司马承祯以天台山为基地,创立了道教上清的天台派(南岳天台派),总结了洞天福地学说,撰写了《天地宫府图》,推动了宗教地理学的发展。他还培养了大批弟子,以悠长的道脉,产生深远的影响。司马承祯提出的"坐忘主静"的心性修炼学说,实开北宋张伯端道教内丹学的先声。

唐代浙东佛寺星罗棋布,隋朝智颛创立的天台宗,继续得到弘扬,天台成为浙东义学的中心。姜光斗《论唐代浙东的僧诗》中所举 17 位名僧①,在国清寺居住过和信仰天台宗教义的约占一半。日本派遣入唐的百多位留学僧,大多到过天台。

此外,唐代浙东的科技文化值得特别关注。浙东处士窦叔蒙著《海涛志》六卷,成书于大历中,是我国现存最早的潮汐专著。唐代著名历算家僧一行曾在天台山国清寺拜一院僧为师,研习布算之法,探究大衍之术,为日后完成《大衍历》打下了牢固基础。四明人陈藏器在开元二十七年(739)撰成《本草拾遗》10卷,是对唐代医药学发展的又一次重要总结。陈藏器最早在理论上提出"十剂"之说,为后世方剂学按功能分类奠定了基础。美国加利福尼亚大学教授谢弗在其蜚声世界的名著《唐代的外来文明》一书中称赞陈藏器是"八世纪伟大的药物学家",并与"相对保守一些的药物学者"相对提,他说:"陈藏器详细而又审慎地记录了唐代物质文化的许多方面的内容,这些记载虽然与医药没有直接的关系,但是对于我们来说,却有很高的价值。《本草拾遗》就是陈藏器撰写的一部伟大的著作。正如书名所表示的那样,这部著作是对保守的官方药物学著作的补充。到了宋代时,陈藏器的后辈们对《本草拾遗》中收录了那样多非正统的资料而对他提出了尖锐的批评。但是在我们看来,这些资料中包含了许多中世纪初期刚刚开始使用的新的药物,所以具有重要的价值。"②这些评价恰如其分地

① 姜光斗《论唐代浙东的僧诗》,载中国唐代文学学会等主编《唐代文学研究》第 6 辑,广西师范大学出版社 1996 年版,第 759—789 页。

② (美)谢弗著、吴玉贵译《唐代的外来文明》,中国社会科学出版社 1995 年版,第 389 页。

论定了陈藏器在中国药物学史上的重要地位。东阳女道医胡愔编述《黄庭内景五脏六腑补泻图并序》,收录于《道藏》洞玄部灵图类,该书较多引用了司马承祯《服气精义论》《修真精义杂论》中有关脏腑结构位置、生理功能、病理症候之文,并绘出了五脏六腑之神图。唐代太和年间王元晖主持建造的它山堰水利工程,由坝堰、灌渠和碶闸构筑而成一整套排灌系统,这在唐代明州水利建设史上带有全局性意义。

三、宋元明清时期浙东文化的鼎盛

宋代是一个令人向往的时代。黄宽重在《孙应时的学宦生涯:道学追随者对南宋中期政局变动的因应》一书中开宗明义,勾勒了宋代文化发展的宏大历史背景:"宋代的历史意义,在其奠定传统中国尔后近千年以士人为主流群体的社会风貌。宋朝采行文治,通过相对公开的科举制度,以乡试、省试与殿试三级考试,拔擢士人进入官僚体系。……受惠于宋代社会经济繁荣、教育普及与印刷技术发展,庶民阶层获取知识的渠道更为便捷。读书识字、从师业儒者急速膨胀,进士数量持续增加,士人群体逐渐扩大,明显取代门第贵胄;学术也由家学转成师承,强化师承渊源,形成门派。在宋代文治政策下,以举业仕进为目标的一般士人和为数众多以荫补入仕的高官子弟,形成新兴士人阶层。这些以知识谋生的士人,共同促成了宋代以降政治与社会变革,并引导了学术文化趋向,成为传统中国政治、社会、文化的主流群体。"①正是在这样的历史背景下,浙江逐渐步入了一个文物熙熙的时代,尤其是浙东学术经过北宋的过渡,至南宋完全成熟,以独立的姿态亮相于学术界。宋代浙东学者的人数是浙西的三倍多,南宋第一流学者都出自浙东,这是不争的事实。

北宋初期温州不过是一个僻远下州,到北宋中期商业开始繁荣。庆历时期,学统四起,温州地区的儒学开始于王开祖、丁昌期、林石,合称"皇祐三先生"。他们与当时的宋初三先生遥相呼应,成为宋代经学变古的重要代表人物。

---

① 黄宽重《孙应时的学宦生涯:道学追随者对南宋中期政局变动的因应》,中国友谊出版公司 2021 年版,第 3 页。

在温州文化崛起的过程中,元丰太学法改革是一个关键节点。太学作为精英聚集的最高学府,已越来越成为大儒传扬学说的重要场域,引领着学术的发展。在元丰太学法改革之时,温州人捷足先登,成为北宋中期科举制度改革的直接受益者。温州学者周行己说:"元丰作新太学,四方游士岁常数千百人。温海郡,去京师阻远,居太学不满十人,然而学行修明,颇为学官先生称道,一时士大夫语其子弟以为矜式,四方学者皆所服从而师友焉。蒋元中、沈彬老不幸早死,不及禄。刘元承今为监察御史,元礼为中书舍人,许少伊今为敕令删定官,方进未艾,戴明仲为临江军教授,赵彦昭为辟廱正以卒。张子充最早有闻,每举不利,今以'八行'荐于朝。凡此吾乡之士,皆能自立于学校,见用于当世。"①这段话共提到了八人,加上作者周行己,学界合称"元丰九先生"(又称"永嘉九先生")。元丰太学法改革,温州士子率先涌入太学学习,"永嘉九先生"由此成为二程洛学在浙东传播的关键人物。南宋温州第一个状元王十朋写道:"永嘉自元祐以来,士风浸盛,渊源自得之学,胸臆不蹈袭之文,儒先数公著述具存,不怪不迂,词醇味长,乡令及门孔氏,未必后游、夏徒也。涵养停蓄,波澜日肆。"②在浙东学派思想转向事功的过程中,"元丰九先生"起到了重要的推动作用。明州的情况亦类似,自庆历年间开始,明州的经济迅速发展,学风亦出现了新变,"杨杜五子"最早主动切入中原儒学的精髓,可以说是宋代儒学地域化进程中明州新儒学的发端。

南宋时,浙东学术开始摆脱洛学传承者的角色,更多地致力于自开新局,至南宋中期终于形成自己的学派。就温州来说,其政治地位已升至"次辅郡",涌现了大批地方官僚文人,源于洛学的永嘉学派逐渐别开生面。薛季宣是永嘉事功学派的奠基者,陈傅良继而扛起了继承永嘉学统的大旗,并促成永嘉文派的形成。陈傅良长期在永嘉讲学,培育了大量的人才,形成了庞大的门人群体。南宋是学界公认的宁波文化发展的第一个高潮期,无论官学、书院还是私塾,其发展程度都远超北宋,庞大的业儒人群,为本地区的科举之盛创造了无可比拟的优势。伴随着教育的繁荣,学术文化臻于发达。以杨简、袁燮、沈焕、舒璘为代表的"四明淳熙四先生",弘扬陆氏心学,形成了"四明学派"。四先生对心学

① [宋]周行己《浮沚集》卷 7《赵彦昭墓志铭》,影印文渊阁《四库全书》本。
② [宋]王十朋《梅溪集》后集卷 29《何提刑墓志铭》,影印文渊阁《四库全书》本。

的理解和发挥,彼此之间也有个性差异。如杨简以思辨胜,引入佛家思想,把心学进一步推向唯我论的道路。浙东心学与禅宗之间的密切因缘,在杨简那里已表现得十分明显。为此,明代阳明心学的传人王畿曾解释两者之间的毫厘之辨:"因此勘得吾儒之学与禅学、俗学,只在过与不及之间。彼视世界为虚妄,等生死为电泡,自成自住,自坏自空,天自信天,地自信地,万变轮回,归之太虚,漠然不以动心,佛氏之超脱也。牢笼世界,桎梏生死,以身徇物,悼往悲来,戚戚然若无所容,世俗之芥蒂也。修愿省愆,有惧心而无戚容,固不以数之成亏自委,亦不以物之得丧自伤,内见者大,而外化者齐,平怀坦坦,不为境迁,吾道之中行也。古今学术毫厘之辨亦在于此,有识者当自得之。"①宋末,黄震、王应麟、史蒙卿等人积极倡导朱学,四明的学术开始由陆学向朱学转轨。朱熹高弟黄榦的弟子何基,何基弟子王柏,王柏弟子金履祥、金履祥弟子许谦,合称"金华四先生",他们承继道统,弘扬朱学,绵延数世,被称为"浙学之中兴"。

南宋史学空前繁荣,史家辈出,尤以四川、两浙东路、江南西路和福建路为最重要的史学中心。其中金华吕祖谦、永嘉陈傅良、慈溪黄震、鄞县王应麟、宁海胡三省,被学界视为浙东史家的代表,他们不仅为后人留下了丰厚的史著,而且熔铸于史书中的爱国精神给了后世史家以积极的影响。

浙东是南宋地域文学繁荣区之一。今据王兆鹏、齐晓玉《宋代诗文词作者的层级与时空分布》一文统计,宋代高产作家,诗歌前十席,浙东独占二席,山阴陆游以 9242 首位居榜首,乐清王十朋以 2183 首位居第十;宋文高产作者前十席中,鄞县楼钥以 2300 篇位居第七;宋词高产作家前十席中,四明吴文英以 341 首位列第四。"占籍作者人数最多的前十名地市,浙江占四城:杭州、温州、宁波、金华。"②据此可见浙东独占三城。从创作成就看,陆游诗歌抒发了慷慨激昂的报国热情和壮志未酬的悲愤,是"中兴四大家"之一,对南宋后期诗歌产生了积极的影响。"永嘉四灵"打破江西诗派的藩篱,归宗晚唐,代表南宋后期诗歌创作上的一种倾向。吴文英词多写个人身世之感,运意深杳,用笔幽邃,艺术

---

① [明]王畿《自讼长语示儿辈》,见吴震编校整理《王畿集》,凤凰出版社 2007 年版,第426—427 页。

② 王兆鹏、齐晓玉《宋代诗文词作者的层级与时空分布》,《中南民族大学学报》(人文社会科学版)2022 年第 1 期。

上有自己的开拓和创新,在词史上独树一帜。从作家的空间分布看,浙东各地文风的发展相对均衡。即以四明一隅而论,王应麟在元初所作的《四明七观》中曾感叹说:"家自以为舒、向,人自以为扬、马,兹可以言文献乎?"①所谓"舒、向"指董仲舒和刘向,"扬、马"指扬雄和司马相如,王应麟的这句话暗示了儒学和文学是南宋四明地区最有成就的两个领域。

浙东作为一个文化传统悠久的地域文明体,自宋以来其文化的生长繁衍具备了内生性的演变动力,由原来的散点突进,转变为谱系性传承,这不但有助于地域文化人的"集体发力",而且在一定程度上保证了地域文化的传递不致发生断裂。谱系的好处在于前有创而后有承,使地域学统相续于无穷,从而推动社会的前进与发展。自宋代以来,浙东学人搏击于时代的激流之中,在兼容中保持特色并不断创新,浙东遂由原来的学术文化的边缘化地区一跃而成为全国学术文化的重心地区。

元代浙东文化并未因易代而断裂,凭借着巨大的惯性发挥着作用,实处于南宋浙东文化勃兴的延长线上。宋元之际,王应麟、胡三省的学术成绩令人惊叹。元代浙东士人从医者甚众,且多为儒医,深受民众的尊敬。如义乌人朱震亨(1281—1358)曾随名儒许谦攻习理学。朱震亨又师从名医罗知悌,深入研究"火"的病因病机,提出了"相火论"。他提出"阳常不足,阴常有余"的论点,在临床上创用滋阴降火的重要治法,开创了丹溪学派。活动于四明的名医滑寿善于将临床经验学术化,撰写了大量有价值的学术著作,如《十四经发挥》使经络学说更臻系统完善。

明初社会的安定,政治、经济、军事上的强盛,并未带来文化繁荣。其根本原因在于明初的思想控制过于强大,实不利于文化的兴盛。因此,自洪武至成化的一百多年间,是文化发展的低潮时期。具体地说,学术上依傍理学,株守一家而排斥百子,思想袭宋元之旧,亦步亦趋,鲜有创新和发展;科举制的变化,强化了对人们思想的控制;史学理学化,文艺上以复古为导向,大多陈陈相因,同样乏善可陈。明代前期浙东文化虽然失去了个性,但并没有完全丧失活力。方孝孺在《文会疏》中将金华描述成了浙东学术的一大圣地:"浙水之东七郡,金华

---

① [元]袁桷《延祐四明志》卷1,见浙江省地方志编纂委员会编《宋元浙江方志集成》第9册,杭州出版社2009年版,第3965页。

乃文献之渊林。在天瞩为婺女之墟,于坟籍资贤人之聚。自宋南渡有吕东莱,继以何、王、金、许,真知实践而承正学之传,复生胡、柳、黄、吴,伟论雄辞以鸣当代之盛,遂使山海之域,居然邹鲁之风,天实启之,世有作者。惟我朝创业垂统之初,载得华川、潜溪之两公,或以诚笃博大镇朝廷,或以忠节刚方闻夷夏,修九十三年之元史,为百千亿载之成书,虽盛衰荣辱所遇难齐,而道德文章俱垂不朽,继其后者,夫岂易哉!"①此处"华川"指王祎,"潜溪"指宋濂,两人是明初金华学派的领袖。方孝孺是宋濂最杰出的弟子,曾以伊尹、周公自任,来表明自己的立身之志:"夫人不生则止,生而不能使君如唐虞,致身如伊周,宣天地之精,正生民之纪;次之不能淑一世之风俗,揭斯道于无极,而窃取于文字间,受訾被垢,加以文士之号,不亦羞圣贤、负七尺之躯哉!"②很明显,方孝孺抱有强烈的淑世情怀,是一位以治国平天下为己任的正统的儒家士大夫。黄宗羲明确将方孝孺奉为明代的学祖。此外,余姚学者赵谦在语言文字学领域做出了卓越的贡献,著有《六书本义》,被学界誉为文字学的开山。正统九年(1444),时任监察御史的张楷依据《史记·孔子世家》中记述的孔子史实,旁采《论语》《孟子》等,辑成《圣迹图》,反映孔子生平的 29 件事,并撰写了每幅图的说明和赞诗,木刻传世。从严格意义上讲,这是最早成卷的描述孔子生平事迹的长幅画卷。

浙东学术直至王阳明出世,才真正掀起巨大波澜。王守仁创立的阳明心学,其主要内容为"心即理""致良知"和"知行合一"。王畿说:"我阳明先师倡明绝学,以良知之说觉天下,天下靡然从之。"③王阳明的主要学说成于贵州和赣州,但黄宗羲却因王阳明是浙东人而将其归入浙东学脉,认为其影响及于全国,乃是"东浙之所衣被"。在黄宗羲的理念中,浙东学脉的构建是因其出生之地,而非因其创立之地。阳明心学冲破了僵化的思想牢笼,是中国第一个初步成熟的近代启蒙哲学,具有划时代的意义,影响日益扩大。

阳明心学潮流的引领,有力地推动着中国文学(亦包括浙东文学)的发展。作家们开始突破理学伦理的僵化模式和文学复古的风气,注重于精神的自由、

---

① [明]方孝孺《逊志斋集》卷 8,影印文渊阁《四库全书》本。
② [明]方孝孺《逊志斋集》卷 10《与郑叔度八首》,影印文渊阁《四库全书》本。
③ [明]王畿《重刻阳明先生文录后序》,见吴震编校整理《王畿集》,凤凰出版社 2007 年版,第 341 页。

个性的解放、性情的表现。山阴徐渭正是阳明心学影响下第一位卓有建树的文学家、艺术家,后人誉为"旷代奇人"。徐渭以组合剧《四声猿》为代表的杂剧,可以视为明清文人杂剧抒怀写愤的典型代表。徐渭《南词叙录》是第一部全面总结南戏的专著,并率先提出了"本色论"。在徐渭的引领下,越中形成了一个曲派,王骥德《曲律》记云:"吾越故有词派……至吾师徐天池先生所为《四声猿》而高华爽俊,秾丽奇伟,无所不有。称词人极则,追蹑元人。今则自缙绅青襟,以迨山人墨客,染翰为新声者,不可胜纪。"王国维曾经指出:"曲家多限于一地。……至明中叶以后,制传奇者,以江浙人居十之七八,而江浙人中,又以江之苏州、浙之绍兴居十之七八。此皆风气使然,不足异也。"①可见晚明戏曲作家群的形成与地域风气有着密切的关联。"越中曲派"作家群既从事戏曲创作,又重视理论研究,与汤显祖、吴江派作家群一起,共同为晚明戏曲创作的复兴做出了重要的贡献。

山阴刘宗周是明末儒学的殿军。他虽然学宗王阳明,但又能反思王门后学的流弊,不拘泥于师门之说,在理论上勇于修正和突破,创立了蕺山学派。刘宗周面对晚明社会危机,将批评对象指向君主,认为天下之乱本自君心,人心败坏而影响到社会与风俗。他提倡"诚敬"为主,"慎独"为功。他晚年"再三参订"的《人谱》是一部阐释道德工夫论的作品,也是一部道德修身的经典教材。黄宗羲《移史馆论不宜立理学传书》如此评价明初以来的浙东学术:"有明学术,白沙开其端,至姚江而始大明。盖从前习熟先儒之成说,未尝反身理会,推见至隐,此亦一述朱,彼亦一述朱。……逮及先师蕺山,学术流弊,救正殆尽。向无姚江,则学脉中绝;向无蕺山,则流弊充塞。凡海内之知学者,要皆东浙之所衣被也。"②黄宗羲将姚江之学与蕺山之学纳入浙东学脉,充分肯定其师刘宗周的贡献。

清初黄宗羲创立浙东学派,浙东学术再一次真正走向鼎盛。黄宗羲在哲学思想上继承了心学的合理内核,但又突破了心学的框架。他特别强调学问要"经世应务",体现了当时社会的时代精神。同时,黄宗羲还对几千年的封建制度作了一番深刻的审视,并对改革君主政治体制提出了具体的设想。黄宗羲的

---

① 王国维《王国维戏曲论文集·录曲余谈》,中国戏剧出版社1957年版,第275页。

② 陈乃乾编《黄梨洲文集》,中华书局1959年版,第451页。

民主启蒙意识与富有创新精神的学术见识,奠定了其作为明末清初杰出思想家的历史地位。诚如梁世和所说:"清初学界,以孙奇逢为代表的北学、以黄宗羲为代表的南学、以李颙为代表的关学呈三足鼎立之势。"①此后,万斯同、万斯大、邵晋涵、全祖望、章学诚等,并为浙东学派的大贤。章太炎《訄书》这样概括这一学术谱系:"自明末有浙东之学,万斯大、斯同兄弟,皆鄞人,师事余姚黄宗羲,称说《礼经》,杂陈汉、宋,而斯同独尊史法。其后余姚邵晋涵、鄞全祖望继之,尤善言明末遗事。会稽章学诚为《文史》《校雠》诸通义,以复歆、固之学,其卓约过《史通》。而说《礼》者羁縻不绝。定海黄式三传浙东学,始与皖南交通。其子以周作《礼书通故》,三代度制大定。唯浙江上下诸学说,亦至是完集云。"②清代浙东学派兼治经学、史学、文学和科学,在各个领域均卓有建树。

清代浙东文学亦盛极一时。明清易代,浙东经历了腥风血雨的洗礼,使文坛的面貌发生了深刻的变化,涌现了数量庞大的遗民作家群。山阴张岱堪称绝代的小品作家,其创作的《陶庵梦忆》《西湖梦寻》这两部小品集,生动逼真地描绘了世俗人情,寄托了兴亡之感,飘逸着隽永的神韵,并因此铸成了晚明小品创作的最后辉煌。明亡之后,大批的甬上士人不愿接受异族的统治,有的奋起反抗,有的在反抗无望中无可奈何地成为遗民。这些遗民志士援笔作诗文,或为记录动荡岁月、患难余生,或为抒发残山剩水之痛、麦秀黍离之感,或为总结明亡教训,为表彰节义幽光。林时对《叶子又生诗稿序》说:"多难以来,悲风四起,每每登新亭以雪涕,过京阙而浩忆。以余耳目所玩,河梁握手,登楼舒啸,人人赋收京行在,穷然后工,情生于感,殆非虚语矣。"③缘于"多难以来,悲风四起",浙东遗民文学的悲壮品性已然注定。

黄宗羲是清初进步的启蒙思想家,也是清初重要的文学家。黄宗羲提出了文学的人性向度,强调诗要坦露真性情,"畅吾之精神意志",写自己的独到的见识、特有的发现、独特的生活体验、真实的抱负及情怀。他坚决反对"干啼湿哭,总为肤受"的伪体,反对"拘以家数""抄贩模拟"而无自家面目的"殉物之具"。

---

① 张君荣《北学:燕赵文化之"体"——访河北省社会科学院研究员梁世和》,《中国社会科学报》2018 年 10 月 26 日。

② 章太炎《訄书》,华夏出版社 2002 年版,第 50 页。

③ [清]林时对《留补堂文集》,中国国家图书馆藏抄本。

他还主张"多读书,则诗不期工而自工",这虽是针对明代文人空疏不学弊病而发的,但开了后来浙派诗以学人之诗与诗人之诗相结合的先河。黄宗羲在明以来唐诗风行的情况下,还大胆提出"诗不当以时代而论"的观点,在肯定唐诗的前提下,有意识地大张宋诗之赤帜。他曾参与吕留良、吴之振《宋诗钞》之选,他的学生陈讦纂辑了《宋十五家诗选》,有力地扩大了宋诗的影响。浙派诗的宗宋之风,跟黄宗羲的倡导大有关系。

值得注意的是,清代浙东学人在科技领域亦做出了出色的成绩。黄宗羲在《明夷待访录》中提出了科技教育的思想,不仅主张求实,而且强调明理求故,坚定地相信气一元论的科学观点。在西方近代科技陆续传入中国的背景下,黄宗羲又为"西学中源"说推波助澜。在医学领域,慈溪人柯琴研究《伤寒论》,以六经为百病治疗的六个区面,合伤寒杂病为一统,不分伤寒中风,提倡因证合脉,合症用药,以证为辨治重点,反对许叔微的桂枝、麻黄、大青龙三纲鼎立之说,见解独到。清代温病特别流行,吴中叶天士等形成了温病学说,而浙东绍兴以绍派伤寒闻名。该派发端于明代张介宾,以清初俞根初所著《通俗伤寒论》而得名,中经何秀山、高学山、任漏波、章虚谷等辛勤耕耘,至清末民初形成成熟的体系。该派调停伤寒、温病两派之争,将伤寒学与温病学理论相互融合,主张"六经三焦,寒温成一统",探究广义伤寒病的诊断和治疗方法,在中医流派中独树一帜。

四、近代浙东文化的转型

1840年爆发的第一次鸦片战争,标志着中华民族面临千年未有之变局,面对伴随着枪炮而涌入的西方资本主义文明,不得不选择文化的转型。这一次转型乃是由传统文化向近代文化的整体转型,是一次深刻的巨变,注定是异常艰难的。跨入近代之门的浙东文化只能随着整体的转型而转型,不可能有例外。而在这一艰难的转型中,浙东文化是以中与西、新与旧的多重变奏走向近代。

首先是经济产业上的变奏。在西方列强的侵略下,我国被迫签订了一系列的不平等条约。西方列强凭借着蛮横的强权,一方面对中国大肆掠夺,另一方面又向中国肆意倾销各类工业商品,逐渐破坏和瓦解了中国的自然经济。在这一大背景、大趋势下,浙东的农业经济一度陷入了严重的困境。如平水茶为绍兴经济的一大支柱产业,在光绪十四年(1888)上海茶叶出口额中,销往欧美的各大名茶中,绍兴平水茶占有半壁江山,但很快因为工艺、经营问题以及新兴产茶国的恶意竞销等受到重创。傅宏镇分析说:"不独绍属社会经济之舒困,全视茶叶兴衰为转移,即本省之繁荣,亦奠基于此。是以茶业关系社会民生至为深巨。近年平水茶业,亦随着世界经济恐慌之潮流,日趋衰落,同时受新兴产茶国竞销之影响,销路渐短,对外贸易遂一蹶不振,农村经济亦濒于破产之境。"①浙东茶业的出路何在?已令业界人士百忧交心。嵊县诸生钱煃晚年创设制茶厂于平水镇,舶运至海外销售。浙东经济的唯一出路,当是引进新技术,从事新式的工商业,走上近代化的产业道路。鄞东的三桥亦做出了榜样。张美翊《家寅鲍先生七十双寿序》说:"三桥为鄞东巨镇,环而处者数千家,炊烟稠密,民俗朴素,朝而作,夕而休。凡生长其地者大半务农。自近年风气盛开,大吏提倡工商实业,海上有所谓甬布,甬布者,亦多出于三桥附近。于是机声唧唧,与桔槔之声相酬答。"②但在张美翊眼里,相较于"民情之纯古",这一"繁华机变"其实是一种"陋态"。

上海开埠以后,成为我国近代工业起步最早、受西方科技影响最深的城市,许多行业开始突破旧式作坊的局限,逐步朝着近代工业的方向迈开步伐。19世纪末,一些早期的中国留学生带回了国外的先进技术和管理方法,加速了上海科技水平的提高。在这样的前提下,我国早期以智力为主的科技型企业在上海孕育诞生。上海也是清末宁波人施展科技智慧、兴办实业的最佳舞台。上海最早的科技型企业是成立于1901年的上海科学仪器馆。该馆由镇海人虞辉祖、钟观光和虞和钦(1879—1944)等共同创办,是由国人自办的第一家经营科学仪器的企业。上海科学仪器馆的创办,对尚处在启蒙阶段的我国科技事业和高等教育事业都起到了积极的推动作用。1911年,镇海人方液仙独资创建了中国化学工业社,最初只生产牙粉、雪花膏之类的日用品,以后陆续建立四个工厂,分别生产不同产品。一厂制造化妆品和三星牙膏,二厂制造调味粉,三厂制造三星蚊香,四厂制造箭刀牌肥皂、甘油、薄荷素油等产品。该社的创立和发

---

① 傅宏镇《平水茶业衰落原因及制造上缺点之检讨》,《浙江建设月刊》1937年第10卷第8期。
② 《三桥鲍氏宗谱》卷16,宁波天一阁藏本。

展,对推动我国民族工业的发展,树立民族工业与外商竞争的自强、自立、自信的心理起到了重要的示范作用。

其次是商业上的变奏。近代宁波港被强辟为"五口通商"的口岸,宁波人却能审时度势,打破封闭,主动融入,依托开放的市场,沟通宁波与全国各地乃至世界各国之间的联系,积极与国际市场接轨。宁波商人经营商业,不墨守成规,而能临机应变。他们不但经营药材业、钱庄业等传统商业,更主要的是,在传统商业陷入四面楚歌而日渐式微之际,他们及时调整经营领域,表现出极强的应变能力,从而牢牢地掌握了市场的主动权。他们紧紧抓住国门洞开的历史机遇,纷纷由传统商业朝近代化发展方向挺进。当全新的资本主义新型商品经济叩响中国大门之时,他们不像徽商和晋商耗费于官场的竞逐、走到传统商业的极限而止步,终至于衰败没落,而是目光远大地把大量的资金投入实业,实现商业和产业的结合,从而完成了新旧经济的历史转型。

再次是教育上的变奏。宁波开埠通商后,西方传教士大量涌入宁波,创办教会学校,客观上推动了宁波教育向近代转型。道光二十四年(1844),英国基督教循道公会女传教士爱尔德赛(Mary A. Aldersey)在宁波城区祝都桥(尚书街东端)创办爱尔德赛女子学校,这是宁波境内第一所教会学校,也是中国第一所女子学校。该校课程有圣经、国文、算术、缝纫、刺绣等,打破了中国传统女子教育内容的"千年一贯制"。这为外国人在中国办女子学校的教育内容做出了探索性的安排,也为中国人创办女学教育提供了可资借鉴的教育模式,是中国女子教育近代化的先声。次年,美国长老会传教士、医生麦嘉缔(Divie B. McCartee)在江北岸槐树路创办崇信义塾,这是浙江省最早的男子教会学校。宁波各地开办的教会学校,最初一般暂借民房或附设于教堂之内,多为初等小学程度,后来逐渐向中、高等学校发展。早期教会学校在宁波教育近代化进程中扮演了开路先锋的角色,其办学理念、办学形态对中国传统的封建教育体系造成了不小的冲击。洋务运动时期,全国掀起了教育革新运动,引进和学习西学,开启了教育近代化的进程。在此背景下,同治十年(1871),叶澄衷在老家镇海庄市创办叶氏义学,设置了英语等课程。光绪五年(1879),宁波府知府宗源翰创办辨志书院,分经学、史学、掌故、算学、舆地、词章六斋授课,课艺中已涉及哥白尼学说、刻卜勒学说以及几何、代数、三角等西学,遂开宁波新教育之先,也可看做"宁波帮"兴办近代学校的开端。晚清最后十年的"新政",有力地推动了宁波传统教育的历史转型。在此期间,宁波新式学堂迅猛发展,在教学内容上普遍加强了自然科学和外语课程。光绪二十九年(1903),奉化率先成立教育研究会,此后民间教育团体相继建立,推动了教育的转型。光绪三十一年(1905),宁波知府喻兆藩于湖西月湖书院旧址创设宁波府师范学堂,这是浙江省第一所师范学堂。此外还出现了实业类学堂,以培养政法、农桑、工商等专业人才。近代以来,宁波的教育开风气之先,是近代化教育起步较早的地区,为宁波社会向近代转型奠定了基础。

最后是科技文明上的变奏。在晚清历史大变局下,西方传教士长期主导着中西文化的交流进程。近代来华的西方新教传教士为了站稳脚跟,以科学作为敲门的策略,尝试在华办学、行医、办报、译述、出版等。道光二十五年(1845),美国长老会传教士理查德·柯尔(Richard Coid)将在澳门所设印刷所迁至宁波。后改为华花圣经书房,“华”指中国,“花”指花旗国,即美国。同年9月1日正式投入使用。这是中国成立的第一批西书出版机构之一。据统计,华花圣经书房最初14年在宁波共出书132.3686万册①,科技类作品主要有哈巴安德(Andrew P. Happer)的《天文问答》(1849),袆理哲(Richard Quarterman Way)的《地球图说》(1848;1856年再版时易名为《地球略说》),玛高温(Daniel J. Macgowan)的《博物通书》(1851)、《日食图说》(1852)、《航海金针》(1853)等,促进了近代西方科技知识的传播。其中,《地球图说》是“晚清东传中国的西方地理学译著中第一部以整个地球为描述对象的简明读物”②,在中国知识界颇有影响;《博物通书》是现知最早介绍西方电磁学和电报知识的中文著作,其所用的“电线”“电信”等专业词汇被稍后的著述所采用。

慈溪人舒高第(1844—1919)曾在江南制造局翻译馆任职34年,是中国早期著名的科技翻译家。舒高第与他人合作,翻译了医学、军事学、矿物学三方面的西方科学著作,已知共有13种,对传播西方近代科学知识起到了很大的作用。宁波人对科技文献翻译中遇到的一些问题也有所研究。如光绪三十四年(1908)镇海柴桥人虞和钦编《有机化学命名草》,将有机化学名词由音译改为意

① 熊月之《西学东渐与晚清社会》,上海人民出版社1994年版,第171页。
② 邹振环《晚清西方地理学在中国——以1815至1911年西方地理学译著的传播与影响为中心》,上海古籍出版社2000年版,第87页。

译,如闹羊花碱、水杨酸、生糖质等。中国近代地质学是鸦片战争以后在输入、引进和学习西方近代地质学中发展起来的。当时外国人创办的一些报纸杂志开始登载有关地球知识的文章。19世纪后期至20世纪初期,中文地质学译著的大量初版和再版,为中国近代地质学的建立创造了条件。但处在启蒙时期的中国地质事业,需要大量的普及性读物,因此晚清地质学译著均为普及性读物及教材,而非理论性著作。但是这些译著的原作者多为较著名的地质学家,一些译著多次再版,对中国地质人才的培养是有贡献的。这些译著中,清末宁波人翻译的矿物、地质学类书籍引人注目(详参表2)。

表 2 清末宁波人翻译的矿物、地质学类书籍

书名	原著作者	译者	出版信息
矿物界教科书	(日)神保小虎(1867—1924,日本著名矿物学家)	虞和钦(镇海)等	宁波实业会社,1902年
地质学简易教科书	(日)横山又次郎(1860—1942,日本著名古生物学家)	虞和钦(镇海)、虞和寅(镇海)	《科学仪器馆丛书》本,1902年
(中学)新式矿物学	(日)胁水铁五郎	钟观诰(镇海)	上海启文译社,1903年初版
中等矿物教科书	(日)横山又次郎	王本祥(镇海,1881—1938)	上海启文译社,1903年初版
探矿取金	(英)密拉(Mile)	舒高第(慈溪)口译、汪振声(六合)笔述	江南制造局,1903年
(最新中学教科书)地质学	(美)赖康忒(Joseph Le Conte)	包光镛(即包培之,鄞县)、张逢辰(丹徒)	商务印书馆,1905年初版
矿学考质	(美)奥斯彭(Henry S. Osborn)	舒高第(慈溪)、沈陶璋	江南制造局,1907年

西方传教士是西医在晚清中国传播的主体,他们一步步将现代医学带入了中国,而宁波则在西医东渐中扮演了先行者的重要角色。道光二十三年(1843)秋天,美国传教士玛高温来宁波传教,后创办了"浸礼老医局",是为宁波第一家西医诊所。他还向宁波医生传授解剖学和生理学知识,利用外国人捐助的人体

模型在月湖书院举办讲座,发放药品和中文科技书籍。道光二十四年(1844),美国长老会医生麦嘉缔到宁波,在佑圣观内施医传教,并创办惠爱医院。西医在获得了甬上一些绅士的支持后,发展步伐加快,创办了教会医院,对中医的冲击越来越显露出来。光绪十五年(1889)后,英人兰雅谷(James S. Grant)接办"浸礼老医局",正式改名为华美医院。华美医院采用"带徒制"培养西医人才,后来首任的中国人院长任莘莘即是该院自己培养的。宁波还出现了天生医院(英国循道公会创办,1888)、仁泽医院(圣公会创办)、仁济医院(英人办)等。

清末,宁波学者较早介绍了西方的植物学知识。光绪二十九年(1903),上海科学仪器馆创办了《科学世界》月刊,至1904年共出版10期,其中就有虞和钦的《植物对营养之适应说》《植物受精说》《植物吸收淡气之新实验》以及虞和寅(1884—?,虞和钦之弟)的《植物学略史》。当时我国植物学的研究水平很低,虞和钦的贡献主要还在于传布了西方近代植物学知识。虞和寅编辑的《博物学教科书》(宁波文明学社1902年铅印本),系中国最早的博物教科书,该书所引证参考的日本博物、动物、植物、理科、矿物等教科书和研究著作就有34种之多。虞和寅的博物理念已与传统的《尔雅》、本草类体系大有不同,他是以近代科学方法研究博物知识的,提出博物教学和学习的方法不外乎"实验"和"观察",教师要提前准备实物,"以便开课时,一面实验,一面讲述",还要"时时引导学徒,出游野外,观察实验"。教科书对每一课中的动植物都标明其类属,并简单介绍了"动物界"的纲目种属名称。光绪三十四年(1908)以后,钟观光在北京大学任教期间开始研究植物,进行了系统的植物标本采集研究工作。他是中国第一个用科学方法广泛研究植物分类学的学者,是近代中国最早采集植物标本的学者,也是中国近代植物学的开拓者。

浙东文化的近代转型十分艰难,亦并不成功。西方文化如何与浙东文化在冲突中相融合,这本身就是一大难题,转型之后的地域文化能否再次自立,又是一大难题。晚清之时,浙东文化最精致形态的浙东学术,虽有定海王以周、温州孙诒让、鄞县徐时栋等勉力撑住门面,但这已是浙东学术的最后荣光,较之其鼎盛时期,已无可挽回地衰落了。代之而起的商贸文化,走在了时代的最前列,弥漫于浙东大地。清人乐琇榆《恭祝诰授中宪大夫岳父大人孙老先生五旬荣庆》

云:"至今日二十世纪,商战愈烈。"①宁波帮正是在这一激烈的商战风潮下崛起的。清末的商战对浙东士林的冲击很大,张原炜《释通赠太完》云:"海禁弛而互市起,商业始为世重。大商豪贾,俨然与操国秉者相息消,势位骏隆。一孔士夫,至是则尽反其畴曩之倾向,至不惜抑己而扬人,废儒书而高言贸。由前之说,其弊为轻商。由后之说,其弊为重商。"②到处弥漫的重商风气,终将浙东由人文社会带进了重商社会。

① 《港口孙氏宗谱》卷 7,宁波天一阁藏本。
② 张原炜《莳里剩稿》卷 2,宁波天一阁藏本。

浙东文化的海外影响

浙东地区自古以来就不是一个封闭的区域，很早以前就与海外有了经济和文化上的往来联系。这些交往呈现为多方面、多性质、多参与者，而且随着时间、条件的变化而变化。浙东文化虽然源于浙东地域，但其影响并不局限于浙东，而是直达海外。

一、浙东学术的海外影响

浙东学者的思想学说，很早就以著作的形式传到了日本、朝鲜。如初唐虞世南著《帝王略论》，国内在南宋后逐渐散佚，在日本发现了镰仓时代的抄本金泽文库本，存一、二、四三卷，这为该书的复原提供了重要的文献基础。藏于日本浅草文库的南宋杨简《杨氏易传》，为明刘日升校订，日本江户间写本。吕祖谦《左氏博议》传入日本后，为日本学者所喜好，成为他们学文的阶梯，元禄十三年(1700)出现了和刻本《重订东莱博议》，明治二十九年(1896)又出现了五十川左五郎的《东莱博议讲义》。明代余姚人赵谦的《学范》是一部教育学方面的论著，至迟在晚明即已传入朝鲜和日本，而为彼邦的学者所重视。朝鲜流传的嘉靖壬子(1552)版《诗法源流》一书，有尹春年之跋文云："愚尝读《学范》，见其《诗法源流》之名，切欲一见而未得焉。"①可见《学范》在嘉靖壬子之前已传入朝鲜，朝鲜学者尹春年在阅读了《学范》后，才初闻元人所编《诗法源流》之名，后才想方设法将《诗法源流》引入朝鲜并予以刊印。《学范》在《诗法源流》引入朝鲜的

---

① 转引自张伯伟《域外汉籍研究入门》，复旦大学出版社 2012 年版，第 297 页。

过程中起到了重要的媒介作用。《学范》一书也很早传入日本。日本江户时代的儒学者藤原惺窝(1561—1619)有一部有助于日人创作汉文的资料参考书《文章达德纲领》,其卷一所列参考书目就有赵氏《学范》。可见,《学范》在东亚海域的文化交流中是有所贡献的。明代颜鲸《易学义林》十卷成书于万历十四年(1586),此书国内无存,江户时代被舶载至日本,宫内厅书陵部保存的《舶载书目》中有记录,今传有日本江户初写本,系日本内阁文库藏汉籍善本书。镇海人贝琳是明朝最重要的天文家之一,其最主要的成绩是辑补整理了《回回历法》,清人将贝琳重编的《回回历法》收入《四库全书》时,改题为《七政推步》,而库本所采底本即范懋柱天一阁藏本。石云里等人在日本内阁文库找到了贝琳在成化十三年(1477)秋重编的《回回历法》的完整原刻本。尽管浙东学者的学术著作大量输入日本、朝鲜,但浙东学术真正对日本、朝鲜产生重大影响的,首推王阳明、朱舜水两大家。

王阳明的问答语录和论学书信集《传习录》,几乎包括了王学所有重要观点。在中国初刊《传习录》后的第三年(1521),阳明学就传到了朝鲜,朴祥和金世弼就已经用诗的对答形式对《传习录》进行驳斥。之后,正统的朱子学者李退溪(1501—1570)及其门人等相继著文辩驳王学,如李退溪作《传习录论辩》,对《传习录》逐条加以批判,因此在阳明学传到朝鲜后的很长一段时期内,朝鲜朱子学者的驳斥声音占据了压倒地位。只有个别朝鲜学者能大度地受容阳明之学,如朝鲜气一元论的创始者徐敬德(1489—1546)的门人南彦经和他的学生李瑶(宗室)较早地传播了阳明思想,其后又有崔鸣吉、李维都信奉阳明学,但他们的势力还很微弱。直到霞谷郑齐斗(1649—1736)及其门人李匡臣、李匡吕、李泰亨、金泽秀等的出现,才正式形成了朝鲜阳明学派——江华学派。郑齐斗借对"今日假朱子学"的猛烈批判,为王学的传播打开一个缺口。他根据王阳明"诚是实理,只是一个良知"的观点引申阐发出自己的"致良知""立一诚"的观点。他画有《天地良知体用图》,说明宇宙本体是良知的体,万物现象是良知的用,致良知是一个体用过程,是穷心之理、尽心之性。这一学派以阳明的"一气流通论"反对假朱子学,促使人们从传统、权威的性理学僵死观念中解放出来,朝心性修养论方向转化,开始出现思想自由发展的倾向;用理气合一、天地间只是一气,即良知一条的简易真理,对历来的朝鲜学界理、气两派的争论作出了富有时代意义的终结;宣传"人人皆可为尧舜"的平等思想,成为后来反对身份等级制与嫡庶差别、倡导尊重民众意志的思想依据。总之,朝鲜阳明学派对朝鲜近世思想的一支"实学派"和"西学派"产生相当大的影响。后来出现的许多实学家同时又是阳明学家,如实学派大师丁茶山(1762—1836)的思想就与王阳明颇为接近,被人尊称为"朝鲜的王阳明"。

阳明学传入日本较早,五山时代日僧了庵桂悟(1424—1514)奉足利义政之命出使中国,于1511年到达,完成使命后,明武宗慕他高龄,命住宁波阿育王寺,当地的文人墨客均与之交往,王阳明于次年与其相遇。1513年5月,王阳明闻桂悟将归,作《送日本正使了庵和尚归国序》相赠。此时王阳明已倡导良知之说,所以中日学界多认为这一事实是日本接触阳明学之开始,也可算作日本阳明学派的渊源。但桂悟归国后不久即逝世,他不可能再为传播阳明学做更多的事。之后日本的儒学中也出现了一些阳明学的因素,到了江户时代后期,由中江藤树开创了业绩显赫的日本阳明学派。中江藤树年轻时基本倾向于朱子学,至37岁时购得《阳明全书》读之,沉潜反复,大有所得,遂完全转向阳明学。他以推进中国阳明学的"明德""慎独"和"格物"为中心,强调"明明德"之道即为儒学,而"明明德"的真正学问便在于"以心读心"的"心学",这便是"格物致知"。他的世界观是围绕着"大学之道,在明明德"这一命题而展开的。他认为道德秩序的最高范畴,存在于每个人的心中,只要畏天命、尊德性,通过"格物致知",每个人都能达到圣贤的境界。这使他的学说更能为一般的民众所接受,推动了日本汉学向更广泛的社会阶层渗透。但是中江藤树又认为,"心"的本体便是"神的实体",因此,"正心"之"心学",实际上就是"神道"。这么说来,"神道"便是日常道德的规范了。这样,中国本土的阳明学说,经过中江藤树的改造而日本化了。随着日本封建制度的衰落,朱子学逐渐没落,到18世纪末期,阳明学勃兴,特别在下层武士中的影响越来越大。日本阳明学派在中江藤树开创之后,大致可分为两派。一派是具有强烈内省性格的德教派,如渊冈山(1617—1686)、梁川星岩(1789—1858)、春日潜庵(1812—1878)等人,他们继承了阳明学的主观唯心主义传统;另一派注重实践,是以改造世界为己任的事功派,如熊泽蕃山(1619—1691)、大盐中斋、吉田松阴等人。江户时代的阳明学与水户学一样是导致日本明治维新的契机,并直接涵濡了日本人的实践精神。孙中山高度评价说:"日本的旧文明皆由中国输入。五十年前,维新诸豪杰沉醉于中国哲学大家王阳明知行合一的学说,故皆具有独立尚武的精神,以从此拯救四千五百万人于水火中之大功。"①

清初朱舜水在抗清斗争失败后,长期流寓日本。日本学者安东守约钦佩他的学问道德,拜他为师,连署请求,得到日本当局的破格留止,获准在长崎居住。德川光国报请朝廷批准,正式聘朱舜水为"宾师",请他到江户(今东京)讲授儒学。从此以后,朱舜水在江户、水户等地进行公开的讲学活动,受到日本人民的尊敬和爱戴。朱舜水一生反对虚玄之学,倡导重实用、有实功、明实理、能实行的实学思想,以恢宏的气象再三致意于实学思想指导下的改造社会、革新政治的实践。他的学说改造、陶铸和影响了日本的儒学,从而促成了日本学术界发生历史性的转变。他认为日本山川人物秀美,物产丰盛,惟是风俗礼仪为欠,实为万代之可惜。为使日本移其旧风气,易其旧习俗,就有必要建学立师。他的社会教育思想是融更治善俗于尊王爱国之礼教中,这对德川光国后来的"尊王一统"的改良主义颇有影响。日本水户学派是以水户藩德川家编纂《大日本史》事业为中心而发达起来的。朱舜水流寓日本讲学的22年中,有17年是在水户藩度过的。他不仅被德川光国聘为"宾师"和编纂《大日本史》的顾问,而且他的学术思想极大地影响了水户学派。朱舜水还将中国的动植物知识、工程设计、建筑技术、农艺技能、衣冠裁制、地理知识等介绍给了日本人民,推进了日本的文明开化。日本学者今关天彭高度评价说:"明末清初来我国的人中,如果要说最有学问,而且给予我国影响最大的人,谁都会认为余姚的朱舜水首届一指。"②

二、浙东文艺的海外影响

浙东文人在诗文、书画、音乐等艺术领域,生产出了无数的珍品,大量的优秀作品以各种途径传至海外,产生了一定的影响。

---

① 张昭军整理《孙中山"在东京中国留学生欢迎大会上的演说"的史实与文本》,《福建论坛》(人文社会科学版)2011年第8期。

② 转引自石晓军《朱舜水与德川光国的尊王思想》,《浙江学刊》1984年第5期。

(一)文学

唐代婺州东阳人冯定,文采与兄宿齐名,长庆中源寂出使新罗,发现冯定所撰《黑水碑》《画鹤记》为新罗"国人传写讽念"。① 诗僧寒山子三十岁后隐居于浙东天台山,经常在山林间题诗作偈,以诙谐谩骂之辞,寓其牢愁悲愤之慨,多蕴含人生哲理、讥讽时态之作,其诗通俗,有工语,有率语,有庄语,有谐语。北宋神宗熙宁五年(1072),来中国天台山参拜的日本僧人成寻,从国清寺得到了一本《寒山子诗一帖》,命其弟子带回日本,从此开启了日本人对寒山的了解。20世纪,寒山诗越来越受到日本社会的推重。日本著名小说家森鸥外(1862—1922)曾根据闾丘胤的序言,写了一篇小说《寒山拾得》,不少评论家认为是其最好的作品之一。寒山诗不仅在文学上对日本的俳句、短歌有影响,而且对日本的政治、社会、宗教等诸领域都产生了深刻影响,甚至有人认为寒山是对日本影响最大的中国唐代诗人。1932年美国汉学家哈特(Henry H. Hart)首次将寒山作品译介到英语世界,其后寒山声名鹊起,后期甚至一跃成为比肩李白、杜甫的唐代重要诗人。不仅如此,20世纪90年代以来,"寒山诗"远涉重洋,以翻译的形式闯入美国文坛,风靡一时,于是在美国文坛上出现了一批模仿创作寒山诗的诗人,出版了数种自称或被称为寒山诗的作品集,成为当代美国文坛上一道亮丽的风景线。

南宋桂万荣编纂的《棠阴比事》是一部刑侦案例集,是继楼璹《耕织图诗》(也作《耕织图》)后又一部在国外广泛传播并对国外文化产生重要影响的著作。据施晔《高罗佩〈棠阴比事〉译注——宋代决狱文学的跨时空传播》一文考证,此书的元代版本不知何时流入朝鲜,并被覆刻。之后的林道春《棠阴比事加钞》可能为朝鲜版《棠阴比事》最早的日本传抄本。1651年,日本刊行了"假名草子"的名作《棠阴比事物语》("物语"乃日本文学中最早的小说样式),该书直接取材于桂万荣的《棠阴比事》。1689年,日本的井原西鹤在《棠阴比事》的启发下,采用中国传统小说的程序,写了一本《本朝棠阴比事》,被称为外国推理小说的胚芽。井原西鹤之后,无名氏的《本朝藤阴比事》(亦名《日本桃阴比事》,1709)、月

---

① [宋]李昉等《太平御览》卷589,影印文渊阁《四库全书》本。

寻堂的《镰仓比事》(1718)相继问世。推理小说家及学者小酒井不木在《犯罪文学研究》中将上述三种小说合称为"三比事"。施晔指出:"林道春《棠阴比事加钞》的付梓及翻译、山本北山本《棠阴比事》的覆刻及假名草子《棠阴比事物语》和其他译本的出版,对该国讼案专书、公案小说及推理侦探小说均产生了重要影响。"瀧川政次郎在《日本法制史研究》中还讨论了《棠阴比事》《疑狱集》对"三比事"小说及大冈故事、青砥藤纲摸棱案等江户裁判小说的影响。20世纪50年代,《棠阴比事》引起了西方学者的关注。1956年,高罗佩《棠阴比事:中国古代的罪与罚》一书于荷兰博睿学术出版社首次出版,这是欧美汉学界最早对《棠阴比事》的学术性译注。高罗佩自己在创作狄公案小说《铜钟案》及《迷宫案》时,同样借用了《棠阴比事》中的不少情节。荷兰小说家扬威廉曾为高氏撰《高罗佩:他的生活,他的工作》,并评价说:"《棠阴比事》是杰出的刑案专书……其听讼折狱之明鉴睿智至今尚有借鉴意义,高罗佩因而借用多个案例入其小说。"扬威廉亦承认《棠阴比事》中的儒家智慧对他本人创作侦探小说有很大影响。美籍华裔作家朱小棣遴选《棠阴比事》素材创作《新狄公案》,"再掀中国古代比事文学西语化、小说化的高潮",此书于2006年在美国出版,2010年出版法语译本,并在法国历史侦探小说大奖赛中获得荣誉奖。①

14世纪,日本禅学盛行,汉诗修养成为禅僧之必需,于是汉诗复兴,汉诗的作者也由古代的贵族文人变为僧侣或慕恋禅佛之人。其中尤以五山(包括十刹、诸山)的禅僧最负盛名,他们熟练地运用律诗和绝句的形式来表达生活感受,将日本的汉文学推向发展的高峰,日本从此进入"五山文学"时期。在日本"五山文学"的拓荒期,宋元之际东渡的四明禅僧以华土禅林的新颖作风与精湛的文学修养,感染着周围的僧徒,并通过自己的著述,阐明兼收诸学的必要,这对于转变日本禅林的风气至为紧要。正是由于他们和一些渡日禅僧的提倡,日本原来在建长正嘉之间禅语未醇,进入五山时期,禅僧所作的诗文已完全摆脱本土的腔调,能达到像中国禅僧那样运用自如的纯粹境地。赴日禅僧无学祖元向被学界视作五山文学的始祖之一,这是当之无愧的。祖元的文学贡献是多方面的,他丰富了五山文学的内容,锻炼了五山文学的队伍,推进了五山文学的繁

---

① 以上详见施晔《高罗佩〈棠阴比事〉译注——宋代决狱文学的跨时空传播》,《文学遗产》2017年第2期。

荣,亦由此奠定了他在五山文学史上的重要地位。祖元的诗偈创作在日本的影响很大。德祐二年(1276),祖元避难雁荡山能仁寺,不料元兵搜寻至此,祖元面对即将落下的屠刀,从容念偈:"乾坤无地卓孤筇,喜得人空法亦空。珍重大元三尺剑,电光影里斩春风。"以至元兵"悚闻,悔谢作礼而去"。① 这首偈乃是"为道忘躯"的名作,但最初并未在中国流传,随祖元东渡而传入日本。这首偈后来被称为《临剑颂》,以其非凡的魅力,搅动了中日两国的禅林文坛。至大二年(1309),在湖州道场山参学的日僧雪村友梅,因受日商焚掠庆元城事件的牵连,以间谍身份被捕入狱。皇庆二年(1313)二月七日,友梅被判斩,行刑之时,大声朗诵起祖元的《临剑颂》,震惊了在场的官员,结果"由是获免,名落天下"②。《临剑颂》因雪村友梅的传奇故事而在中国传开,大家都认为它是友梅的作品。当入华的日僧中岩圆月到嘉兴本觉寺参拜灵石如芝时,告诉如芝此偈并非友梅作,实为祖元原创时,受到了如芝的呵斥:"汝不欲成乡人之名誉耶?此间人皆谓雪村所作,汝又言不是,非唯汝一人,吾见汝乡曲等人如此言之,想必汝乡风俗不欲成人。"③到了泰定四、五年时(1327—1328),灵石如芝受命住持净慈寺,大约受到了佛光派弟子的委托,撰写《无学禅师行状》,已经相信了《临剑颂》确为祖元所作。这样,《临剑颂》由东传日本再到由日僧回传中国,成为元代中日文化交流中文学双向传播的经典案例。《临剑颂》对日本的影响长久不衰,不但元代的雪村友梅有多首诠释性的拟作,近代日本著名作家夏目漱石在其代表作《我是猫》中还引用了祖元的这首偈。一山一宁被视为五山文学的另一始祖,他的门下出了不少在文学上有造诣的僧人,并在室町时代五山文学的兴起中发挥了巨大的作用。

明代宁波士大夫乐于与遣明使僧交接。张楷被日人推为大明的"文伯"。景泰四年(1453),随遣明使东洋允澎赴华的日僧兰隐馨,携带其挚友翱之慧凤(? —1465)的文集《竹居清事》。翱之慧凤曾于宣德九年(1434)至正统元年(1436)赴明,畅游西湖,赋诗遣兴,归日后即有《竹居清事》《西游集》诸作。兰隐

---

① (日)一真等编《佛光禅师语录》卷9《佛光禅师行状》,《大正藏》第80册。

② (日)有诸《雪村大和尚行道记》,见日本上村观光编《五山文学全集》第1卷,株式会社思文阁刊1992年版。

③ (日)中岩圆月《藤阴琐细集》,东京大学史料编纂所藏天明四年(1784)影抄本。

馨将《竹居清事》带入中国,意欲物色明代文坛的一流作家为其题词"印证"。当时慈溪人张楷为拟唐派的代表作家,在读到《竹居清事》后,他大为惊讶,不惜赞其"立论弘博,文采则丽,读之不能释手",随即应兰隐馨之请,为题七律一首:"馨公偶带竹居集,添得楼船万丈光。示我犹同剑出匣,看君真是凤鸣冈。如开宝藏难枚举,似对珍馐必品尝。他日禅林修语录,百年文誉动扶桑。"诗中预言其将"百年文誉动扶桑"。张楷同时又对慧凤以如许文采而列名禅林深为感慨,他在跋文中指出:"观师之文,盖僧而达治者也。使其从吾道,得入官使之列。其弘词奥论,岂不有裨于化理哉!惜乎,具达辩才,而悉归于空谛;有大智慧,而卒付之觉乘。实斯文之不幸也。"日僧慧凤之作得张楷如此的正面"印证",价值陡升。张楷《和唐诗》影响很大,先后传入朝鲜和日本,故杨守陈撰行状云:"朝鲜、日本之使,俱市其《和唐诗》以归。"①

　　明清浙东作家戏曲、小说远播海外者为数不少。如高明《琵琶记》不但在国内长演不衰,而且在国际上享有较高声誉,日本就有多种《琵琶记》译本。如日本关西大学图书馆藏有《译琵琶记》,译者不详,大约为江户时代末期抄本。福满正博指出,这部"《琵琶记》的日译像《水浒记》的日译一样,将曲词和宾白分别用韵文和散文的形式翻译出来,虽然保留了原著戏曲代言体的形式,但是译文风格并不像歌舞伎的剧本,却像净琉璃等日本说唱文学"②。朝鲜的《沈清传》,亦深受《琵琶记》的影响。我国戏曲被翻译到西方的,第一个是1735年的法文译本《赵氏孤儿》,第二个就是1841年法国人安东尼·巴赞(Antoine Bazin)翻译的《琵琶记》。巴赞在法译本《琵琶记》前言中评论说:"它展示了15世纪初中国民情风俗的原貌。"③明末清初李渔创作的《李笠翁十种曲》独树一帜,具有极强的舞台演出效果,很快传入日本,且深受日本读者的欢迎。青木正儿说:"《十种曲》之书,遍行坊间,即流入日本者亦多,德川时代之人,苟言及中国戏曲,无有不立举湖上笠翁者。"④19世纪初,李渔的拟话本小说《十二楼》引起了欧洲学者的关注。1815年,德庇时(John F. Davis)将其中的《三与楼》译成英文,由广

　　①　[明]杨守陈《杨文懿全集》卷7《南京右佥都御史张公行状》,《四明丛书》本。
　　②　(日)福满正博、(日)冈崎由美《海内外中国戏剧史家自选集:福满正博、冈崎由美卷》,大象出版社2018年版,第304页。
　　③　陆昌萍编著《国外汉学概论》,安徽师范大学出版社2017年版,第154页。
　　④　(日)青木正儿原著、王古鲁译著《中国近世戏曲史》,中华书局2010年版,第245页。

州东印度公司出版部出版。1819 年,巴黎律及格拉维埃出版社(Rey et Gravier)出版了布律吉埃·德索崧(Bruguiere de Sorsun)《老生儿:中国喜剧;三与楼:训诫故事》。此后李渔小说的德、法、英译本纷纷登场,在西方产生了不小的影响。

　　浙东的民间传说亦广泛地传播于海外。如"刘阮遇仙"的故事最早见于南朝宋刘义庆《幽明录》,叙汉明帝永平五年(62)剡县人刘晨、阮肇入天台山采穀皮遇仙结为夫妇的事。后这一故事不胫而走,成为中国文人笔下熟烂的典故,相继传入国外。日本早期典籍《风土记》中的《浦岛子传》即采用了刘阮遇仙的叙事结构,这个传说也成为日本五大神话故事之一浦岛神话的源头。越南有人认为阮肇真有其人,后来一路南下,迁至交趾,成为越南第一大姓阮氏的始祖之一,故越南至今盛行以歌舞的形式演绎刘阮遇仙的故事。梁祝故事在宋代时已经传入朝鲜半岛,这已由高丽人编辑的《夹注名贤十抄诗》证明。日僧义堂周信编《新撰贞和分类古今尊宿偶颂集》卷上收录了北山绍隆创作的一首《梁山伯墓》诗:"灯残雪案同床梦,蝶化荒丘几度化。只为相逢不相识,死生难解者冤家。"笔者曾据此考证释绍隆这首诗明确记载了梁祝化蝶的传说,可以肯定其所咏者当来自庆元府当地的传说,证明了南宋宁波地区已经形成了梁祝故事灵魂化蝶的结尾。浙东奉化是布袋和尚传说的起源地。千百年来中国佛寺里供奉的大肚弥勒佛,大多是照布袋和尚形象塑造的,那慈祥善良、言笑自若的面容,襟怀坦荡的性格,极富艺术感染力。人们总是对这尊袒胸露腹、箕踞而坐、善眉乐目、笑口永开的大肚弥勒佛,寄予无限的信任和期望。日本僧人道元将布袋和尚传说及相关艺术品带到了日本,随意自在、无拘无束的布袋和尚形象,深受日本民众的喜爱,被奉为七福神之一。在日本禅宗人物画中,以布袋为主题者屡见不鲜,"狩野派"鼻祖狩野正信(1434—1530)创作的《崖下布袋图》,堪称日本水墨画的杰作。① 德语作家弗兰兹·卡夫卡(Franz Kafka)创作的最早的中篇小说《一次战斗纪实》中有一个重要角色"胖子",有研究指出:"胖子这一形象据说来源于中国,即布袋和尚,也就是弥勒佛。"②发生在宁波月湖的牡丹灯笼故事,最初收录在明初瞿佑的文言短篇小说集《剪灯新话》中,题为《牡丹灯记》。

---

① 参见李广志《布袋和尚在日本》,《宁波晚报》2021 年 8 月 20 日。

② 曾艳兵《卡夫卡与中国文化》,首都师范大学出版社 2019 年版,第 46 页。

这个故事不久就传到了朝鲜,由金时习(1435—1494)编入《金鳌新话》。至迟在文明十四年(1482),《剪灯新话》被舶载到日本,并受到日本民众的重视和喜爱。《剪灯新话》怪奇故事最早的日本翻译本,是《奇异杂谈集》中所载的三篇译文,分别译自《金凤钗记》《牡丹灯记》和《申阳洞记》,不过原来的故事题目已经被改掉,《牡丹灯记》的题目改为《一女丧生之后,拽男入棺致死》。浅井了意(？—1691)《御伽婢子》(又称《伽婢子》)是假名草子的代表作,其中有一篇题为《牡丹灯笼》。浅井了意将原著改头换面,力图日本化,又将故事的发生时间改为七月十五的中元节,与唐代传入日本的盂兰盆会灯俗合而为一,从而开拓了牡丹灯笼故事的日本本土化创作演变方向。《牡丹灯记》怪奇故事不但影响了日本的通俗小说产生创作的影响,而且走上了曲艺、戏剧的舞台。江户时代佐桥富三郎的《灵魂记牡丹灯笼》,率先将这一故事戏剧化。明治时期曲艺舞台上最有影响力的节目,是著名落语家三游亭圆朝(1839—1900)根据《牡丹灯记》创作的落语《怪谈牡丹灯笼》。落语是一种曲艺形式,类似于我国的单口相声。总之,日本改编的各种形式的牡丹灯笼的故事层出不穷,最终成了日本民间最著名的鬼怪传说之一。

近代慈溪黄山村(今属宁波江北区慈城镇)人王治本(1836—1908)东渡日本后,创作了大量的作品。日本人对其诗文评价很高,誉其为"词宗"。明治十年(1877)之后,日本词坛渐入佳境,王治本为此做了一些推动工作。王治本认为"词虽小道",亦是"绝世文章之一斑"。① 明治十五年(1882)八月,横山政和(兰洲)与王治本在金泽笔谈时述及日本词人现状云:"王先生工诗余,亦东都之罕逢也。东都唯三洲、拜石二人,名古屋有一二人。"横山政和之父横山政孝曾著有《诗余小谱》,为论述小令谱式的专著,缘此,横山政和对词亦颇感兴趣,他知晓王治本工于作词,遂向其请教云:"长调尤是不能悉,漫填一二调何如?"王答:"仆自到东都,此调亦久不弹。前唯在使馆,有二三友能之,有合填数阕,惜未携来。"② 可见王治本在使馆时曾与友人合作创作过词。此次与横山政和笔

① 王治本《韵华帖序》,见王宝平编著《日本典籍清人序跋集》,上海辞书出版社 2010 年版,第 6 页。

② 王宝平主编《日本藏晚清中日朝笔谈资料·大河内文书》,浙江古籍出版社 2016 年版,第 3299 页。

谈，王治本填词一首：

兰洲词兄招饮公园旗亭中，即景填一阕，调寄《离亭燕》，请正

> 古树阴浓秋早，傍暮斜阳尤好。曲沼风来波漾碧，约定几丛荇藻。倚槛赏清流，却爱亭如舟小。　　嗟我劳人草草，阅尽风尘潦倒。陶径庾楼皆寂寞，似此名园已少。奈听到秋蝉，又觉搅人悲恼。

王治本现场解释说："鄙意先半阕叙景，后半阕感旧。"横山政和惊叹其创作的神速："长篇神速，如此伎俩，竟不可图。"后横山政和在给王治本的书信中说："《离亭燕》一调，吟来吟去，三复何窨。"王治本回信云："拙词草草，填谱未尽精致，蒙齿及，更觉惭汗。"王治本所说亦是实情，从艺术的角度看，《离亭燕》确实未臻出色。但是横山政和并不这么想，《离亭燕》成为其揣摩词作的一个范本。故横山政和复信云："八月二十日，邀饮桼园王先生于兼六园，先生制《离亭燕》一调见示，卒依原韵，叨填此词，定知异乡异音不上口也。枉赐大斧，何幸如之。"以下即为横山政和的和作：

> 南去北来早早，倾盖意亲惜好。（改本为：五载通名自早，今日相逢愈好。）筝柱缓移金缕曲，写取满胸文藻。逸气亘（改本作"贯"）沧溟，鲛黿鼍鼍何小（改本作"苏林韩潮犹小"）。　　无限古林残草，烟色连空茫渺。坐久水楼灯影堕，亭外人行方少（改本作"歌声渐少"）。争奈酒醒时，离思又添烦恼。①

王治本打算二十四日赴福光，横山政和结韵"离思"所指即此。改本当出王治本之手，或据王治本意见而改。这次填词，王治本唱于前，横山政和和于后，他们的唱和带有强烈的教学色彩。这种教学式的中外唱酬，乃是唱酬的一种新形态，有助于明治时期日本汉诗词的繁荣。正是在王治本的引导下，横山政和成长为日本知名词人。明治三十八年（1905）王治本在金泽笔谈时，日本人说："我邦人作诗余者，有逵辻青湄、横山兰洲二先生而已，其他不多闻。"②即是明证。

---

① 王宝平主编《日本藏晚清中日朝笔谈资料·大河内文书》，浙江古籍出版社 2016 年版，第 3306、3311 页。

② 王宝平主编《日本藏晚清中日朝笔谈资料·大河内文书》，浙江古籍出版社 2016 年版，第 3422 页。

(二)书画

张即之是南宋书坛上首屈一指的开拓者,日僧亦为之倾倒,故张即之的作品通过各种途径传入日本。如入宋僧辨圆将张即之淳祐六年(1246)的楷书《金刚般若波罗蜜经》带回日本(今藏于日本智积院,国宝),在日本书法界产生极大影响。相传辨圆曾随好禅的张即之学书,今存其遗墨颇含禅机,大多逸出技法之外。辨圆归国之后,其师无准师范设法将张即之的匾额题字"方丈"寄至日本,此两字老笔纷披,清逸遒健,充分展现了张即之书法的功力,成为今日尚存于日本京都东福寺的匾额题字之一。曹洞宗的道元禅师也将张即之的书法介绍回日本。中国东渡日本的禅僧兰溪道隆亦学习了张即之的书法。这样,在辨圆、道元、道隆等人的积极宣传之下,日本以京都五山、镰仓五山的禅僧为中心的书法流派,崇拜的是张即之和苏东坡的宋代风格。

元代赴日的四明禅僧大多擅长书法,鉴于他们较高的文化素养、政治地位,加之日本执政者的大力推崇,他们不但将新的汉风书法传到了日本,还促使"新的汉风书法又席卷了日本书坛"①。这方面无学祖元、一山一宁都做出了自己的贡献。无学祖元的书风有浓浓的禅意,又略具苏黄书的气息。他因语言不通,很多时候都是通过笔语与日本学者交流,并以此影响了日本的书法。一山一宁在日本谈论书画时就有深刻见解:"书与画非取其逼真,大体取其意,故古人之清雅好事者,只贵清逸简古,其人之名德,非笔墨间也。画以古人高逸者为重,书以晋宋间诸贤笔法为妙。"②一山一宁深通文人书画的审美意趣。他喜欢书法,楷草俱佳,尤其擅长颜真卿、怀素的书体。他的行草流畅洒脱,草书狂放而有法度,在日本极负盛名,求其书者踏破门庭。一山一宁传世的墨迹中赝品很多,其在日本的真迹书法作品大部分被列为珍贵文化遗产。

南宋浙东文人在绘画界占有一席之地。鄞县人楼璹创作的《耕织图诗》是中国古代农村家喻户晓的耕织技术的宣传画,传入日本后,风靡几个世纪而不

---

① 王勇、(日)上原昭一主编《中日文化交流史大系·艺术卷》,浙江人民出版社 1996 年版,第 242 页。

② (日)虎关师炼《一山国师妙慈弘济大师行记》,转引自(日)木宫泰彦著、胡锡年译《日中文化交流史》,商务印书馆 1980 年版,第 413 页。

衰。若论四明古代画家对海外的影响,楼璹《耕织图》无疑是首屈一指的。可以确信日本至迟在 15 世纪就有摹本出现,以后各种摹本、演化本接踵面世,对 16—20 世纪日本美术绘画风格的形成有着深重的渗透。据日本学者渡部武先生的考证,《耕织图》传入日本是在 15 世纪末。当时室町幕府第八代将军足利义政(1435—1490)以收集中国宋元时代绘画而闻名于世,他在京都东山建造了一个豪华山庄,其障壁画(屏风、隔扇、拉门等)多是借用了中国宋元画的题材,其中《潇湘八景图》和《耕织图》尤获青睐。这样,作为科普画册的《耕织图》最初并没有作为农业技术的参考资料,而是作为山水画被日本人吸收。东山山庄里的《耕织图》原画出自南宋梁楷摹本,为山庄的工程总监督、画家相阿弥所收藏和摹绘,今藏日本东京国立博物馆。江户时代,狩野派画家受到日本统治者的高捧,名声显赫,他们几乎垄断了《耕织图》的版本和画风,其功在于使《耕织图》在日本更为人知、影响更大。如狩野之信仿明宋宗鲁刻本而作《耕织图》,今尚存《四季耕织图》8 幅;狩野探幽在摹写画册中也收集了《耕织图》;狩野永纳认为从“耕织二图”中“悉见男妇辛勤劳苦之状,可谓开世教厚风俗之术矣”[1],于是在延宝四年(1676)据明宋宗鲁本翻刻《耕织图》作为内部流行的绘画素材,该画作今藏日本内阁文库及早稻田大学图书馆。1977 年,日本爱知县发现了画师渡道华山参照狩野永纳《耕织图》绘成的《织图》24 幅。狩野派画家对《耕织图》的特殊爱好和竞相摹绘进一步扩大了该图在日本美术界的影响。18 世纪,大阪画家橘守国受狩野派画技影响,先后出版了《绘本通宝志》(1729)和《绘本直指宝》(1744),前者是类似耕图的《四时农业图》,后者是类似织图的《蚕家织妇之图》,从而打破了狩野派垄断《耕织图》的局面,使《耕织图》广行于世。《耕织图》传入朝鲜亦相当早。约在 15 世纪中叶,宋宗鲁所刻的《耕织图》就传入朝鲜。朝鲜半岛受其影响的现存作品,主要有古朝鲜版《耕织图》和相传为金弘道画的《耕织图》,两者都比较忠实地摹写了明代天顺六年的刊本。[2] 19 世纪以后,《耕织图》传入欧美地区。1913 年,德国著名汉学家福兰格(Otto Franke)和

---

① 转引自李庆《〈耕织图〉的历程——从宋濂〈题织图卷后〉谈起》,见张伯伟编《域外汉籍研究集刊》第 1 辑,中华书局 2005 年版,第 396 页。

② 以上详见李庆《〈耕织图〉的历程——从宋濂〈题织图卷后〉谈起》,载张伯伟编《域外汉籍研究集刊》第 1 辑,中华书局 2005 年版,第 401—405 页。

法国著名汉学家伯希和(Paul Relliot)各自出版了《耕织图》,对其进行了较为全面的介绍。

佛教的盛行,做功德、道场时张挂的需要,以及海外市场的拓展,使职业画工的创作以好销的佛画为主,故罗汉画、十王图、佛涅槃图等流行一时。从流入日本的这类佛画中可以发现,画铺以甬上为最多,也有来自其他地方的作品。13世纪,庆元府是向日本成批输出南宋绘画的最为活跃的基地,其中就有甬上画坊批量制作的宗教绘画。这类画作用笔精致,设色浓艳,但从相同题材出现的不同笔致看,似乎有不少仿本。这些民间画工主要有张思训、张思恭、普悦、金大受、赵璃(琼)、林庭珪、周季常、周四郎、赵宁华、陆仲渊等。

(三)古琴音乐

浦江人东皋心越(1639—1694)为曹洞宗寿昌派中兴之祖觉浪道盛的再传弟子,康熙十年(1671),驻锡杭州永福寺。东皋心越精通诗、书、画、印、琴诸技,艺僧之名广传天下。康熙十五年(1676),应日本长崎兴福寺第四代主持澄一道亮之邀,东皋心越携带七弦琴五张,东渡日本。他在日本十九年,传艺功绩最大的,当数琴道。古琴音乐,在日本久已失传,由于他的传授,琴道重振,形成真正意义上的琴学。东皋心越带去的"虞舜"一琴,后归水户德川家,作为历代珍宝,视为拱璧。东皋心越带到日本的还有《松弦馆琴谱》《理性元雅》《伯牙心法》《琴学心声》和自己撰写的《谐音琴谱》等。他在日期间创作了大量的琴歌,多是表达他对家乡的思念之情,如《思亲引》等。东皋心越教授琴道,大为轰动,前来受益请教者络绎不绝,其无不悉心传授。当时,他的代表弟子有名流人见节、幕府贵官杉浦正职。杉浦琴川编辑了东皋心越的琴曲,于宝永年间出版(后来被称为《东皋琴谱》)。中国古琴在日本已失传500年之久,《东皋琴谱》的出版标志着古琴艺术在日本的复活。

朱舜水到日本比东皋心越早20年左右,传琴学于门人安东省庵,并将携带至日本的益王琴以及琴书、琴谱多种赠与安东,为安东世辈所收藏。17世纪的日本古琴音乐共有5个流派,朱舜水—安东省庵即为其中之一。[①] 1912年,日

---

① 谢孝苹《中国古琴流传日本考》,载中外关系史学会编《中外关系史论丛》第2辑,世界知识出版社1987年版,第1—24页。

本志士在东京第一高等学校举行朱舜水先生旅居日本 250 年纪念大会,陈列的展品中就有安东遗爱七弦琴,此琴乃彭城素轩赠给安东的,铭文署万历己卯,藏安东守男家。

三、浙东佛教文化的海外影响

唐朝是中日交通史上的一个高峰,既有官方的遣唐使,又有民间的僧人、学者和商人。日本人学习中国文化的热情极高,在政治与文化的交往中绝大多数是他们采取主动,但在经济交流中采取主动的常常是中国人。这样就形成了一个有趣的现象,来到中国的日本人大多是官员、僧人和学生,而去日本的中国人大多是商人。唐代在长安留学和在各地学法的日本学问僧中,有相当一部分是从明州登陆奔赴各地的,仅从会昌二年(842)到咸通六年(865)的 23 年中,登陆明州的学问僧就有惠萼、圆珍等几十人。如贞元二十年(804),日僧最澄率弟子兼翻译义真、慊从等人,随第 17 次遣唐使到达明州。明州刺史郑审则为他们开具文牒,最澄得以巡礼天台山,从道璇受天台教法,又从佛陇寺行满受法,成为第一个接受湛然法系的日本僧人。台州司马吴顗《送最澄上人还日本国叙》云:"日本沙门最澄,宿植善根。……闻中国故大师智顗,传如来心印于天台山,岁赍黄金涉巨海,不惮陷【疑为'滔'之误】天之骇浪,不怖映日之惊鳌,处其身而身存,思其法而法得,大哉之求法也。"[1]次年(805)三月,最澄一行离台州回明州候船,由于日本船未能如期到达,最澄和义真在明州签牒,去越州从龙兴寺顺晓受密教。五月初返回明州,在明州草堂寺拜檀那行者江秘,受"普集会坛""如意轮坛",又从开元寺法华院住持灵光受"军荼利菩萨坛法"等密教仪轨。[2] 最澄因此成为在明州三江地区最早受法的外国僧人。这年的五月十八日,最澄等取道明州归国。台州刺史陆淳、明州刺史郑审则皆为撰"印记",证明其"远求天台

---

① 陈尚君辑校《全唐诗补编》中册《全唐诗续拾》卷 19,中华书局 1992 年版,第 943 页。

② 浙江省鄞县地方志委员会编《鄞县志》下册,中华书局 1996 年版,第 1864 页。

妙旨,又遇龙象邃公,总万行于一心,了殊途于三观,亲承秘密,理绝名言"①。最澄在唐经历了天台、密教、禅宗及大乘戒法等四种传授,带回经书章疏 230 部 460 卷,归国后创立了日本的天台宗。最澄不仅改变了日本佛教当时的格局,而且开启了日本僧人参礼天台的传统。继最澄之后参礼天台的有圆仁、圆修、圆珍等。圆仁《入唐求法巡礼行记》卷一日本承和五年(838)六月二十四日及七月二日记载显示,遣唐使船上绘有观音菩萨像,遭遇暴风雨时,船上之人都口诵观音菩萨,显然日人已奉观音为入唐使船的航海守护神。会昌三年(843)日僧圆修从天台去明州登船启程。大中元年(847),学问僧惠运、仁好、惠锷、性海搭乘明州商人张友信的船,从望海镇归国。次年六月,圆珍乘李延孝船取道明州回日,将巡礼大唐的见闻著为《行历抄》,并任第五代天台座主。咸通三年(862)九月,日本友好使者真如法亲王以及僧人宗睿、贤真、惠锷、忠全等一行到达明州。宗睿(809—884)是人所共知的入唐八家之一,在中国留学四年,于咸通六年(865)乘李延孝船自明州望海镇归国,带去经书 124 部 143 卷。北宋天台僧人道因(1070—1167)《草庵录》记载了日本僧人慧锷在普陀山开基"不肯去观音院"的故事。

明州港也是中朝佛教文化交流的重要门户。在中国禅宗发展的洪州禅时期,就有韩国僧人品曰(一作梵曰)禅师来到明州,初住开元寺,后为盐官海昌院齐安禅师法嗣,师事六年之久,勤学精进,被称为"东方菩萨"。品曰于会昌六年(846)渡海回新罗,创立崛山派,对朝鲜禅宗的发展产生了重大影响。② 齐安同门法常住明州大梅山,其嗣法弟子也有新罗国迦智禅师。1996 年 5 月 20 日,韩国禅学文化考察组登上宁波大梅山考察了大梅法常和新罗迦智的遗迹。

宋代浙东与海外诸国的文化交流,多数是在"商通远国多"的背景下进行的。吕祖俭《游候涛山记》云:"问之习于海道者,云:自虎蹲山、七里墩至嘉门,抵石弄,涉羊山,绝海螺礁,又东北过黑水,涉黑山,入高丽封域。日本又在高丽之东,二国大舶遇南风则可发,风甚顺,不七八日可至。城下互市,其北直趋登、

———————

　　①　周琦、茅奉天《天台山发现一批唐代中日文化交流史料》,《东南文化》1990 年第 6 期,"天台山佛教文化专号"。

　　②　(韩国)《三国遗事》卷3,《三国史记》卷10。

莱、沂、密诸州。"①此文勾画出了从明州甬江口抵高丽、日本的海上航线以及便捷程度，还简单地提到了贸易情况（即"城下互市"）。宋代浙东佛教正是借助于绵长的海外航线，积极传播于海东诸国。

成寻（1011—1081）是藤原时平的曾孙，为岩仓大云寺住持。熙宁五年（1072）三月率领众弟子从肥前国松浦郡壁岛（今佐贺县东松浦郡呼子町加部岛）出发，搭乘定海孙吉的商船启程。成寻入宋之后，曾专程赴天台山参拜。源信（940—1017）是笃信天台宗的名僧，他接受了天台学的净土信仰，著有系统诠释弥陀净土的专著《往生要集》三卷。端拱元年（988），源信将《往生要集》连同其他法师的作品托由日回国的三门湾船帮周文德、朱仁聪等带至天台国清寺，并转送婺州云黄山行辿和尚。这本由三门湾航帮带回的日本高僧的学术著作，在中国佛教界引起了一定反响。淳化三年（992），杨仁绍、周文德再到日本，带去了行辿和尚给源信的赠书和复信。明道二年（1033），源信亲遣弟子寂昭一行到达明州，携天台教 27 条疑问向明州保恩院知礼请教，知礼——解答，让日本僧人心悦诚服，这就是现存于《四明尊者教行录》卷四中的《答日本国师二十七问并序》。

义天（1055—1101）为高丽文宗第四子，法讳煦，字义天，因犯宋哲宗讳，多以字行。义天从灵通寺景德国师受贤首教观，后掌此寺，更兼研顿渐、大小乘经律论章疏，学问渊博。元丰八年（1085），义天在贞州乘商船渡海入宋，在明州港登陆后，曾师事延庆寺明智法师。

南宋时中国与海东诸国的往来，较之政治层面，经济和文化层面的交流更突出，尤其是中日双方开始了全方位的文化交流，并进入了更深的层次。浙东佛教在中外文化交流中扮演了极为重要的角色。南宋中后期，相当于日本的镰仓时代前期（1185—1279），其时日本正值新兴武士势力平氏集团崛起政坛，开始了由所谓的公家文化向武家文化的转换。日本仁安二年（1167），平清盛被任命为宰相，拉开了中日大规模交流的历史序幕。平清盛不但热衷于中日贸易，还解除海禁，允许私人渡海，于是大批日商、日僧争先恐后地渡海涌入南宋。入宋日僧在浙东地区的学习和巡礼活动范围很广，多姿多彩，从而将浙东地区与

---

① ［元］王元恭修《至正四明续志》卷 11，见浙江省地方志编纂委员会编《宋元浙江方志集成》第 10 册，杭州出版社 2009 年版，第 4690—4691 页。

日本的文化交流推向了全新的境界。

明庵荣西(1141—1215)是日本备中(在今冈山)吉备津人。在筑前(在今福冈)的博多津,他遇见宋朝的通事李德昭,得闻宋地禅学盛行的情况,入南宋求法的心情十分迫切。仁安三年(1168)四月十八日,他乘商船从博多津出发,到达明州,访问了城内的广慧院,通过与一知客笔谈,对中国盛行的禅宗也有了初步的了解,"五月十九日登天台山,二十四日到万年寺。二十五日供茶罗汉,瓯中现应真全身。遂渡石桥。……二十七日复返明州。六月十日到育王山。瞻礼佛舍利,感光明映彻"①。同年九月,荣西带着天台宗的章疏三十余部回国,天皇特赐给荣西"叶上"的称号。归国后的二十余年,荣西在比睿山专心研究显密二教,而最致意于密教,其密教学说自成一家,被称为"叶上流"。

南宋四明的律僧接收日本学僧为徒,从而引发了日本律宗的复兴。日本正治元年(1199),律学沙门俊芿"以大小律范,未尽其要,须入中华抉择所疑"为由,即偕弟子安秀、长贺二人乘舶入宋,从江阴上陆,抵达浙江,历访天台、雪窦、径山等两浙名蓝,咨询禅教。翌年(1200)春,入四明景福寺,随侍如庵了宏律师学习。俊芿于嘉定四年(1211)携带所得的经律章疏 2000 余卷、佛舍利和南山、元照真影各一幅等,由明州乘舶返国,在日本京都弘扬律法,重兴律学,日皇和幕府都奉他为戒师。他在京都开创泉涌寺,大张法筵,称为律教大道场之一。俊芿回国时带回的典籍,有律宗大小部文 327 卷,天台教观文字 716 卷,华严章疏 175 卷,儒书 256 卷,杂书 463 卷,法帖、御笔、堂帖等碑文 76 卷,共计 2013 卷。尤其是他带回了不少儒书,因而被认为是最早把宋学传入日本的先驱。

南宋偏安江左,禅宗名刹集中分布于江浙之地,故大部分入宋日僧巡礼禅宗名刹,亦以江浙两省为中心。距离登陆港口明州较近的天童、育王等禅宗古刹,无疑是日僧最为向往的地方。正如木宫泰彦在《日中文化交流史》中所指出的,禅院五山中,最先为日本人所熟悉的是育王山,自重源、荣西瞻礼之后,心地觉心、无象静照、约翁德俭、樵谷惟仙、桃溪德悟等,到此寺居住的络绎不绝。在育王山之后,日本入宋僧最早住过的地方是天童山。日本文治三年(1187),荣西第二次入宋,再次登上天台山,拜谒万年寺的虚庵怀敞禅师并向他请教。荣西在宋留学五年,于日本建久二年(1191)回国,第二年在筑前建造报恩寺,并开

① (日)荣西《兴禅护国论》卷首序,《大正藏》第 28 卷。

讲菩萨大戒。建久六年(1195),在博多津创建圣福寺,大力传布临济禅宗,参禅之徒从四方云集而来。建仁二年(1202),将军源赖家在京都鸭川第五桥旁边建立建仁寺,请荣西禅师住持。因为当时南都和睿山诸宗的激烈抗议,屡次阻碍禅宗的流行,荣西作《兴禅护国论》三卷驳斥他们的非难和毁谤,遂名声大振。应将军源实朝的邀请,荣西到镰仓开创了寿福寺,开始在关东传播禅宗。在荣西的大力宣讲下,日本的禅宗从此大为兴盛。自荣西最先登上此山后,天童寺的名字渐渐为日本人所熟悉。荣西圆寂后,禅宗在日本逐渐得势,弘布其教者很多。在当时的中国,临济宗的看话禅最为盛行,而曹洞宗的默照禅仅剩一线命脉。因此,在海外的传播大部分是临济宗的禅法,继承曹洞宗法统的极少。道元禅师是村上天皇第九代后裔,荣西的弟子。贞应二年(1223),道元随法兄明全入宋求法,四月到达庆元府。他最后嗣法于天童寺住持如净禅师。希玄道元归国后,成为日本开创曹洞宗的一代宗师。从现有的史料看,在南宋中叶以前,日僧参禅嗣法以明州、台州为重心。

禅宗传入日本是中日文化交流的第二次高潮。就在荣西等人的兼修禅在日本流传一段时间之后,宋元禅僧相继赴日,主要以镰仓为中心倡导临济禅风,他们的禅法被称为“纯禅”或“纯粹禅”,同时他们也把中国的儒学、文学、书画等传到日本,对发展日本民族文化起了积极的作用。南宋渡日的禅僧,多在明州的禅寺中生活过,特别是天童寺成为他们暂时落脚的地方,他们的东渡也是以明州港为始发地。南宋禅僧东渡日本,主要是出于传禅的目的。兰溪道隆(1213—1278)是第一个把大陆禅正式传到日本的中国禅僧。道隆在临济宗虎丘派松源崇岳弟子阳山无明慧性门下参禅,受到印可。淳祐六年(1246),道隆居明州天童山,在日僧明观智镜的劝请下,率同弟子义翁绍仁、龙江等数人乘日本商船到达九州岛大宰府(在今福冈),这是中国禅僧游化日本的开始。道隆的法系在日本古代禅宗24派中称为大觉派,以建长寺为传法中心。此后兀庵普宁(1197—1276)、西涧子昙相继渡日,他们除了弘扬临济禅宗之外,也曾致力于传播宋代儒学,以至于在某种意义上可以说,其禅林道场就是传播宋学的阵地,对儒学在日本的传播起了促进作用。

进入元代,临济禅宗在日本迎合了公家、武家的需要,影响力不断扩大。正是在这样的文化背景下,自无学祖元(1226—1286)开始,浙东高僧陆续渡日,振兴了日本的临济禅风,促进了日本禅宗的成熟,并对日本文化产生了重大的影响。无学祖元之到日本传禅,在日本禅宗发展史上具有重要的意义,它本身是自荣西—兰溪道隆以来,禅宗向日本逐步深入传播的标志。他在日本"度弟子,以心印心、以器传器者三百余人"①。在日本禅宗24派中,祖元的法系被称为"佛光派",是日本镰仓末期和室町时期最有影响的禅派之一。

元世祖两次远征日本失败之后,仍怀有臣服日本之心,后知日本"倾乡佛乘,欲聘有道衲子,劝诱以为附庸"②,开始改变策略。大德三年(1299)初,成宗赐一山一宁金襕袈裟及"妙慈弘济大师"之号,命他出使日本。正是依靠一山一宁的禅师身份,日元间因两次战争而中断了的各种联系得以重建,为其后的文化交流打开了局面。弘安之役后,日元关系持续紧张,双方商船及人员往来很少。就以历代往来最多的僧人互访为例,直到13世纪末为止,元僧几乎无人去日本,日本僧人来元的也极少见。大批日僧人入元乃是14世纪以后的事。其转折点正是13世纪末14世纪初,以一山一宁奉令访日为开端。一山一宁在日本京都、镰仓广开法席,前后20余年,大力弘传临济禅法,为日本培养和造就了大批优秀人才,他的法系被称为"一山派"。

---

① [元]释如芝《无学禅师行状》,见(日)一真等编《佛光国师语录》卷9《拾遗录》,《大正藏》第80册。

② (日)虎关师炼《一山行纪》,见(日)了真等编《一山国师妙慈弘济大师语录》卷下,《大正藏》第80册。

下编　浙东优势文化概览

浙东商贸

浙东地区的商贸文化有着深厚的历史传统,不管时代多么动荡曲折,商业总是以顽强的姿态延续着自己的生存模式。尤其是到了清代中期,宁波商帮崭露头角,在积累实力中不断崛起,成为沿海地区一支不可忽视的重要力量。

一、浙东商贸文化的远源

浙东商贸文化可以追溯到先秦的于越国时期,代表人物是计然和范蠡。计然的经济谋略思想以富国强国为目的,强调"农末俱利""货物官市",主张对经济施行价格调控,谋求公平交易。计然说:"积着之理,务完物,无息币。以物相贸,易腐败而食之货勿留,无敢居贵。"他提出,积累财富之道有二:一是"务完物",就是务求完美无缺的高质量商品;二是"无息币",就是防止资金的积压。如其所说:"财币欲其行如流水。"①意谓财币要像流水一样周转流通,郑克中认为"这是对整个商业精神的总的概括,'行如流水'四个字包含了我们现代经济学中需用数学公式表明的一个道理:流通速度对利润率有巨大影响"②。计然还教给人们实在的赚钱门道:在进行货物买卖时,那些易于腐败变质的货品因其时间效用有限,要及时售出,不能为求高价而冒险囤积。他看准了商品的使用价值,要求在经营中加快流通速度,避免资金积压、利润减少。

计然又说:"论其有余不足,则知贵贱。贵上极则反贱,贱下极则反贵。贵

---

① 〔西汉〕司马迁《史记》卷 129《货殖列传》,中华书局 1959 年版,第 3256 页。
② 郑克中《计然为文种辨——兼论文种经济思想的历史地位》,《东岳论丛》1997 年第 3 期。

出如粪土,贱取如珠玉。"①从这段话中可以看出计然深谙商品贵贱之间的辩证关系。计然深刻认识到物价随着市场交换的供求变化而波动,提出通过研究商品的过剩与短缺的情况,掌握物价的涨跌规律,以此决定买卖取舍的最佳时机。他认为物价的涨跌必然遵循物极必反的原理,贵与贱不是绝对的、永恒的,在一定条件下会发生转化,重要的是要重视市场价格预测,掌握好时机和行情。当价格昂贵之时必须果断抛出,视若粪土而不怜惜;当价格低时必须果断购入,视同珠宝金玉而倍加珍惜。他用寥寥数语道出了经商者的要谛。郑克中评论说:"最了不起的是作者认为,价格是由供求关系决定的,这是世界最早对供求价值理论内容做出的清晰表述,距离我们今天已有两千四五百年的时间了。"②这种相互转化的辩证思维,在计然的学生范蠡的言行中也可见到:"阳至而阴,阴至而阳,日困而还,月盈而匡。"③如果说计然的论述尚局限于具体的物价领域,那么范蠡的总结更富有哲理,更具有普遍的意义。

从各种散佚文献看,计然还通晓天下物产的知识。《范子计然》云:"墨出三辅,上价石百六十,中三十,下十。"④又云:"人参出上党,状类人者善。""黄连出蜀都,黄肥坚者善。"⑤又云:"蜀椒出武都,赤色者善。秦椒出陇西天水,细者善。"⑥计然对天下物产的质量、价格屈指道来。考《汉书·货殖传》颜师古注云:"计然者,濮上人也。博学无所不通,尤善计算。尝南游越,范蠡卑身事之。其书则有《万物录》,著五方所出,皆述之。"⑦上引《范子计然》的物产内容,完全符合计然《万物录》的体例,则《万物录》颇似工农业产品的专志。⑧ 与其近似之书有《尚书·禹贡》。相传大禹制九州贡法,详记各地山川道路的远近及应当上贡的物产。《万物录》记载的工商业产品,不是为了上贡,而是为了商贸之用。看来,计然对物产地理颇有研究,而物产知识也是经商的必备知识,计然在这方

---

① [西汉]司马迁《史记》卷129《货殖列传》,中华书局1959年版,第3256页。

② 郑克中《计然为文种辨——兼论文种经济思想的历史地位》,《东岳论丛》1993年第7期。

③ [先秦]《左传·越语下》。

④ [宋]李昉等撰《太平御览》卷605《文部二十一》,影印文渊阁《四库全书》本。

⑤ [宋]李昉等撰《太平御览》卷991《药部八》,影印文渊阁《四库全书》本。

⑥ [宋]李昉等撰《太平御览》卷958《木部七》,影印文渊阁《四库全书》本。

⑦ [东汉]班固《汉书》卷61《货殖传》颜师古注。

⑧ 李仲均《〈计然万物录〉矿物药疏证》认为《计然万物录》非计然所撰。文载《河北地质学院学报》1990年第3期。

面下过功夫,亦与其经济谋略思想有相通处。他的经济谋略思想在越国得到切实的执行,并大获成功。《史记·货殖列传》云:"范蠡既雪会稽之耻,乃喟然而叹曰:'计然之策七,越用其五而得意。既已施于国,吾欲用之家。'"①若跳出越国,将其放在战乱频仍的春秋时期来考量,计然的这套经济谋略思想也是进步的、有远见的。唐庆增对计然的经济思想作出了很高的评价:"计然言论,涉及农业之处固不少,然彼于商人一阶级,竭力拥护,是盖得农商并重之旨者。故论米价以'农末俱利'为目的,其识见远非一般重农轻商之士,如班固一流人物所能望其肩背。总观计然学说,不外贯彻'食足货通'一主张,此义虽属陈说,然彼能从经济变化一方面申论,道人所未道,其学说之创造性(originality)为他人所不及。计然在中国经济思想史中,代后人辟一新途径,为中国筚路蓝缕之资,乃后儒置之淡然,任其埋没,斯则可为痛惜者耳。"②

范蠡是计然之徒,亦是计然经济思想的实行者。公元前468年,范蠡助越王实现了霸业后,浮于五湖,后来定居于陶,人称陶朱公。他运用老师计然的经商理论治产业,十九年中三致千金。考察陶朱公的经商之道,与一般的囤积居奇有很大的不同,即对商业规律的总结和运用,这是更为高明的经商之道。范蠡还将经商盈利与慈善救济活动结合起来,在聚财的同时不忘散财,从而赢得了良好的信誉和口碑。范蠡因此被后人推为浙东"商祖"。

二、浙东学者的兴商思想

隋唐以来,浙东城市进一步发育,拥有了更多的经济职能。《隋书·地理志》记载吴郡、会稽、余杭、东阳"珍异所聚,故商贾并凑"。杜牧又称浙东"西界浙河,东奄左海,机杼耕稼,提封七州,其间茧税鱼盐,衣食半天下"③。其中越州作为浙东商业中心,颇受诗人的瞩目,如元稹《送王协律游杭州十韵》诗写到

---

① [东汉]班固《汉书·货殖列传》则云:"计然之策,十用其五而得意。既以施国,吾欲施之家。"

② 唐庆增《中国经济思想史》,商务印书馆2017年版,第413页。

③ [唐]杜牧《樊川集》卷15《李讷除浙东观察使兼御史大夫制》,影印文渊阁《四库全书》本。

诸多的物产、游客及"小市"的情况。即便在杭州城市地位不断上升,并盖过越州的情况下,越州仍保持着经济繁荣的态势。宋代,临安成为全国最大的商业中心,浙东各州的商贸也有相当的发展。宋代明州的海商颇有声势,《宝庆四明志》卷六《市舶》更对明州繁荣的原因作了明确的解释:"本府僻处海滨,全靠海舶住泊,有司资回税之利,居民有贸易之饶。"①这说明海上贸易乃是南宋明州经济的一大支柱。有了一定的经济发展之基础,必然会产生与之相适应的文化形态。自北宋以来逐渐形成的浙东学术强调实事实功、义利合一、理欲相容,浙东学者的思想言论,不断地为商贸的发展鸣锣开道。

北宋元祐二年(1087),郑至道任台州知县,著《谕俗七篇》云:"古有四民:曰士,曰农,曰工,曰商。士勤于学业,则可以取爵禄;农勤于田亩,则可以聚稼穑;工勤于技巧,则可以易衣食;商勤于贸易,则可以积财货。此四者,皆百姓之本业。自生民以来,未有能易之者也。若能其一,则仰以事父母,俯以育妻子,而终身之事毕矣。不能此四者,则谓之浮浪游手之民。"②郑至道在我国经济思想史上率先提出了"四业皆本"论,树立了新四民观,走在时代的前列。③

南宋浙东学派开始独立亮相,在经济伦理上发出了更为响亮的声音。永康学派的陈亮主张农商并举,义利双行,他说:"古者官民一家也,农商一事也,上下相恤,有无相通,民病则求之官,国病则资诸民,商借农而立,农赖商而行,求以相补,而非求以相病。"④他将农商之间的关系讲得非常透彻,批判锋芒直指重义轻利、重农抑商的儒家正统思想。永嘉学派的叶适,率先对"重本抑末"进行公然批判:"夫四民交致其用而后治化兴,抑末厚本,非正论也。使其果出于厚本而抑末,虽偏,尚有义。若后世但夺之以自利,则何名为抑?"他指出作为"四民"的士农工商,缺少哪个行业都不行,只有各尽其用、互相交换、协调发展,才能实现"治化兴"。他指出:"春秋通商惠工,皆以国家之力扶持商贾,流通货

① [宋]罗濬等《宝庆四明志》卷6《市舶》,中国国家图书馆藏宋刻本。
② [宋]陈耆卿《嘉定赤城志》卷37,影印文渊阁《四库全书》本。按,《四库全书》收录郑玉道等撰《琴堂谕俗编》2卷,为应埈辑录。《琴堂谕俗编》卷上明言"郑至道原编",则知郑玉道为郑至道之误。
③ 参见周琦《台州人文地理考辨·工商皆本,始见台州——论台州"四民皆本"与新四民观》,宗教文化出版社2021年版。
④ [宋]陈亮《龙川文集》卷11《四弊》,永康胡氏退补斋刊本。

币",至"汉高祖始行困辱商人之策,至武帝乃有算船告缗之令,盐铁榷酤之入,极于平准,取天下百货自居之"。① 他认为汉以来政府的抑末言行对"治化"有害无益,并非正论。

明代的海禁政策长期阻挡了浙东沿海民众通过海洋向外谋生的脚步,浙东民众更依赖运河北上,谋求沿线的商业利益。如果没有思想上的解放,就难有商贸的大发展。随着商品经济对日常生活的渗透、商人势力的增强,"士农工商"的职业顺序观发生了动摇。王阳明曾为商人方麟撰写了《节庵方公墓表》,提出了具有划时代意义的新观点。他写道:

> 古者四民异业而同道,其尽心焉,一也。士以修治,农以具养,工以利器,商以通货,各就其资之所近、力之所及者而业焉,以求尽其心。其归要在于有益于生人之道,则一而已。士农以其尽心于修治具养者,而利器通货犹其士与农也。工商以其尽心于利器通货者,而修治具养犹其工与商也。故曰:四民异业而同道。……自王道熄而学术乖,人失其心,交骛于利,以相驱轶,于是始有歆士而卑农,荣宦游而耻工贾。夷考其实,射时罔利有甚焉,特异其名耳。……吾观方翁"士商从事"之喻,隐然有当于古四民之义,若有激而云然者。呜呼! 斯义之亡也久矣,翁殆有所闻欤? 抑其天质之美而默有契也? 吾于是而重有感也。②

王阳明将其致良知的心学推广到四业身上,明确否定了传统儒家经济伦理中的等级制思想,指出士、农、工、商只是社会分工不同而已,在"道"面前处于平等的地位。在他看来,"士"之好"利"尤过于商贾,故应彻底破除社会上"荣宦游而耻工贾"的虚伪世俗风尚,大力提倡"四民异业而同道"的经济伦理。王阳明以儒学宗师的身份明确肯定了商人的社会价值,给予其四业平等的社会地位,这被学界称作"新儒家伦理史上的一件大事"。王阳明的这一思想为商贸的发展鸣锣开道,预示着一个商贸转折的时代即将到来。此后浙东学者对商业持宽厚态度者大有人在。如管大勋宗叔东桥是一位商人,他认为自己的商业行为是与儒不兼容的,对自己"好儒而未能以儒"深表惭愧。但管大勋并不这么认为,

---

① [宋]叶适《习学记言序目》卷19《书》,中华书局1977年版,第273—274页。

② [明]王守仁《王文成全书》卷20,影印文渊阁《四库全书》本。

他说:"儒,世业也,贾,生业也,治生而不伤其心,是亦儒焉尔,奚愧?"①他充分肯定东桥公业商而有儒心,是商与儒之相兼相容。余有丁亦说:"夫财,泉也,有源有流,商逾苟,财逾不滋。"②他将商业看做财产的源头,反对苟商的做法,认为越是苟商,财政就越是困难。

抗清义士、宁波"六狂生"之一的华夏(1589—1647)曾作《惠商论》,进一步阐述发挥了王阳明的"新四民"论。他把经商与治国相提并论:"商非庸劣者所能任。凡出有人无、揆时审变、调燮暑雨、均节阴阳、明谊正名、知几防范,几于治人之国者同事。"他猛烈抨击抑商政策:"汉祖禁贾人不得衣丝乘车,重租税以困辱之,又禁毋得为吏。汉武穷兵海内,边鄙多事,财赂率耗而不赡,许入物补官、出货除罪,徒使佞臣兴利已耳。富商大贾转谷百数,财或累万金,而不佐国家之急,黎民重困。于是桑、孔辈奏立平准法,大农得尽笼天下之货物,价不腾贵而智商亡所牟利。"他严厉指责苟捐重税:"算及舟车,征及茶酤、海鱼、竹木、山产、地出,既就其土而课之,待其转而税之,而又迫其输于官而夺之。甚者官市相望,何以掩人于昼而攫之金耶!"他对因为人多地少、不得不外出经商之农尤表同情:"艰险无避,捐其身于水火盗贼中,而向蛟鲸豹虎乞锥刀之利,其势甚可惧。况亦恃其亿中之识而乐为不厌,父母莫与养,妻子莫与恤,其情亦甚足悯。"他最后大声疾呼:"国家不可病商以滋弱!"③

鄞县人林时对认为经商致富乃是人类一种生存的智术。他在《寿外父王先生慰先翁六帙序》中说:"马少游有言:士生斯世,求衣食裁足,乘下泽车,御款段马,乡里称善人,斯可矣。致求赢余,徒自苦尔。有味哉!夫结驷联镳,诚不若曳履歌颂,然婼节粹修,苟非黔娄、原宪,而徒局促于席门穷巷,即何足以称贤?昔鸱夷子霸越功成而浮五湖,则三致千金。夫三致千金,人以为良贾细行,而不知实英雄长算之余也。今学士家目营四海,率慷慨豪举,轻财好施,而遭时板荡,既不能采薇蕨以为粮,乃嗟菽水之难供,伤北门之终窭,虽我命不犹,亦其智术浅短矣。"④他充分肯定范蠡三致千金乃是"英雄长算之余"。他重新确立了

---

① [明]管大勋《光禄集》卷4《赠东桥宗叔六十寿序》,《北京师范大学图书馆藏明刻孤本秘笈丛刊》本。

② [明]余有丁《余文敏公集》卷3《赠江君擢长芦都运序》,《续修四库全书》本。

③ [明]华夏《过宜言》卷3,《四明丛书》本。

④ [清]林时对《留补堂文集》卷1,中国国家图书馆藏抄本。

贤的标准,除非是黔娄、原宪,士子一味忍受贫穷,并不足以称贤。鼎革之后,学士家纷纷破产,沦于贫穷,他们的困境,固然有时代原因,但更主要的是个人"智术浅短"的内在原因。

到了清初,浙东学派的代表人物黄宗羲以其时代先觉的眼光,在传世之作《明夷待访录》中提出了民主制度的设想,其中包括超越前人的"工商皆本"论:

> 今夫通都之市肆,十室而九,有为佛而货者,有为巫而货者,有为倡优而货者,有为奇技淫巧而货者,皆不切于民用,一概痛绝之,亦庶乎救弊之一端也。此古圣王崇本抑末之道。世儒不察,以工商为末,妄议抑之。夫工固圣王之所欲来,商又使其愿出于途,盖皆本也。①

黄宗羲一反轻视工商活动的传统偏见,对"崇本抑末"的封建政策作出了新的解释。他坚决反对把"末"等同于工商的观点。他认为,除"为巫而货"和"为奇技淫巧而货"为真正的末业,应当"一概痛绝之"外,其他那些为社会生产和人民日常生活服务的,亦即"圣王"所要鼓励和招徕的一般工商业,则绝非"末",而是和农业一样的"本"。黄宗羲从是否"切于民用"的立场出发,论证了正常的工商活动在国家经济生活中的根本地位,道前人之所未道,其对世儒重本抑末论的批判振聋发聩,提高到了封建时代可能达到的程度。黄宗羲的学生李邺嗣作《橙里江翁八十序》云:"仲尼弟子传世者七十有二人,而子贡最为饶富,益累千金,夫子亦以货殖称之。其后太史公传古今富人善治生素封之家,而遂以货殖名其篇,且列子贡于首。是则转资之学,固亦出于圣人之门业。"②商人是子贡的身份,而商业却非孔氏之"门业",在李邺嗣看来,这很奇怪,于是他以子贡为例,故意混淆视听,公然将商业纳入"圣人之门业",也算是对"工商皆本"论的一种回应。

这些走在时代前列、具有启蒙意识的经济伦理观的孕育萌生,正是得益于浙东地区千百年来所形成的以商为业、以商为荣的社会存在;而且,崇商理论又反过来指导社会实践,促进了浙东商贸的与时俱进。

---

① [清]黄宗羲《明夷待访录·财计三》,见沈善洪、吴光主编《黄宗羲全集》第1册,浙江古籍出版社2005年版,第41页。
② [清]李邺嗣《杲堂文续钞》卷2,《四明丛书》本。

三、宁波的经商传统与宁波帮的崛起

清代宁波慈溪人郑世璜《国学生张君德炜五十寿叙》云:"吾宁环海为郡,物产饶富,纂志乘者率以沃壤称,商业之兴,有自来矣。顾其间身列阛阓者,或以弋取致富,或以勤俭起家,操术之不同,见居心之各异。"①自元朝开始,浙东鄞县等地人地矛盾进一步激化。鄞、姚等地人稠地狭,光靠农业收入不能维持生活,迫使多余的劳力纷纷背井离乡,四出营生。光绪《余姚县志》卷五引《元一统志》云:"俗多商贾。"鄞人袁士元就有诗写道:"鄞依郡之域,去海仅一间。十室九为商,力农苦不惯。"②陈高《丁酉岁述怀一百韵》诗中自述生平经历云:"鄞乡传载籍,藩闽重金汤。……土俗何多讼,编氓半是商。"③陈高所云丁酉为至正十七年(1357)。陈高于至正十四年(1354)进士,授庆元路录事,不到三年,自行免去。故此诗所写鄞俗,正是其为官庆元路录事时的实录。袁诗所云"十室九为商"、陈诗所云"编氓半是商"的经济现象,大约起自元代中后期,经商可以说是宁波人最令人瞩目的谋生方式之一。

明中叶以后,浙东地区的商品经济有了发展。宁波外出经商者显著增多,经商成因亦较复杂。明朝开国皇帝朱元璋注重农业,依然没有改变人多地少的情况。为了改善自身的贫寒生活状况而经商,以求获得丰厚的物质回报,这种从商情况所占比例颇多。有些儒生原先是打算考科举,走仕途的,但是因为种种原因,求之不得,或得非所愿,而不得不放弃儒业学习而从商,这无疑是对人生价值体系的再调整。如屠本畯(1513—1551)"性好读书,而拙于质性,乃改业陶猗,颇获什一"④。包濬"不乐为儒生娓娓仅守,挟资游于嵯,顾为商隐,扁舟函琴,潇然意兴,致千金者数矣。中自念曰:'吾不可以久负谷神。'遄归谷中"⑤。包濬不愿仅作儒者,于是挟资为盐商而致富,但他亦不安于经商,仅小

---

① 《石路头张氏宗谱》卷4,宁波天一阁藏本。
② [元]袁士元《书林外集》卷1《又与朱典史》,《四库全书存目丛书》本。
③ [元]陈高《不系渔舟集》卷6,影印文渊阁《四库全书》本。
④ 均见《甬上屠氏宗谱》卷25《列传下》,宁波天一阁藏本。
⑤ 《甬东包氏宗谱》卷15,宁波天一阁藏本。

有成就,而在道家思想的作用下,归隐家园。杜思《寿金溪邬公七十序》写到邬公"一为文士业不遂,则去而学于计然白圭","盖公善居室业,日益饶羡"。① 他很可能是以经营家具一类的业务而致富。林时对写到倪法卿"虽为诸生,勤苦学殖,贸迁居积,家日裕"②。这些经过一定程度的儒家文化训练的人踏入商界,也给当时商业注入了清新之风。慈溪冯元仲表伯父周氏中所翁,"其文简健遒古,顷刻数篇立就,其于四子五经、性理纲鉴,一目十行,一过即记字句行第,无一字遗误。人称唐之书库,宋之墨庄",看来其人记忆力超强,也有作文之才,但他一直奋斗在科举场中,"迨老而犹试童子科",令人同情。但这样一个"科举迷",最后下海经商了:"晚乃用鸱夷子皮策(古同'策')以治生产,人知其为素封也,不知其为儒者也。"但他虽从商而不失儒者本色。冯元仲将他与其他素封者做一比较:"素封家利往而利来,而翁独来之以德。素封家争时斗智,而翁独身有处士之义。素封家千则役万则仆,而翁独折节为恭,损有余补不足,行天之道,时时焚券不责偿。素封家仇乎文史,尊《会稽录》如君如父,翁独手不释卷,坐卧与古人玄对。"③

鄞县人孙春阳(1573—1634)④是明末浙东商人经营店铺的典范。他跑到苏州开设"孙春阳南货铺",店面仿照衙门布局,并有严格的店规和会计制度:"其为铺也,如州县署,亦有六房,曰南北货房、海货房、腌腊房、酱货房、蜜饯房、蜡烛房。售者由柜上给钱取一票,自往各房发货,而管总者掌其纲。一日一小结,一年一大结。自明至今已二百三四十年,子孙尚食其利,无他姓顶代者。吴中五方杂处,为东南一大都会,群货聚集,何啻数十万家,惟孙春阳为前明旧业。其店规之严,选制之精,合郡无有也。"⑤欧阳兆熊、金安清《水窗春呓》卷下"孙春阳茶腿"条记载说:"火腿以金华为最,而孙春阳茶腿尤胜之。所谓茶腿者,以

---

① 《奉川邬氏宗谱》卷一,宁波天一阁藏本。

② [清]林时对《留补堂文集》卷1《寿董母倪孺人五旬序》,中国国家图书馆藏抄本。

③ [清]冯元仲《天益山堂遗集续刻·贺周表伯母徐太君七十寿序》,清乾隆刻本。按,《会稽录》即《会计录》。《宋史全文》卷二十八云:"户部亦请稽考内外财赋,置《绍熙会稽录》。"此"会稽"即"会计"。

④ 据《四明章溪孙氏宗谱》卷5,孙昌期,原名承明,号春阳,居鄞县城中小江里青龙桥。生于万历元年(1573)癸酉七月二十九日,卒于崇祯七年(1634)甲戌正月十八日,终年62岁。

⑤ [清]钱泳《履园丛话》卷24,中华书局2013年版,第640—641页。

其不待烹调,以之佐茗,亦香美适口也。此外各蜜饯无不佳,即瓜子一项,无一粒不平正者,皆精选而秘制,故所物皆驰名。惟其价无二,故其店伙不能作他项生理耳。"①这简直是现代百货的经营方式了。但最值得注意的则是孙春阳竟然把州县的"六房"制度转化为经营南货铺之用了。孙春阳南货铺屹立苏州300余年,后因店铺被战火毁灭才告停业。其被经济学家视为中国资本主义萌芽之典范。②

宁波商帮是以宁波府为地缘而形成的商人群体。明末清初,宁波的药材商和成衣商相继在北京设立鄞县会馆和浙慈会馆,学术界通常都认为这是宁波帮形成的标志。张锡路《敦仁堂记》云:"吾四明仕宦商贾不绝于四方,每于所至止之地,设馆以会乡人,名曰会馆。岁时相庆,有无相通,患难相恤。"③宁波商人自明末在京城建鄞县会馆之后,其结帮经商、兴办实业之风盛行。

宁波拥有天然良港,并居南北洋中间,航运业历来是甬商最擅长的主要行业之一,长期从事南北客货运输,并逐渐形成南号、北号两大船商。南号活动在闽广地区,主要采购福建的木材,同时夹带烟叶、桂圆、荔枝、颜料;北号活动在津京唐地区,以采购齐鲁的红枣、黑枣、核桃、花生、豆油为主。南北号在宁波交换转运,均在江东设置同业会馆:南号名曰安澜会馆,取"仰赖神佑,安定波澜"之意。北号名曰庆安会馆(亦名甬东天后宫),取"海不扬波,庆兮安澜"之意。两号比较,北强南弱。光绪十年(1884)《甬东天后宫碑铭》称:"吾郡回图之利,以北洋商舶为最巨。其往也,转浙西之粟,达之于津门;其来也,运辽、燕、齐、莒之产,贸之于甬东。航天万里,上下交资。"④

宁波帮在乾嘉时期声名鹊起,活力四射,由普通地域性商帮一跃成为国内四大商帮之一,其中的奥秘,与那些儒生的加盟密切相关。宁波帮自清乾嘉以来,逐渐形成若干支柱行业:以南北号沙船为代表的贩运业,以北京四恒号钱庄为代表的金融业,以北京同仁堂药店为代表的药材业,以北京慈溪籍成衣匠为代表的服装业,以民信局为代表的民间邮递业。鸦片战争之后,浙东地区尤其

---

① [清]欧阳兆熊、金安清《水窗春呓》,谢兴尧点校,中华书局1984年版,第78页。

② 详见拙文《市侩居然有子孙——明清苏州孙春阳南货店掌柜、会计考略》,《鄞州文史》2018年第25辑。

③ 《清泉张氏宗谱》卷12,宁波天一阁藏本。

④ 章国庆、裘燕萍编著《甬城现存历代碑碣志》,宁波出版社2009年版,第211页。

是以宁波为中心的商贸活动迅速发展。宁波商人在商界犹如异军突起,令世人瞩目。他们不仅活跃于浙东区域,而且在外埠如上海、天津、福州、武汉等商业重镇进行卓有成效的工商活动。其能商善贾之名亦著闻海内外,在日渐衰败的封建经济格局内顽强地拓展着具有资本主义特质的商业与工业。宁波商帮的经商理念与经营项目,都出现许多独创性的突破,在改革世风、促进新兴事业的开办及引领社会新潮流等方面,起到了时代领头羊的作用。

勇于开拓的宁波商人,锐意改革,创新求变,在十九世纪与二十世纪之交,成功地超越传统,完成了自身的现代转型。二十世纪初,孙中山先生对宁波商帮做过如此评价:"宁波开埠在广东之后,而风气之开不在粤省之下。且凡吾国各埠,莫不有甬人事业,即欧洲各国,亦多甬商足迹,其能力与影响之大,固可首屈一指者也。"①这一评语,既表示对宁波商帮所做的历史贡献的肯定,也显示着浙东商贸文化的巨大影响与魅力。

---

① 孙中山《在宁波各界欢迎会上的演说》,《杭州民国日报》1916 年 8 月 25 日。

浙东学术

依托地域而兴起的学术,可以涵养一地之学风,传承一地之精神,使一地的文脉绵绵不绝。浙东学术即依托浙东地域而诞生,不仅是地域文化的重要组成部分,更是地域文化之"体"。浙东学术之于浙东文化,就像湖湘学之于湖湘文化、蜀学之于巴蜀文化、齐鲁学之于齐鲁文化、关学之于关中文化一样,都是地域文化的灵魂和精髓。浙东学统、学风的形成,对浙东社会产生了极大的影响。浙东学术是浙东文化的核心,并彰显着浙东文化的历史地位。浙东学术的外延呈现出多元性,而其基本内涵主要表现为哲学思辨与史学精神的结合,颇具博大精深的特色。

借用徐复观的理论,浙东学术传统属于高次元的传统。高次元的传统是一种超越具体事象的精神存在,需要自觉的反省才能发现,并可以对低次元的传统进行反思与批判。关于这一高次元传统的特征,徐复观在《论传统》一文中总结道:"高次元传统的本身,便含有超传统性的意义。更具体地说,它含有下面几个特征:第一,它是理想性的。这正如基督教的仪式是低次元的,但它的博爱却是高次元的,是理想性的。第二,因为它必须经过人的自省自觉而始能发现,所以一经发现,它对低次元的传统,也一定是批判的。因为是批判的,所以第三,它是动态的。因为是动态的,所以第四,它是在不断形成之中,是继承过去而又同时超越过去的。"①由此可见,徐复观所理解的传统主要是高次元的传统,这一类型的传统的本质是强调主体性,即传统蕴含着自我更新的机制,主体的自觉反省能够使传统不断改进。明清时期以王阳明、黄宗羲为代表的学术文化,可视为浙东学术的精髓,位居高次元传统的顶峰,其思想学说对后世影响甚

---

① 徐复观《论文化》,九州出版社 2014 年版,第 475 页。

远,至今仍有不可低估的现实价值。因此,从浙东学术入手,是解读浙东文化的重要途径。

一、浙东学术的演变脉络

清代学者章学诚最早使用"浙东学术"这一概念,他在《文史通义》中说:"浙东之学,虽源流不异而所遇不同。故其见于世者,阳明得之为事功,蕺山得之为节义,梨洲得之为隐逸,万氏兄弟得之为经术史裁,授受虽出于一,而面目迥殊,以其各有事事故也。"①章学诚指出浙东学术渊远而流长,其发展随着所遇之不同而呈现为不同形态。浙东学术所涵盖的内容非常广泛,但就其核心或主体内容而言,主要是指浙东学者在传统的经史领域所取得的学术及思想成就。在一个特定的土地上,浙东学术经过一代又一代的文化精英的努力,不断得到发扬光大。浙东学术根深叶茂,原创性强、影响广泛、地域特色鲜明,并具备学术坐标的意义,彰显于更为广阔的中国学术传统之中,备受学界的瞩目。

(一)浙东学术溯源

浙东学术的思想源流,可以上溯至春秋越国之时,越国的范蠡、文种、计然的思想,可以看做浙东子学的萌芽。

浙东经学发轫甚早,始于西汉的经学教育。经学在浙东最初的传播中,形成了家法的传承形态,句章长淳安方储传孟氏《易》即为其例。余姚虞氏家族五世治孟氏《易》,更是浙东地区经学教育由家法演为家学的典范。若就经学内容而论,东汉今文经学在私学中的传授比在官学中影响更大,因此之故,浙东士人多接受了今文经学的教育,如虞氏五世家传孟氏《易》、会稽主簿句章郑云"学韩《诗》,通《公羊春秋》"、余姚汉三老之孙通《穀梁春秋》,均属今文经学系统。还有西汉后期余姚人董春,师事侍中祭酒王君仲,受《古文尚书》,后诣京房授《易》,他在官学中接受的是古文经学,而在私学中接受的却是今文经学,从学内

---

① [清]章学诚著、吕思勉评《文史通义》卷5《浙东学术》,上海古籍出版社2008年版,第169—170页。

容的差异很能说明问题。浙东之有经学研究,约始于东汉中后期的上虞王充、山阴赵煜和余姚虞氏。王充(27—97?)虽非经学专门,但有深厚的经学功底。清人谭宗浚《论衡跋》指出:"史称充不为章句之学,疑其于训诂必无所解。今观是书所引,则经学宏深,迥非后人所及。……夫以不为章句之人,而经义深通尚如此,则当时专经之士,其淹博该洽可知矣。"①王充《论衡》虽不是专论经学的著作,但广泛、深入地探讨了经学问题,其中有些篇就是经学的专题论文。以解《易》螯声江东的当推虞翻。虞翻《易》学得自家传,追根溯源,又出自西汉以孟喜、京房为代表的官方(今文)易学。此派易学,宋人称之为象数之学。虞翻进一步发展了熔儒道于一炉的经学路向。虞翻《易》学以家传的孟京占验派象数易学为渊源,以他为代表的江东学人对荆州学派的新《易》学进行了有力抵制,使占验派象数易学继续占据江东学坛。虞翻"依经立注、以象解经"的治学方法,主要继承了东汉荀爽等人的经学派象数《易》学,并加以创造性发展,遂成为两汉象数易学的集大成者,也是经学象数易的最后一位大师。虞翻晚年在交州讲学,使虞氏经学向岭南等地扩散。东晋、南朝经学虽不及汉、唐之兴盛,但也颇为可观,浙东为当时经学研究的重要基地,山阴的贺循、贺玚、贺琛与孔子祛,余姚的虞喜、虞愿、虞僧诞,皆为当时儒林之选,山阴诸贺与余姚诸虞更是并美浙东的经学世家。

浙东学术源远流长,但以史学成就最为突出。东汉史学具有多元化的倾向,他地的学者多关注两汉王朝的历史,而浙东学者生于越国故地,特别关注吴越古国的历史,故出现了《越绝书》《吴越春秋》两部杂史。《越绝书》详细记载吴越争霸的过程,涉及政治、经济、军事、文化等方方面面的事情,尤其是经济实力往往在争霸过程中起着决定性作用。《越绝书》关于本地经济、运输等方面的记述多为独家所有,弥足珍贵,备受后世研究者的青睐。

王充是东汉浙东子学的最杰出代表。他能跳出传统思维的束缚,以批判之笔扫荡一切,笔锋犀利。如董仲舒认为天有意识地降生万民,还生了圣君治理他们,生了万物供人使用。王充认为天是物质之体,"夫天体也,与地无异"②。天没有意识,也不具有任何道德的意义和目的,人亦不是由天"故生"。他说:

---

① [清]谭宗浚《希古堂甲集》卷2《论衡跋》,《清代诗文集汇编》本。
② [东汉]王充《论衡》卷4《变虚篇》,上海人民出版社1974年版,第66页。

"儒者论曰：'天地故生人。'此言妄也。夫天地合气，人偶自生也，犹夫妇合气，子则自生也。"①意思是说，人并非天地有意识降生的，人是由天地之气相互交合，自然产生的。因此，人的自然属性与物并无区别："人，物也。虽贵为王侯，性不异于物。"②王充身处天人感应之说甚嚣尘上的时代，重点批驳了天谴之说，其论据即为天道自然。他说："夫天道，自然也，无为。如谴告人，是有为，非自然也。"③他以家人、人体为类比，论证了天谴说的荒诞："夫国之有灾异也，犹家人之有变怪也。有灾异，谓天谴人君，有变怪，天复谴告家人乎？家人既明，人之身中，亦将可以喻。身中病，犹天有灾异也。血脉不调，人生疾病；风气不和，岁生灾异。灾异谓天谴告国政，疾病天复谴告人乎？"④在王充看来，灾异是大自然风气不和的结果，犹如疾病是人身血脉不调的结果，两者类同理同。王充特别重视"效验"，他的"效验"论首先涉及认识的起源问题。知识从哪里获得呢？以孔子为代表的儒家学派曾提出"生而知之者上也"的观点。王充认为"生而知之"乃是妄说，即使是圣人，也不可能做到先知。比如婴儿刚出生，耳目始开，虽拥有聪明的资质，也不会有天生之知。王充如此说，将圣人拉下了神坛。他进而提出人们的知识才能只能通过后天的学和问才可获得，要想知道原本不懂、不了解的东西，舍学和问别无他途。他说："人才有高下，知物由学，学之乃知，不问不识。"⑤又说："故夫可知之事者，思虑所能见也；不可知之事，不学不问不能知也。不学自知，不问自晓，古今行事，未之有也。……故智能之士，不学不成，不问不知。"⑥在王充眼中，后天的"学"和"问"对于人们知识的获得具有无可替代的决定性作用。人的天赋能力或有高低智愚之别，但要真正认识外界事物，了解外界事物的面貌，把握外界事物的性状，只有通过学和问，学和问乃是获知必不可少的环节。王充还在《效力篇》中断言："人有知学，则有力矣。"⑦王充明确提出"知识就是力量"的观点，比英国唯物主义哲学家、经验主

① ［东汉］王充《论衡》卷3《物势篇》，上海人民出版社1974年版，第47页。
② ［东汉］王充《论衡》卷7《道虚篇》，上海人民出版社1974年版，第106页。
③ ［东汉］王充《论衡》卷14《谴告篇》，上海人民出版社1974年版，第224页。
④ ［东汉］王充《论衡》卷14《谴告篇》，上海人民出版社1974年版，第223—224页。
⑤ ［东汉］王充《论衡》卷26《实知篇》，上海人民出版社1974年版，第402页。
⑥ ［东汉］王充《论衡》卷26《实知篇》，上海人民出版社1974年版，第399页。
⑦ ［东汉］王充《论衡》卷13《效力篇》，上海人民出版社1974年版，第201页。

义哲学的奠基人弗兰西斯·培根(Francis Bacon)早了 1400 多年。王充认为检验一切认识是否正确的标准,辨别各种知识真伪的标准,必须是客观实事的"效果"和"证验"。他对社会上种种虚妄现象的批判,也正是采用"效验"方法才取得成功的。莫伯骥认为,《论衡》"言论解放,不为古今人束缚,表现怀疑派哲学精神,王氏实开其端"①。

从浙东地域空间观察之,东吴时期学术的繁荣中心在山阴、上虞、余姚一带,涌现了虞翻、谢承等学术名家。温州地区仍以土著文化为主,学者无闻。谢承《后汉书》不仅是继《东观汉记》之后第一部以"后汉书"命名的东汉史书,也以《东观汉记》为主要史料来源。谢承《后汉书》实分纪、志、传三大部分,大体上沿用了《汉书》的体例。鲁迅先生在清人汪文台、孙志祖辑本的基础上进行精校,并在序中评论说:"案《隋志》录《后汉书》八家,谢书最先,草创之功,足以称纪。"②寥寥数语,肯定了谢承的开创之功。白寿彝主编《中国通史》亦评云:"谢书表彰忠义隐逸,不以名位为限。且谢书中所述江南名士甚多,为范书及其他诸家后汉书所不及。现存谢书佚文数量较多,其中又半为范书所失载。但此书地方色彩较浓,京洛事缺于三吴,不能全面反映东汉一代历史。"③余姚虞氏学者的史著形式多样,断代国史类有虞预《晋书》,传记类有虞预《会稽典录》24卷。其中,《会稽典录》作为一部早期浙江地方人物志,具有较高的史料价值。

南朝时浙东的学术地理有所扩张。程继红曾以经学为例指出:"南朝,浙江经学迎来了第一个发展高潮,在地域空间之分布上已经呈现出了鲜明的浙东和浙西两大学术集团。其中浙东经学集团以会稽山阴为中心,经典表现是贺氏家族;浙西经学集团以吴兴武康(今德清)为中心,经典表现为沈氏家族。……这时候形成的浙江学术之浙东与浙西两大格局,基本上奠定了未来浙江学术地理分布大势。此仅以浙东而论,学术布局在空间上呈不断丰满的态势。体现在会稽郡区域内部,除山阴学术之外,余姚学术成长迅速,山阴贺氏家族与余姚虞氏家族,成了会稽郡的两大学术望族。而在会稽郡外部地域,东阳郡学术开始崛

①　莫伯骥《〈论衡〉通津草堂本跋》,见蒋祖怡《王充卷》,中州书画社 1983 年版,第 228 页。
②　《鲁迅全集》第 6 卷《谢承〈后汉书〉序》,中国人事出版社 1998 年版,第 4399 页。
③　白寿彝主编《中国通史》第 4 卷《中古时代·秦汉时期》上册(修订本),上海人民出版社 2007 年版,第 17 页。

起。东阳郡的学术,以楼幼瑜和徐伯珍而论,是以私学代表的身份登上当时儒学界的。"①

初唐虞世南是虞氏家族的殿军,也是隋唐时期著名的史学家,以德行和才识,深得唐太宗的信任。唐朝初年,由于当时的统治者刚刚从隋朝末年的大动乱中走出来,他们对于得天下不易、治天下更难这一点体会非常深刻。于是在励精图治的同时,注意及时总结历史经验和教训,注重从历代帝王的治国方法和历朝历代的治乱兴衰中寻找有效的治国方略。虞世南撰写于李世民即位之前的《帝王略论》,正适应了当时的这一现实需求。《帝王略论》又是现知我国最早的贯穿古今的历史评论专著,而以问答形式撰写一部完整的历史评论专著,乃是虞世南的首创,在中国历史评论发展史上具有相当的代表性和不可忽视的地位。②

唐代形成了三教并存的局面,儒学虽然仍为社会的主流意识形态,但其地位较之前后各代有明显的下降。唐代浙东名儒寥寥,《新唐书·儒学传》列传的名儒共计 68 人,其中浙籍有 10 人,属浙西者 9 人,属浙东者仅 1 人(康子元)。康子元,越州会稽人。开元初,唐玄宗仿效李世民十八学士之设,下诏举荐能治《易》《老》《庄》者,康子元得举为侍读,列在十八学士中。开元十三年(725),唐玄宗将作封禅之礼,诏康子元等注解《东封仪注》以进。《全唐文新编》卷三百五十一录有其《南郊先燔后祭议》,知其颇精于礼学。后又有山阴人孔述睿(730—800),好学不倦,隐于嵩山。刘晏屡次上表举荐述睿有颜、闵之行,游、夏之学,知其精于儒学。奉化人孙郃从小就接受了儒学教育,幼负气岸,博学高才。登乾宁四年(897)进士第,任校书郎、河南府文学。唐末,累迁为左拾遗。后朱温篡唐,孙郃写下了著名的《春秋无贤臣论》《卜世论》以寄愤,又脱冠裳,服布衣,归隐四明。孙郃关于"春秋无贤臣"的论断无疑是富有时代针对性的,但他企图用忠孝恩义这一套儒家思想观念对强藩进行规劝,实在显得迂腐无力。即使如此,孙郃的观点也引起了学界的一些反响,如释赞宁撰《抑春秋无贤臣论》一篇,

---

① 程继红《义乌儒学研究》,上海人民出版社 2019 年版,第 10—11 页。
② 参见瞿林东《〈帝王略论〉——唐初史论的杰作》(《华北石油教育学院学刊》1987 年第 2—3 期合刊)、《论〈帝王略论〉的历史比较方法》(《史学月刊》1987 年第 3 期)等文。

"极为王禹偁所激赏"①。

笔者曾在《博纳兼容:浙东文化的恢宏品格》一文中指出:"汉唐时期,浙东学术未成体系,总的说来表现出'移植型'的特征。凡是学术上有贡献的浙东人,多为北方移民及其后裔,学术掌握在少数文化家族和僧侣手里,学术的发展存在着明显的驳杂和断裂现象。所以我们只能认为这一时期浙东有区域文化,但绝不可以说浙东已形成了文化区域。"②这个观点至今尚能成立。

(二)宋元时期:浙东学术中心的确立与流派的形成

北宋是我国理学的形成时期,活跃于仁宗庆历年间的"宋初三先生"——胡瑗、孙复、石介,既是标志着整个宋代儒学复兴思潮的代表人物,更被后来的理学家奉为直接的思想先驱与源头。当时与"宋初三先生"桴鼓相应的还有明州"庆历五先生"、永嘉"儒志、经行二子"。北宋时期的浙学以浙东学术为首,他们正是浙东新儒学学统的最初代表,或者说是"浙东学术"的开山之祖。全祖望说:"有宋真、仁二宗之际,儒林之草昧也。……庆历之际,学统四起。……永嘉之儒志、经行二子……筚路蓝缕,用启山林。"③从明州"庆历五先生"、温州"皇祐三先生"到永嘉"元丰九先生",他们的学术思想尚未形成自己的体系,但已尝试突破汉唐以来唯守训诂章句的经学藩篱,致力于发明儒典精义。他们既重经义,又重致用,通过讲学和著述,培养了不少人才,从而为浙东诸学派的形成创造了条件。在他们的努力下,浙东学术改变了之前散点突进的面貌,而呈现为谱系式的传承。学术谱系实际上是一种学人共同体,其具备明确的学术渊源、相同的话语结构与知识体系、共同的价值观念,或可说它是通过家族承传和递相师授而形成的特定学缘群体。学术谱系可以追根溯源,不同代际的学人组成了可识别的共同体,承载着学术的传统,意味着学术的代际传承、接续探索,这是一个地域学术繁荣的重要标志。从北宋开始,浙东各地存在着无数学术谱

---

① [宋]吴处厚《青箱杂记》卷6,影印文渊阁《四库全书》本。

② 曹屯裕、怡江(张如安)《博纳兼容:浙东文化的恢宏品格》,《宁波大学学报》(人文科学版)2000年版第2期。

③ [清]全祖望《鲒埼亭外集》外编卷16《庆历五先生书院记》,见朱铸禹汇校集注《全祖望集汇校集注》中册,上海古籍出版社2000年版,第1037页。

系,有大有小,有隐有显,相互联络,彼此呼应,几个地缘相近的谱系合起来,便会构成一个地域的学术中心。谱系中的成员多从事于道艺的传授,故不同的谱系又会呈现出一个共同的学术面相,因此某个谱系即便断裂了,仍有其他的谱系相接续,从而保证了学术的连续性传承,一谱一系的断裂,并不意味着整体的断裂。浙东地域的学术谱系并非只用一家一派的学说来统一贯穿之,而是具有多元性、多色调性,因此,谱系传承的连续性同时也呈现为丰富多样性。自宋以来,浙东学者异口同声地强调为学要有"统绪"。如叶适说:"读书不知接统绪,虽多无益也。"①所谓"统绪",实即学术谱系。清初浙东学者邵廷采说:"孟子称'私淑诸人',其人不必过于后人,要其绵绵延延,寻已坠之绪于千百之什一,不可谓之无功。而天未丧文,应有杰者起当斯任。"②这正是浙东学术长期不败的一个奥秘。

程颢、程颐开创的理学学派洛学,先后传入浙东的温州和明州。永嘉九先生传承二程洛学之外,还兼传张载的关学。故全祖望说:"世知永嘉诸子之传洛学,不知其兼传关学。考所谓'九先生'者,其六人及程门,其三则私淑也。而周浮沚、沈彬老,又尝从蓝田吕氏游,非横渠之再传乎?⋯⋯今合为一卷,以志吾浙学之盛,实始于此。"③全祖望在此使用了"浙学"的概念,认为"浙学之盛"实始于永嘉"元丰九先生"。稍后,四明以陈禾、高闶为代表的洛学学者在理论上虽以绍述为多,但他们以义理解经,道德化、政治化的倾向非常突出。

南宋前期,史浩是一个值得关注的官僚学者。他高度重视道统,所作《别拟》一文,将宋代的治统接入道统,将道统与治统重新统一,为宋王朝统治的合法性大造舆论。史浩还选择《尚书》来阐发其德治主义的政治理想,为当前的政治服务。史浩第一次将"独尊儒术"四字连用,其所作《谢得旨就禁中排当札子》提出:"下陋释老,独尊儒术。"④故郑济洲认为:"'独尊儒术'在中国古代社会的

---

① [宋]叶适《水心文集》卷29《赠薛子长》,见刘公纯、王孝鱼、李哲夫点校《叶适集》第3册,中华书局2010年版,第607页。

② [清]邵廷采《思复堂文集》卷7《答陶圣俞书》,祝鸿杰校点,浙江古籍出版社1987年版,第324页。

③ [清]黄宗羲、全祖望等《宋元学案》卷32《周许诸儒学案》,见沈善洪、吴光主编《黄宗羲全集》第4册,浙江古籍出版社2005年版,第405页。

④ [宋]史浩《鄮峰真隐漫录》卷30,影印文渊阁《四库全书》本。

出现是与宋代儒家排佛抑老密切相关,而并非董仲舒提出的。"①检索大型电子古籍,史浩首先提出"独尊儒术"四字,后来无人再提。直到 1916 年,易白沙在《新青年》上发表《孔子平议》,始称汉武帝"罢黜百家,独尊儒术","独尊儒术"四字才为学界所熟知。

南宋中期,成熟形态的"浙东学术"正式崛起,文化区域亦随之形成。这与宋室南迁,两浙成为政治文化中心的环境密不可分。此前的浙东虽有学术,但学者各自雄长,尚不成派。至南宋中期,浙东地域才真正形成了自己的学术派别,即永嘉学派、金华学派、永康学派、四明学派,这四个流派各有自己的学术宗旨,又因地缘相近,相互联系、相互影响。清人全祖望将这几个学术派别概称为"浙学",今人亦有概括为"南宋浙东学派"者。方同义等指出:"'南宋浙东学派'这一概念之所以可以成立,还由于南宋浙东学者思想观点的大致统一和同气相求。严格地说,南宋初期浙东学者中的永嘉、永康、金华三地学者相互之间并无师承、统属的关系,这一点前人已经指明,如时人吕皓说:'东南之士,十有五五,各自雄长,有类乡村,团结保任,斩木截干,各自标号,而亡所统属。'这正反映了南宋初年浙东学派形成时期的状况。及至淳熙年间,陈亮之学鸣于世,与永嘉陈傅良及金华吕祖谦、唐仲友等人互相呼应,逐渐形成较为一致的学术趋向,南宋浙东学派逐渐成形,并走向成熟,在学术界和社会上产生巨大影响。"②其中以吕祖谦为代表的金华学派,博采众长,兼容并包。他们侧重于研究史学文献。以陈亮为首的永康学派,不愿随人牙后,侈谈性命,而是面向现实,打通历史、经义和事功,以此构筑自己的思想体系。陈亮提出"独明于事物之故",即寻求客观事物的内在规律。叶适继承发展了刘安上、薛季宣的思想,成为永嘉学派的集大成者。

南宋中后期,浙学与朱学、陆学鼎足而三,成为三个主要学术派别。其中陆九渊的弟子主要分布于江西槐堂和浙东四明。四明诸儒折服象山"发明本心"之说,并吸收事功等学派的优长,致力于对陆氏心学思想的阐发与扩展,颇有自

① 郑济洲《"规约君权"还是"支持专制"——重论董仲舒"推明孔氏,抑黜百家"》,载魏彦红主编《董仲舒与儒学研究》第 6 辑,巴蜀书社 2018 年版,第 128 页。按,《汉书·董仲舒传》仅言"推明孔氏,抑黜百家",《汉书·武帝纪》仅言"罢黜百家,表章六经",都不曾见"独尊儒术"的字眼。

② 方同义、陈新来、李包庚《浙东学术精神研究》,宁波出版社 2006 年版,第 6—7 页。

得之见,其成就超过槐堂诸儒。后人将四明诸儒视为象山学派的中坚力量。黄宗羲说:"陆子之在象山五年间,弟子属籍者至数千人,何其盛哉!然其学派流传偏在浙东。"①全祖望也说:"槐堂之学莫盛于吾甬上,而江西反不逮。"②陆九渊去世后,象山学派的重镇遂从江西转移到浙东,在宁波形成了一个心学派的基地。四明诸儒中影响最大的是杨简、舒璘、沈焕、袁燮,他们都是陆九渊、陆九韶的门人,合称"淳熙四先生"。其学术以陆学为主导,也兼采朱学、吕学、湖湘学。大致自"淳熙四先生"始,四明文化终于别开生面,获得了地域自立。直到晚宋,仍有"朱文公之学行于天下而不行于四明,陆象山之学行于四明而不行于天下"③的说法。

南宋后期,随着朱学被确立为官方正统思想,朱学在四明的影响日渐加深,并大有取代陆学之势,其中黄震、王应麟、史蒙卿等人对四明朱学的兴起发挥了重要作用,不过,他们的朱学仍融合了陆学的成分。元代史蒙卿是使四明地区朱学化的最重要推手。清代镇海人谢辅濂《上水横街史氏支谱序》中论及史蒙卿之作用时说:"朱学之盛于吾乡也,自静清始。杨、袁之学皆宗陆氏,故当时所传多陆学,朱学不甚行,流极既失,所以传陆子者,乃其所以失陆子也。自得静清而为之一变,更得二程本末不遗工夫有序之学,而深宁、东发后先兴起,朱学乃大昌于四明。是朱子之嫡传,即谓陆子之功臣可也。是吾乡学统之一大关系也。"④

历代学者公认浙东学术的精髓在于史学。浙东的学者往往是理学家兼史学家,故浙东史学并非孤立的存在,而是"有特定的学术思想所指导的史学"⑤。诚如清人章学诚所说:"南宋以来,浙东儒者,讲性命者,多攻史学,历有师承。宋明两朝,记载皆稿荟于浙东,史馆取为依据。"⑥南宋之世,浙东史学走向兴

---

① [清]黄宗羲、全祖望等《宋元学案》卷77《槐堂诸儒学案》,见沈善洪、吴光主编《黄宗羲全集》第6册,浙江古籍出版社2005年版,第36页。
② [清]黄宗羲、全祖望等《宋元学案》卷77《槐堂诸儒学案》,见沈善洪、吴光主编《黄宗羲全集》第6册,浙江古籍出版社2005年版,第34页。
③ [元]方回《桐江续集》卷三一《送家自昭晋孙自庵慈湖山长序》,影印文渊阁《四库全书》本。
④ 《鄞东上水横街史氏支谱》卷首,宁波市鄞州区图书馆藏本。
⑤ 蔡克骄、夏诗荷《浙东史学研究》,知识产权出版社2009年版,第3页。
⑥ [清]章学诚《章氏遗书》卷18《邵与桐别传》。

盛,史家辈出,著述丰富,体例繁杂,并初步形成了经世致用、重视文献的特点。其时四明地区史家辈出,促进了本地区史学的首次繁荣,黄震、高似孙、王应麟等是比较有名的史学家。金华吕祖谦主张经史并治、读史致用。他说:"学者当先治一经,一经既明,则诸经可触类而长之也。史当自左氏至《五代史》依次读,则上下首尾洞然明白。"①他这样教人读史:"人二三十年读圣人书,一旦遇事,便与里巷人无异,或有一听老成人之语,便能终身服膺。岂老成人之言过于《六经》哉!只缘读书不作有用看故也。"②鄞县人王应麟一生勤于著述,主要还是承传了朱学和吕学。王应麟虽然认同朱学,但其关注的重点已由思想的诠释转向思想的表达方式,从而促成了宋末朱学由思想向学术的转型。王应麟治学,尤长于考逸搜遗,故其学术著作,多为注疏、考辨、辑佚之类,善于熔文献学、考据学、目录学于一炉,其所凸显的考证方法,构成了有异于朱学的学术范式,并与吕学一脉相承。他反对穿凿,务求实证,强调汉代古文经学实事求是的实证学风,以纠正宋儒专重义理之偏,他明确提出:"事无实证,则虚理易差。"③主张将虚理与实证相统一,从而开清代重考据、重实证之风,他也因此被清代学者奉为考据学的先驱、文献派的鼻祖。还应注意的是,浙东史学家敬恭桑梓,重视乡土历史的研究。如史浩撰写了四明人物传赞,高似孙编纂了《剡录》,吴师道撰写了《敬乡录》,王应麟创作了《四明七观》,并撰写了一些考辨四明地理的文章,其弟子袁桷编纂了《延祐四明志》,这些学者关注乡土的著述风气,在明清两代得到了发扬光大,逐渐成为浙东史学的一大特色。

(三)明代浙东学术的主线

明立国后的百余年,即为儒学史上的"述朱期",形成了保守的学术氛围,程朱理学被统治者定于一尊之后,学者只能遵而行之。诚如《明史》所说:"原夫明初诸儒,皆朱子门人之支流余裔,师承有自,矩矱秩然。"④准确地勾勒出了明初

---

① [宋]吕祖谦《东莱文集》外集卷6《杂说》,影印文渊阁《四库全书》本。

② [清]黄宗羲、全祖望等《宋元学案》卷51《东莱学案》,见沈善洪、吴光主编《黄宗羲全集》第5册,浙江古籍出版社2005年版,第17页。

③ [宋]王应麟《困学纪闻》卷1《易》,栾保群等点校,上海古籍出版社2008年版,第88页。

④ [清]张廷玉《明史》卷282《儒林一》,中华书局1974年版,第7222页。

学术的面貌。明初方孝孺的学术传承自婺州学派。方孝孺虽然在政治上是失败者,但他以理学、文章著称当时和后世。在朱学范围内,方孝孺超越了"述朱"式的简单论述,在儒学思想上有一些新的创造,由此成为明代学术之祖。方孝孺著作集中反映了其"驾轶汉唐,锐复三代"的政治理想。在文化专制的时代,方孝孺标举豪杰人格,尤具特殊的意义。

十六世纪王守仁创立的阳明心学,主要内容为"心即理""致良知"和"知行合一",被人看做中国封建社会中世纪后期第一个初步成熟的近代启蒙哲学,它是整个中国哲学史发展的一个关节点。阳明心学具有十分重大的意义。王阳明着眼于"愚夫愚妇"而提出新的伦理标准,从而使新儒家的伦理走完了它的社会化历程,并在思想界掀起巨大的波澜,对中国封建社会后期异端思想的产生起到了启蒙和促进作用。明代科举兴盛,对史学的发展产生了负面影响。故黄宗羲《历代史表序》云:"自科举之学盛,而史学遂废。"①值得注意的是,王阳明提出了"五经皆史"的见解。在他看来,"以事言谓之史,以道言谓之经。事即道,道即事。《春秋》亦经,五经亦史。《易》是包牺氏之史,《书》是尧、舜以下史,《礼》《乐》是三代史。其事同,其道同,安有所谓异?"又说:"五经亦只是史。史以明善恶,示训戒。善可为训者,特存其迹以示法。恶可为戒者,存其戒而削其事以杜奸。"②明初儒者的史观大体上基于理学的理路,普遍认为史学地位当从属于理学。至王阳明心学史观一出,明儒的史观才别开生面。

王阳明在浙东的讲学活动,培养了一批弟子,形成了"浙中王门"一派。黄宗羲指出:"姚江之教,自近而远。其最初学者,不过郡邑之士耳。龙场而后,四方君子益进焉。郡邑以学鸣者,亦仅仅绪山、龙溪,此外则椎轮积水耳。吾越尚讲诵,习礼乐,弦歌之音不绝,其儒者不能一二数。"③浙中王门弟子声势颇盛,传承不绝。就连黄宗羲父亲黄尊素亦倾心阳明之学,他在《四书针》中讲"大学之道"时说:"是圣修第一关头,而有以良知提宗者,有以止修提宗者,虽是道学话,然叩得圣人真旨,即是学业的派,良知尚矣。近从止修者,亦不能不从知止。

① [清]万斯同《补历代史表》卷首黄宗羲序,影印文渊阁《四库全书》本。
② [明]王守仁《王文成全书》卷1《传习录上》,影印文渊阁《四库全书》本。
③ [清]黄宗羲《明儒学案》卷11《浙中王门学案》,见沈善洪、吴光主编《黄宗羲全集》第7册,浙江古籍出版社2005年版,第245页。

至谓本末始终，非结上文，乃是讨出《大学》真消息，与《中庸》知远之近至，可与入德矣。同一宗旨，壹是修身为本，应转物有本末，本是此等议论，却非旁门汉语。又谓此谓知本，知之至也。二句在经文末，此诚不传之秘。然程朱纂定，且误后学。"①他明确赞赏"以良知提宗"，反对"以止修提宗"，还批评"程朱纂定，且误后学"，黄尊素的心学立场由此昭然若揭。

晚明时士大夫间流行伪道学，山阴学者刘宗周指责他们"欺天罔人，无所不至"，"不识人间有廉耻事"。他研究了《大学》诚意之说，肯定诚意是《大学》的根本精神所在。他以此对王阳明"良知"学说提出了质疑："阳明子言良知，最有功于后学。然只是传孟子教法，于《大学》之说，终有分合。《古本序》曰：'《大学》之道，诚意而已矣。诚意之功，格物而已矣。格物之极，止至善而已矣。止至善之则，致良知而已矣。'宛转说来，颇伤气脉。"②刘宗周提出了以"独"为体的"慎独"说，对源自《中庸》的"慎独"思想做了系统的论证和发挥。"慎独"不仅是一种道德修养方法，更是"性体"。他说："圣学之要，只在慎独。独者，静之神、动之机也。动而无妄，曰静，慎之至也。是谓主静立极。"③又说："工夫只说个慎独。独即中体，识得慎独，则发即中节，天地万物在其中矣。"④他突破了前人对"慎独"的诠释，把"慎独"上升到本体的高度，以为"独之外，别无本体；慎独之外，别无工夫"，这是对阳明学说的修正和发展。在宇宙观上，刘宗周坚持气一元论，认为有是气斯有是理。他说："'一阴一阳之谓道'，即太极也。天地之间，一气而已，非有理而后有气，乃气立而理因之寓也。"⑤关于道与器的关系，他认为："器在斯，道亦在斯，离器而道不可见，故道器可以上下言，不可以先后言。"又说："道者，万器之总名，非与器为体也。"⑥黄宗羲高度评价了刘宗周的道器

---

① ［明］黄尊素《四书针·大学》，宁波天一阁藏孤本。

② 吴光主编《刘宗周全集》第 2 册《语类十·良知说》，浙江古籍出版社 2007 年版，第 317 页。

③ 吴光主编《刘宗周全集》第 2 册《语类十二·学言上》，浙江古籍出版社 2007 年版，第 361 页。

④ 吴光主编《刘宗周全集》第 2 册《语类十二·学言上》，浙江古籍出版社 2007 年版，第 382 页。

⑤ 吴光主编《刘宗周全集》第 2 册《语类七·圣学宗要》，浙江古籍出版社 2007 年版，第 230 页。

⑥ 吴光主编《刘宗周全集》第 2 册《语类十二·学言中》，浙江古籍出版社 2007 年版，第 408 页。

说,认为他解决了"千古不决之疑,一旦拈出,使人水融雾释"①。可以说,刘宗周的学说自成体系。他创立证人书院以传播其思想,产生了很大影响。他虽然没有自创学派的意图,但自称"蕺山之徒"者达300余人,因此他事实上开创了蕺山学派。

晚明时浙中王门一派传承不绝。刘宗周《会约书后》说:"吾乡自阳明先生倡道龙山时,则有钱、王诸君子并起为之羽翼,嗣此流风不绝者百年。"②邵廷采在《答陶圣水书》中亦说:"且吾越中自文成王子倡明绝学,横山、绪山、龙溪、彭山讲述兹土,泊于刘子集诸儒之成,流风余思,至今未歇。"③

(四)清代浙东学派

清代浙东学派学术群体以史学为最大特色,兼治经学、文学和自然科学,同时重视学术的经世致用价值。黄宗羲是清代浙东学派的开创者。他对明末空疏的学风深恶痛绝,尖锐地批评说:"明人讲学,袭语录之糟粕,不以六经为根柢,束书而从事于游谈。"④在反清复明无望后,他"厕身于儒林",致力于著书讲学。他学问渊博,研究领域极为广泛,著作宏富,至今可考者有100余种,其中最有影响的著作是富有民主启蒙精神的《明夷待访录》和具有开创意义的断代学术史专著《明儒学案》。《明夷待访录》对君主专制政权体制进行了系统批判,代表了中国古代民主思想的最高峰。《明儒学案》更是一部学术思想史的皇皇巨著,把有明一代学术发展的脉络清晰地梳理出来。它不仅是我国封建社会最早最完备的一部学术思想史著作,而且为中国史学创立了一种新生体——学案体。无论是《明夷待访录》还是《明儒学案》,思想与史总是血脉相连的,都体现了为时代服务的学术宗旨,体现了民主性和科学性的学术精髓。清代浙东学派虽然以史学闻名于世,但也兼治经学、哲学、文学和科学,并且卓有建树,主要代表人物有黄宗炎、黄百家、邵廷采、万斯大、万斯同、李邺嗣、邵晋涵、全祖望等。

---

① 陈乃乾编《黄梨洲文集·先师蕺山先生文集序》,中华书局1959年版,第348页。
② 吴光主编《刘宗周全集》第2册《语类十四》,浙江古籍出版社2007年版,第497页。
③ [清]邵廷采《思复堂文集》卷7,祝鸿杰校点,浙江古籍出版社1987年版,第324页。
④ [清]全祖望《鲒埼亭集》卷11《梨洲先生神道碑文》,见朱铸禹汇校集注《全祖望集汇校集注》上册,上海古籍出版社2000年版,第219页。

清代浙东学派以史学成就最为突出，他们倡导经世致用的史学。黄宗羲说："经术所以经世，方不为迂腐之学，故兼令读史。"①又说："学必原本于经术，而后不为蹈虚；必证明于史籍，而后足以应务。"②在治史的方法上，该派主张广搜博采，加以甄别，然后"正其是非"。在治史的范围上，除政治、学术史外，还旁及天文、历算、地理等学科，拓展了史学研究的广度和深度。在史的体例上，重视表、志。黄宗羲称赞万斯同补二十一史表"诚不朽之盛事"，其后补表、补志相继而作。万斯同是浙东学派中杰出的史学家。他认为，要继承黄氏学术，就要继承黄氏"儒者经纬天地"的经世致用思想，把历史研究与当世之务结合起来。万斯同的经世致用史学突出地表现在重视明史研究、重视历代典章制度研究、表彰宋明忠义之士三个方面。他继承黄宗羲的明史研究遗绪，以纂修明史、总结明朝灭亡的教训为己任。康熙十八年(1679)开明史馆，网罗天下学者，黄宗羲坚不出山，万斯同则秉师父之教，以布衣参史局，经过十多年的努力，终于主撰完成了《明史稿》。邵廷采深受黄宗羲的影响，专意于浙东学术思想流变的爬梳总结。他写出了《明儒王子阳明先生传》《明儒刘子蕺山先生传》《王门弟子所知传》《刘门弟子传》(传未成，仅有序)《姚江书院传》共五篇传记，首次勾勒出了浙东王学诸流派的脉系轮廓。邵廷采还撰写了《东南纪事》《西南纪事》，保存了重要的南明文献。全祖望为了续完黄宗羲始纂的《宋元学案》，旁搜史料不遗余力。他在黄尊素、黄宗羲父子残稿的基础上，完成了《宋元学案》100卷。《宋元学案》全书共有91个学案，全祖望创立的有45个，经其修补者有17个，体例臻于完善。王宇高评价说："全谢山之《宋元案》，先序录以揭大恉，次图表以清源流，次传略以著践履，次著述以昭学术，次考按注语以明辨得失，末附录以备参征，编次完整，最便披览。若黄梨洲之《明儒案》、唐镜海之《清案小识》，皆不能及也。"③他还整理了大量的南明文献，以传记的形式描画了明末志士仁人的群像。慈溪学者姜宸英在史学方面的主要成就，在于撰写了《明史·刑法

① [清]全祖望《鲒埼亭集》卷11《梨洲先生神道碑文》，见朱铸禹汇校集注《全祖望集汇校集注》上册，上海古籍出版社2000年版，第219页。

② [清]全祖望《鲒埼亭集外编》卷16《甬上证人书院记》，见朱铸禹汇校集注《全祖望集汇校集注》中册，上海古籍出版社2000年版，第1059页。

③ 王宇高著，王光庆、王振华、王振阳编《珠岩斋文集》卷7《书牍·与梁一圭书》，2017年自费刊印本，第211页。

志》，他以实录和众多野史为依据，钩沉索隐，重在突出明代刑法史自身的特点。《明史·刑法志》基本沿袭了姜宸英的原作，改动不大。邵晋涵主张史书语言"文质因事，纪载从实"，史书内容网罗放失，而不猎奇，反对记载荒诞迷信的内容，提倡以约驭博，自成一家。章学诚是我国古代史学理论的集大成者，撰有《文史通义》，提出"六经皆史"的命题。梁启超在《中国近三百年学术史》中说："清代史学界伟大人物，属于浙东产者最多。"①正因为清代浙东学派研治史学成绩斐然，遂堪与重考证的吴派、皖派鼎足而三，如钱穆所说："（黄梨洲）此种重现代、尊文献之精神，一传为万季野，再传为全谢山，又传为邵二云、章实斋。浙东史学，遂皎然与吴、皖汉学家以考证治古史者并峙焉。"②20 世纪 30 年代学者何炳松（1890—1946）在《浙东学派溯源·自序》中说："故刘宗周在吾国史学史上之地位实与程颐同为由经入史之开山。其门人黄宗羲承其衣钵而加以发挥，遂蔚成清代宁波万斯同、全祖望及绍兴邵廷采、章学诚等之两大史学系。前者有学术史之创作，后者有新通史之主张，其态度之严肃与理论之精当，方之现代西洋新史学之识解，实足竞爽。"③

与黄宗羲同时代的朱之瑜在留居日本后，揭开了他一生中最光辉灿烂的一页。他在日本历经 22 个春秋，哺育了满园桃李。朱之瑜是日本儒学转机的促成者，力矫性理学的空虚之弊，竭力宣扬为国计民生的实学，为社会改革服务，改造、陶铸和影响了日本的儒学，从而促成了日本学术界发生历史性的转机。在他的思想指导下，日本水户学派修纂成了第一部正史——《大日本史》。《大日本史》所蕴含的史学思想和政治思想，为日本社会的明治维新运动奠定了思想及理论基础。朱之瑜是日本维新致强的最有力导师，既是奠定日本明治维新思想的先驱，又是德川末期发动倒幕维新运动的日本水户学派的开山鼻祖。

清代浙东学派自是浙东学术的顶峰，但该派之外还有不少优秀的学者。如山阴张岱修史坚持"事必求真，语必务确"的原则，花 40 年时间编修完成《石匮书》。他在《越绝书小序》中说："忠臣义士多见于国破家亡之际，如敲石出火，一

---

① ［清］梁启超《中国近三百年学术史》（新校本），商务印书馆 2011 年版，第 114 页。
② 钱穆《中国近三百年学术思想史》上册，商务印书馆 1997 年版，第 35 页。
③ 何炳松《浙东学派溯源》，广西师范大学出版社 2004 年版，第 3 页。

闪即灭,人主不急起收之,则火种绝矣。"①他在此提出要急起收集民族危亡时期忠臣义士的英勇事迹,让史册留下他们的浩然"火种",并认为这是史家义不容辞的职责。

(五)近代浙东学术的转型

晚清时期,浙东学派衰落,而浙东文献考据学取得了相当高的成就。晚清以来浙东学人的治学风格与清代浙东学派不完全一致,但仍与清代浙东学派有着内在的渊源,同时又更多地受到乾嘉学派的影响。他们远承王应麟,近糅浙东学派与乾嘉学派,以文献考据之学为主,而又不丢弃经世致用的传统。这一派在宁波的代表人物是黄式三和黄以周父子、丁谦、徐时栋、董沛、陈汉章等人,在黄岩的代表人物有王棻等。

四明经学自嘉庆以来,吸收了乾嘉朴学的方法,擅长训诂、考订。慈溪时与兰(1788—1851)系全祖望之后四明地区的说经名家,其说经深受朴学的影响,重名物训释而轻义理阐释,引用文献较为广泛。如其《读诗备忘》诠释《诗经·小雅·小宛》之"螟蛉有子,蜾蠃负之"两句,引出了两种说法:一是扬雄等人之说,以为蜾蠃不产子,于是捕螟蛉回来当义子喂养;二是宋人范处义《解颐新语》之说,谓蜾蠃是寄生蜂,产卵在螟蛉的身体里,卵孵化后即以螟蛉为食物。时与兰用"此论格物可谓精矣"一句,表示对范处义格物之精的欣赏。时与兰《四书私考》亦显示了其对名物诠释的特别兴趣。大抵时与兰的诠释以引证文献广博取胜,却鲜有自己的独到发明。近代以来,鄞县人徐时栋(1814—1873)、定海人黄以周(1828—1899)等在经学研究上颇有佳绩,亦同样借径于乾嘉朴学。徐时栋的经学近于汉学一派,但他更为擅长的还是文献学、史学。宗源瀚《增设辨志文会序》云:"后来,徐柳泉亦渊雅赅博,镇海之刘氏、乐氏,慈溪之姜氏、裘氏,象山之姜氏,定海之黄氏,皆通经训,能文章,彬彬焉不愧儒林之选。而议者乃谓今之甬士不能如昔。"②宗源瀚此文作于光绪五年(1879),时宁波经学已有衰落之势,只有黄以周的礼学研究尚能独撑局面。黄以周撰《礼书通故》100卷,考释中国古代礼制、学制、田赋、乐律之类,博赡精审。他治礼以实事求是为宗旨,

---

① [明]张岱《琅嬛文集》卷1,岳麓书社2016年版,第17页。

② 宗源瀚《增设辨志文会序》,《申报》1879年2月18日。

超越乾嘉以来汉宋门户之争,不仅登上了清代礼学研究的巅峰,且培养了一批新礼学的研究人才。稍后于黄以周的温州瑞安学者孙诒让(1848—1908),在传统学术的各个领域都有建树,所著《周礼正义》《墨子间诂》等,爬梳校勘,纠谬匡正,享有盛誉。

晚清浙东学者对西学兴趣大增,开始了对近代哲学的介绍和研究。光绪二十八年(1902),蔡元培为麦鼎华译自日文的《中等伦理学》作序,呼吁建立近代伦理学。光绪三十四年(1908),周树人发表了《摩罗诗力说》,阐发了他的美学思想。宣统元年(1909),蔡元培翻译出版德国人泡尔生(F. Paulsen)的《伦理学原理》,产生了很大的社会反响,毛泽东就曾从蔡氏所译此书中"得了很大的启示"①。次年,蔡元培出版《中国伦理学史》,这是我国一部运用西方新思想、新方法研究传统伦理学的名作。

随着近代社会的发展,民众提出了文字改革的要求。光绪十八年(1892),平阳人宋恕著《六字课斋卑议》,从"便民识字"的角度出发,在中国最早提出文字改革建议。宋恕还草拟了"切音文字"方案,但未及完稿而去世。光绪二十九年(1903),陈虬在浙江最早公布了"切音文字"方案。同年,孙诒让撰《名原》两卷,推动了古文字学的创立。

民国时期鄞县人张寿镛以约园藏书为基础,有计划地对四明历代文献进行编目、搜集和整理。1930年起,张寿镛开始就所藏地方文献进行《四明丛书》10集的编刊工作。《四明丛书》虽仅出版了8集,但其规模宏大,引起了国内外学者的关注。《四明丛书》在编纂上具有鲜明的特点,首先是著录翔实严谨,具有较高的学术水平;其次是继承了黄宗羲、全祖望等人的学术传统,汲汲于表彰忠义气节,收录了大量易代之际忠义可表的文献;最后是弘扬学术,借助于这部丛书,人们可以大致勾勒出四明学术的流变、风貌,使"浙东之学彪炳于瀛寰,矜式于全国"②。可以毫不夸张地说,张寿镛继承了浙东学术的优良传统,对四明文献做出了集大成式的整理和总结,堪称浙东文献派的殿军。

---

① 周天度《蔡元培传》,人民出版社1984年版,第41页。

② 张寿镛《四明丛书第一集序》,《文澜学报》1935年第1期。

二、浙东学术的精神向度

浙东学术之所以备受瞩目,在于出了许多一流的学人。自东汉以来,浙东出了不少全国知名的、走在时代最前沿的一流学人,在理学、教育等领域常处于领先地位。特别是自南宋以来,浙东形成了全国一流的浙东学派。明清中国学术史上的几个坐标点,都是浙东学人开创的。浙东学术的魅力就在于它时常处于时代的最前沿位置。何炳松说:"著者的愚见以为我们要研究中国史学史必须研究中国学术思想史;要研究中国学术思想史必须研究浙东学术史。"①浙东学术具有一脉相承的治学风格,章学诚撰《浙东学术》说:"知史学之本于《春秋》,知《春秋》之将以经世,则知性命无可空言,而讲学者必有事事,不特无门户可持,亦且无以持门户矣。浙东之学,虽源流不异,而所遇不同。故其见于世者,阳明得之为事功,蕺山得之为节义,梨洲得之为隐逸,万氏兄弟得之为经术史裁。"②浙东学术所显现的内在精神向度乃是山海文化性格使然。

(一)经世致用

浙东学术向以求真务实、经世致用为宗旨。"经世致用"四字连用,最初见于明叶向高《纲鉴臆编序》:"真史学之捷径,而经世致用者之准绳也。"③清初,经世致用演变为一种思潮。如关中学者孙奇逢说:"诵诗读书,所以经世致用。"④所谓经世致用,就是反对学术研究脱离当前的社会现实,而主张直面现实,把学术研究与现实的政治联系起来。学者通过解释古代经史典籍,发挥自己的学术见解,并用于改革社会,以求达到国治民安的实效。"经世致用"四字虽然比较晚出,但其思想精神早已存在于中华学术之中,成为中华学术最为重

---

①　何炳松《浙东学派溯源》,广西师范大学出版社 2004 年版。

②　[清]章学诚著、吕思勉评《文史通义》卷 5《浙东学术》,上海古籍出版社 2008 年版,第 169—170 页。

③　[明]叶向高《苍霞余草》卷 5,明万历刻本。

④　[清]孙奇逢《四书近指》卷 10《诵诗三百章》,影印文渊阁《四库全书》本。

要的精神支柱。

学以致用,是先秦孔派儒学的传统。汉代的王充大力批判浮妄虚伪之学,要求务实诚、重实效。他主张文章应该"为世用",即发挥其社会道德功用,反对片面追求文丽辞巧。宋代兴起的新儒学(即理学)在一定程度上抛弃了为世用的传统,其末流专讲道德性命、修身养性,不务实际。中原儒学进入浙东地区之后,浙东原有的文化得到了改造,浙东的士人群体愈益壮大,他们崇尚德操、信义,崇实耿直,讲求实效实功,倡导经世致用。南宋时浙东学派学者大力提倡"有用之学""实用之学",致用于实际事功,致用于化民成俗,充分体现了经世致用的学术精髓。如吕祖谦主张治经史以致用,反对当时的理学家奢谈心性命理的空疏之学。他批评说:"今人为学,多尚虚文,不于着实处下工夫,到临事之际,种种不晓,学者须当为有用之学。"①他还在《太学策问》中主张:"讲实理、育实材而求实用。"②永嘉学派的陈傅良、叶适和永康学派的陈亮,把经世致用之学与功利之学结合起来,对理学的空谈展开了猛烈的批评。经世致用是诸多历史时期的一种全国性的、普遍性的思潮,并非浙东文化所特有,但浙东文化的经世致用品性自有其特点。浙东学人倡导的经世致用,建立在理学—心学的基础之上,并以实学为依托,走的是从内圣到外王的路子。这与北学不大重视内圣,直接从外王、致用上下功夫颇有不同。故清人章学诚说:"天人性命之学,不可以空言讲也,故司马迁本董氏天人性命之说而为经世之书。儒者欲尊德性,而空言义理以为功,此宋学之所以见讥于大雅也。"③他所说的"宋学",脱离人事而别求所谓义理,实相对于浙东学术而言,而浙东之学则不然,"言性命者必究于史,此其所以卓也"④。

明代浙东阳明学者,主于经世者亦不乏人。如山阴王畿说:"夫儒者之学,务于经世,但患不得其要耳。……儒者有用之学,良知不为空言也。"⑤又说:"儒者之学,务于经世,学不足以经世,非儒也。吾人置此身于天地之间,本不容以退托,其曰'为天地立心,为生民立命',固儒者经世事也。然此非可以虚气承

① [宋]吕祖谦《左氏传说》卷5,影印文渊阁《四库全书》本。
② [宋]吕祖谦《东莱文集》卷5,影印文渊阁《四库全书》本。
③ [清]章学诚《文史通义》卷5《内篇五》,上海古籍出版社2008年版,第169页。
④ [清]章学诚《文史通义》卷5《内篇五》,上海古籍出版社2008年版,第169页。
⑤ [明]王畿《阳明先生年谱序》,见吴震编校整理《王畿集》,凤凰出版社2007年版,第340页。

当、空言领略，要必实有其事矣。欲为天地立心，必其能以天地之心为心；欲为生民立命，必其能以生民之命为命。"①王畿等学者为了践履良知之学，还成立了小蓬莱会。王畿记载说："越中旧有小蓬莱会，大都士君子立身天地间，出与处而已。出则发为经纶，思行其所学，以兼善天下；处则蕴为康济，思善其身，以先细民，未尝无所事事。若惟借冠裳、假面貌、轻肥荡恣，役役终身，甘与草木同朽腐，名为士流，实则凡夫之不如也，可耻孰甚焉。"②余姚黄尊素"以开物成务为学，视天下之安危为安危。苟其人志不在宏济艰难，沾沾自顾，拣择题目以卖声名，则直鄙为硁硁之小人耳"③。他们都有明确的经世之志。

明末清初学者朱舜水由"实理""实用"而倡"实学"，主张"学务适用"。他说："为学当有实功，有实用。"④重在用与功，而言高言远、高谈性命乃是不切实用、实功之学。舜水所谓实用、实功的内涵，是指"经邦弘化、康济艰难"的事功之学，即经世致用、强国利民之学。舜水认为不务实学，就是抽掉了儒者之道的灵魂和精神。

清代浙东学术主于经世，有实学的特征。徐乾学《横山文钞序》云："东浙之士，类崇实学，可敬也夫。"⑤点出了浙东学者"类崇实学"的特征。清初浙东学派即以崇尚经世致用的实学著称。黄宗羲倡导"经天纬地"的"儒者之学"，他说："道无定体，学贵适用。奈何今之人执一以为道，使学道与事功判为两途。事功而不出于道，则机智用事而流于伪；道不能达之事功，论其学则有，适于用则无；讲一身之行为则似是，救国家之急难则非也，岂真儒哉？"⑥很显然，他所说的"学贵适用"，指的是学道必须与事功相统一，批判了鄙视经世才能，不关心社会变革的空疏学风。邵廷采深信"儒者之学，固以经世务为验"，王阳明即为"儒者经纶无施不可"的榜样，而王阳明之所以能做到这一点，"盖皆其学之厚积

① [明]王畿《王瑶湖文集序》，见吴震编校整理《王畿集》，凤凰出版社 2007 年版，第 350 页。

② [明]王畿《云间乐聚册后语》，见吴震编校整理《王畿集》，凤凰出版社 2007 年版，第 414 页。

③ [清]黄宗羲《明儒学案》卷 61《东林学案四·忠端黄白安先生尊素》，见沈善洪、吴光主编《黄宗羲全集》第 8 册，浙江古籍出版社 2005 年版，第 864 页。

④ [明]朱舜水著、朱谦之整理《朱舜水集》卷 11《答小宅生顺问》，中华书局 1981 年版，第 406 页。

⑤ 《慈溪横山裘氏宗谱》卷 20《艺文》，宁波市档案馆藏本。

⑥ 陈乃乾编《黄梨洲文集·姜定庵先生小传》，中华书局 1959 年版，第 77 页。

有以发之"。① 因此邵廷采早年即有意天下之事，考索历朝治国方略甚勤，准备了许多有裨致用的历史知识。他认为治史应立足于鉴古知今，以救时弊，故其所著论、略诸篇，远溯原委，详述流变，旨在明辨当世举措的得失，谋求利民益邦的措施。邵廷采晚年完成《治平略》12篇，计分田赋、户役、国计、农政、仓贮、水利、盐法、钱币、关市、刑律、弭盗、河防等12略，又有《史略》6篇，计分治体、兵制、宦侍、海防、太学、州郡等6类，都是以述史（重点还是总结宋明历史）的形态从各个方面阐述自己的政治、经济、军事等思想，核心在于复封建、行井田、改学校，带有理想化色彩。邵廷采自称"吾之所论，未必遂可施行；而今所难行，又未必不可施于后"②，他将自己思想的施行寄托于未来。万斯同在致其侄万言的信中说："今之学者，其下者溺志于诗文，而不知经济为何事；其稍知振拔者，则以古文为极轨，而未尝以天下为念。其为圣贤之学，其又往往疏于经世，以为粗迹而不欲为。于是学术与经济遂判然分为两途，而天下无真儒矣，无善治矣。岂知救时济世固孔孟之家法。因谓天果有意生民，异日法治必当大变，苟无人起而任之，将何以承天而救民？"③万斯同要求学术以救时济世，批判学者"溺志于诗文"，而"疏于经世"。章学诚撰《文史通义》，在总结"浙东学术"时说："史学所以经世，先儒以为其功莫大于《春秋》，正以切合当时人事耳。"他批评后世之著述家"舍今而求古，舍人事而言性天"④，丢弃了史学经世的宗旨。学术如果不用来经世，就同"雕龙谈天之学"，虽极精能，而无当于实用。

黄岩人王舟瑶（1858—1925）在清末被聘为京师大学堂师范馆经史教习，为向学生讲授经学，特地编写了《京师大学堂经学科讲义》，成为我国近代经学史上的首出之作。他在自序中张扬了通经致用的旗帜："奋爱国之热诚，明合群之公理，以德育为本，以智育、体育为辅，共矢如伤之志，各成有用之材。"他在讲义中提出学习经学史是出于对现世社会的关怀，是为了变革社会、自强不息，而不是像乾嘉学派那样斤斤于名物制度的考据。为此他特设"通变篇"与"自强篇"，

① ［清］邵廷采《思复堂文集》卷1《明儒王子阳明先生传》，祝鸿杰校点，浙江古籍出版社1987年版，第17页。
② ［宋］邵廷采《思复堂文集》卷6《治平略自序》，祝鸿杰校点，浙江古籍出版社1987年版，第306页。
③ ［清］万斯同《石园文集》卷7《与从子贞一书》，《四明丛书》本。
④ ［清］章学诚《文史通义》卷5《内篇五》，上海古籍出版社2008年版，第170页。

以欧美诸国改革的成败经验来阐发《周易》所具有的改革含义,诠释了经典的当代价值,不仅受到学生的欢迎,也直接影响了皮锡瑞、刘师培的经学史写作。[①]

(二)标举豪杰

要实现经世致用的学术宗旨,需要有绝大的魄力和手腕,这不是所谓的纯儒所能完成的。浙东学者大力标举豪杰,这是其山海文化性格使然。浙东学者内蕴的刚健骨气,促使他们向往豪杰,对豪杰精神情有独钟。

先秦时期,儒家孟子便自觉地关注豪杰。孟子说:"待文王而后兴者,凡民也;若夫豪杰之士,虽无文王犹兴。"孟子观察到一般的人才,非靠背景、靠别人提拔不行,这就是"凡民";而真正的英雄豪杰,无论在任何环境之下,都能凭借自己的才识站起来。孟子虽然将以文王为典型的圣人人格与豪杰、凡民进行了区分,但也暗示了圣人与豪杰之间的某种联系。"凡民"与"豪杰"代表了两种不同的人格类型,孟子更欣赏的是后者。然而,自孟子后,"豪杰"一词在儒家学者中隐而不显,至宋代才又被凸显出来。朱熹诠释《孟子》中的"豪杰"一词,谓为才德出众之称,言其能自拔于流俗人。陆九渊已然提出由豪杰而圣贤之路,《象山语录》卷三举朱熹之语云:"豪杰而不圣人者有之,未有圣人而不豪杰者也。"但这种理论并不为黄震所认可。

宋代浙东学术崇尚功利,尤其倡导豪杰,这其实也是浙东人士内蕴的刚强之气的时代变异。浙东学者最崇尚豪杰精神。豪杰是社会的精英,是有主体意识、有责任感的国家栋梁。豪杰精神一直是浙东学者追求的理想人格。永嘉学派的学者不约而同地标举豪杰。被陈襄视为豪杰的王开祖,学宗孟子,明确主张:"胶柱不能求五音之和,方轮不能致千里之远,拘庸庸之论者,无通变之略,持规规之见者,无过人之功。"[②]他要求在思维上打破"庸庸之论""规规之见"的陈旧框架,追求"通变之略""过人之功",这无疑是古老的豪杰精神的重新显露。郑伯熊、郑伯英并为豪杰之士,叶适更是用了鲜见的"儒豪"一词,称"自二郑公

---

① 参见陈居渊《一篇被遗忘的经学史讲义》,《中国社会科学报》2017 年 4 月 11 日。
② [宋]王开祖《儒志编》,影印文渊阁《四库全书》本。

后,儒豪接踵,而永嘉与为多"①。事功派代表陈亮也是再三致意于豪杰。其《龙川集》中运用"豪杰"一词多达 44 处,其中"英雄豪杰"连用者达 12 处。陈亮追求"推倒一世之智勇"的"豪杰",反对"守规矩准绳而不敢有一毫走作"的儒者。他在《上孝宗皇帝第一书》中说道:"臣不佞自少有驱驰四方之志,常欲求天下豪杰之士,而与之论今日之大计。"②他倡导的豪杰人格乃是外王与内圣统一起来的理想人格。四明一地的学风虽然与事功派差别较大,但也屡屡标举豪杰。史浩眼中的豪杰,则是正心诚意的士君子,他说:"若夫豪杰之士,虽无文王犹兴,则正心诚意,自求多福,所谓无不自己求之者,非为凡民道,为士君子言也。"③豪杰既然是士君子,则其终身努力奋斗的目标即为行道。故心学家袁燮在《丰清敏公祠记》中云:"行天下之大道,立天下之大节,惟豪杰之士能之。盖豪杰之士天资高,学力固,不为世俗气味之所诱怀,此所以甚异于常人也。"④他们所标举的豪杰,更多了几分儒家伦理色彩。至于楼钥在《代上吕镇江启》中说"叔世所艰,不有豪杰之人,孰振颓靡之俗"⑤,乃是希望用豪杰之人来挽救颓靡之俗。

明初学者方孝孺,屡屡使用"豪杰"一词,仅以影印文渊阁《四库全书》本《逊志斋集》统计,用"豪杰"一词计 42 次,仅次于其老师宋濂《文宪集》的 49 次。从语境看,方孝孺无一处将"英雄豪杰"连用,在《祭王博士》一文中将"圣贤豪杰"连用,其余都是"豪杰"单用,其中"豪杰之士"出现 23 次,将"凡民"与"豪杰"对举者,仅见《核玷赋》一处。宋濂的"豪杰"含义多指才智勇力出众的人,而方孝孺的豪杰在内涵上道德色彩更重。如其《答俞景文》云:"古之传世者,虽不可胜举,而其大较皆豪杰之士,道德充溢于中,事功见于当时,为天下所仰服,故其余言绪论之所及,无意于传而后世自传之。"⑥《与郑叔度八首》云:"豪杰之士修于众人之中,混于陇亩之间,忽然行于世,则德被生民,著之书则泽流于后世,岂务

---

① [宋]叶适《水心文集》卷 12《归愚翁文集序》,见刘公纯、王孝鱼、李哲夫点校《叶适集》第 3 册,中华书局 2010 年版,第 217 页。

② [宋]陈亮《龙川集》卷 1,影印文渊阁《四库全书》本。

③ [宋]史浩《尚书讲义》卷 12,《四明丛书》本。

④ [宋]袁燮《絜斋集》卷 9,影印文渊阁《四库全书》本。

⑤ [宋]楼钥《攻媿集》卷 65,影印文渊阁《四库全书》本。

⑥ [明]方孝孺《逊志斋集》卷 11,影印文渊阁《四库全书》本。

自耀哉?"①又在《刘樗园先生文集序》中说:"学术视教化为盛衰,文章与学术相表里,豪杰之士固不待教化而后知也。"②方孝孺心仪的"豪杰",主要强调其"立德宏而成功大"③的一面。豪杰具有在学术上挽回颓澜、开创新局的魄力。如《答刘子传》云:"自朱子殁,斯道大坏,彼见吾无人,是以滋肆。当今之世,非大贤豪杰不足振起之。"④《送平元亮赵士贤归省序》云:"古之人所学者道,今之人以道为不必知也。当今之世,非豪杰之才恶能救之乎?"⑤他竭力呼唤豪杰之士重振斯道。

王阳明从地域上强调:"吾越多豪杰之士,其特然无所待而兴者,为不少矣,而亦容有蔽于旧习者乎? 故吾因诸君之请而特为一言之。呜呼! 吾岂特为吾越之士一言之而已乎?"⑥在政治上,王阳明同样呼唤豪杰之士,目的是改良政治。王阳明认为,在国家危难之际,需要豪杰四起,发谋协力。在边方绝域使用人才的问题上,王阳明呼吁破例启用豪杰可用之人。为了清除政治上的积弊,他要求朝廷"罢出奸谀,以回天下豪杰之心"⑦。在学术上,王阳明呼唤豪杰之士,以共襄圣学。在他眼里,学术是豪杰独立意识与人格的精神支柱,没有学术的支撑,豪杰也无从谈起。他热切地呼唤豪杰之士勇担学术重任:"今诚得豪杰同志之士,共明良知之学于天下,使天下之人皆知自致其良知,一洗谗妒胜忿之习,以跻于大同,则仆之狂病,固将脱然以愈,而终免于丧心之患矣,岂不快哉!"⑧

浙东学者还用豪杰精神来解释文化的创造现象。方孝孺《成都杜先生草堂碑》云:"士之立言为天下后世所慕者,恒以蓄济世之道,绝伦之才困不获施,而于此焉寓之。故其气之所至,志之所发,浩乎可以充宇宙,卓乎可以质鬼神,非若专事一艺者之陋狭也。荀卿寓于著书,屈原寓于《离骚》,司马子长寓于《史

① [明]方孝孺《逊志斋集》卷10,影印文渊阁《四库全书》本。
② [明]方孝孺《逊志斋集》卷12,影印文渊阁《四库全书》本。
③ [明]方孝孺《逊志斋集》卷14,影印文渊阁《四库全书》本。
④ [明]方孝孺《逊志斋集》卷11,影印文渊阁《四库全书》本。
⑤ [明]方孝孺《逊志斋集》卷14,影印文渊阁《四库全书》本。按,据正文,"平"当作"车"。
⑥ [明]王守仁《王文成全书》卷7《重修山阴县学记》,影印文渊阁《四库全书》本。
⑦ [明]王守仁《王文成全书》卷7《奏闻宸濠伪造檄榜疏》,影印文渊阁《四库全书》本。
⑧ [明]王守仁《王文成全书》卷2《答聂文蔚》,影印文渊阁《四库全书》本。

记》,当其抑郁感慨无以泄其中,各托于言而寓焉,是以顿挫挥霍,沉醇宏伟,雷电不足喻其奇,风云不足喻其变,江海不足喻其深,卒之震耀千古而师表无极。"①方孝孺这段文字虽然没有提到"豪杰"一词,但指出了士之气和志必有所寓,这对清初的黄宗羲大有启发。黄宗羲倡导的"豪杰精神"更突出其文化创造精神,他指出凡属民族文化各个领域的伟大创造,都是历代"豪杰精神之所寓"的结果。他呼吁人们"立志为豪杰",并强调:"天生豪杰,为斯世所必不可无之人,本领阔大,不必有所附丽而起。一片田地,赤手可以制造,无论富贵与不富贵,皆非附丽也。"②他宁可做赤手制造的豪杰,也不愿做附丽而生的凡民。黄宗羲在为朋友靳治荆的诗集所作序言中说:"从来豪杰之精神,不能无所寓。老、庄之道德,申、韩之刑名,左、迁之史,郑、服之经,韩、欧之文,李、杜之诗,下至师旷之音声,郭守敬之律历,王实甫、关汉卿之院本,皆其一生之精神所寓也。苟不得其所寓,则若龙挐虎跛,壮士囚缚,拥勇郁遏,垒愤激讦,溢而四出。天地为之动色,而况于其他乎!"③黄宗羲认为,"从来豪杰之精神"一定会通过各种形式在各个领域表现出来,哲学、政治、科学、文艺等各个领域的杰出成果都是豪杰精神之寄寓。如果豪杰精神不得其所寓,则必然诱发出激烈的反抗、挣扎和冲突,找到发泄其"不平"的出路,整个天地也要为之动色。

(三)博纳兼容

浙东学者善于吸纳古今中外一切有益的知识,不断地充实自己,形成"博闻贯穿"的知识结构。早在东汉,王充就博采古今,广泛地汲取先秦以来各家各派的思想及自然科学知识,成为东汉最渊博的学者之一。他不屑于做一个儒生,而以通人自居。以《论衡》一书观之,王充确实贯彻了博通古今、广采众家、自成一家的治学精神。"风光八朝"的余姚虞氏家族中的虞翻、虞喜、虞世南,均以博洽旁通闻名当世。南宋时代,"博闻贯穿"逐步形成为浙东的优良学风。如

---

① [明]方孝孺《逊志斋集》卷22,影印文渊阁《四库全书》本。
② [清]黄宗羲《陈夔献五十寿序》,见沈善洪、吴光主编《黄宗羲全集》第10册,浙江古籍出版社2005年版,第681页。
③ [清]黄宗羲《靳熊封诗序》,见沈善洪、吴光主编《黄宗羲全集》第10册,浙江古籍出版社2005年版,第62页。

金华唐仲友肆力于学,"上自象纬、方舆、礼乐、刑政、军赋、职官,以至一切掌故,本之经史,参之传记,旁通午贯,极之茧丝牛毛之细,以求见先王制作之意,推之后世,可见之施行"①。苏天爵亦说:"昔宋南迁,浙东之学以多识为主,贯串经史,考核百家,自天官、律历、井田、王制、兵法、民政,该通委曲,必欲措诸实用,不为空言。"②吕祖谦以恢宏的气度力克各学派的门户之见,采取"泛观广接""未尝倚一偏、主一说"的态度。清代余姚学者邵廷采认为道之不明的根本原因在于割裂学术,他说:"夫设一格以名儒者,距千百世之英杰于理学心性之外,道之所以不行不明,盖为此也。"③他认为仅仅以理学心性为儒者之学是没有出路的。全祖望力主荟萃百家之言,反对"墨守一家坚僻之学"④,倡导为学要有大儒的兼容气度,不可效仿陋儒的"门户相攻"。他把"去短集长,不名一师"⑤作为大儒的必备素质,同时又强调不要一味采取"拿来主义",对于任何学派和学说,还有个"善学"和"善用"的问题,"采其醇而略其疵",即充分地择取和接受有效的文化信息才称得上善学;"学贵自得","和同受益",能在多元借鉴、综合吸收的基础之上熔炼出富有创见的成果,才称得上善用。浙东学者具有鲜明的会通意识,但会通并非杂糅,而是有自己的学术宗主和归宿。故全祖望《淳熙四先生祠堂碑文》说:"淳熙四先生者出,大昌圣学于句余间,其道会通于朱子、张子、吕子,而归宿于陆子,四明后进之士方得瞭然于天人性命之旨。四先生之为海邦开群蒙者,其功为何如哉?"⑥黄宗羲明确主张治经应该"会众以合一",反对以一先生之言为标准。浙东学者虽然倡导会通,但也充分认识到会通并非一件

---

① [清]黄宗羲、全祖望等《宋元学案》卷 60《说斋学案》,见沈善洪、吴光主编《黄宗羲全集》第 5 册,浙江古籍出版社 2005 年版,第 355—356 页。

② [元]苏天爵《滋溪文稿》卷 9《元故翰林侍讲学士、知制诰、同修国史、赠江浙行中书省参知政事袁文清公墓志铭》,影印文渊阁《四库全书》本。

③ [清]邵廷采《思复堂文集》卷 7《答蠡县李恕谷书》,祝鸿杰校点,浙江古籍出版社 1987 年版,第 318 页。

④ [清]全祖望《鲒埼亭集外编》卷 27《跋卫栎斋礼记集说》,见朱铸禹汇校集注《全祖望集汇校集注》中册,上海古籍出版社 2000 年版,第 1277 页。

⑤ [清]全祖望《鲒埼亭集》卷 24《明太保倪文正公祠堂碑铭》,见朱铸禹汇校集注《全祖望集汇校集注》上册,上海古籍出版社 2000 年版,第 441 页。

⑥ [清]全祖望《鲒埼亭集外编》卷 14,见朱铸禹汇校集注《全祖望集汇校集注》中册,上海古籍出版社 2000 年版,第 1002 页。

容易之事,全祖望曾慨叹:"甚矣夫会通之难也。"①总之,浙东学者较少门户之见,既主张博纳兼容,又强调独探微言,学有宗主,且不落窠臼,故能在糅合陆学、朱学、事功学的基础上形成自己鲜明的学术风格。

(四)批判创新

浙东学者多以道自任,执道以衡世,天然地铸就了一股子批判精神。浙东学者不满于旧思想、旧观念、旧秩序,他们敢于怀疑现状,将批判的笔触伸向各个领域。如东汉时期,"伪书""俗文"流行,其间充斥着从谶言和神学中引申出来的虚妄内容。王充高举"疾虚妄"的大旗,对神学经学、谶纬迷信进行了大扫荡。他批判的领域十分广泛,在浙东思想史上树立了一座丰碑。

南宋以来的浙东学者,善于批判,勇于批判,他们以任道为依托,大胆横议,呈现出典型的批判精神、批判性思维。如王柏是南宋疑经派的卓越代表,他批评汉唐诸儒泥古护短,对《尚书》和《诗经》这两部儒家经典公开质疑,认为它们是被汉儒"伤残毁裂"的"不完之经",指出其中多错简。王柏的激进言论,客观上动摇了儒家经典的权威,引起了后世一些儒者的强烈不满,指责其妄议大经大法,是异端邪说。浙东学者认为道统高于治统,自以为道统在握,以道作为裁量是非的武器,往往不惜代价地批判现实政治的专制腐败。浙东学者明白批判政治具有相当大的风险,他们的批判策略往往是借三代之治批判后世政治。儒家学者设定以三代为最高理想政治范型,这赋予了他们一种俯视的姿态,在议论三代之后的现实政治时,其能够表现出堂堂正正的批判勇气。方孝孺认为秦代废除仁义礼乐,遂成社会历史转折点。他说:"及秦废礼乐仁义而不修,尽举三代为治之器焚之,而用其刚虐私刻之法,以挟制黔首,犹以为未足,复使黔首皆以吏为师,而习其所为。故方其盛时,闾阎山谷之民岌岌不敢出气,及其衰也,一旦发愤奋起,以戕其君,亦何其易哉!用无其器,上下相猜,而不足以成治功,无怪其然也。自秦以后称治者,惟汉与唐宋,其所为虽过于秦,然或以小慈为仁,或以似正为义,或饰繁文以为礼乐,其器不良,欲以致三代之盛,终不可得

---

① [清]全祖望《鲒埼亭集外编》卷23《春秋辑传序》,见朱铸禹汇校集注《全祖望集汇校集注》中册,上海古籍出版社2000年版,第1179页。

矣。"①面对严峻的政治现实,方孝孺大胆地拈出"君职"一题,对君臣关系进行了深刻的反思。方氏替皇帝明白规定了"养民"的职责,并暗示皇帝若不尽职,便应当受到严重的惩罚。这是自从孟子死后千有余年所仅见的政治主张,在中国政治思想史上具有重要意义。他说:"天之立君也,非以私一人而富贵之,将使其涵育斯民,俾各得其所也。"②又说:"天之立君,所以为民,非使其民奉乎君也。……位乎民上者当养斯民。……固其职宜然耳;奚可以为功?……如使立君而无益于民,则于君也何取哉?……臣不供其职,则君以为不臣;君不修其职,天其谓之何?……抑将怒而殛绝之耶!"③方孝孺在宋儒以君道立说之外,公然拈出具有制度操作性意义的"君职"进行专题讨论,在中国的政法思想史上也算是一个重要突破,启发了清初黄宗羲的君臣观。黄宗羲《明夷待访录》的可贵之处在于揭露了历来封建君主的自私,揭露了君主专制制度实为一切罪恶之根源,指出君主为"天下之大害",他们取得帝位前"不惜屠毒天下之肝脑,离散天下之子女",取得帝位后又"敲剥天下之骨髓,离散天下之子女",以"奉我一人之淫乐"。黄宗羲的这些"横议"振聋发聩,成为中国近代反对封建专制的先声。

浙东学者立足于实学,在学术上勇于批判虚浮的学风。邵廷采不满于近世儒臣的作为,指责说:"大抵近世儒臣,褒衣博带以为容,而究其日用,往往病于拘曲而无所建树;博览洽闻以为学,而究其实得,往往狃于见闻而无所体验。"他要求讲明"真儒之有用,而不安于拘曲。……实学之自得,而不专于见闻。"④邵廷采在《学校论》中说:"学术至孔、孟、程、朱,无以复尚,而不意人心之伪,即流伏于孔、孟、程、朱之中。其平居,则言与行相背;及入仕而临政,自养与用相违。举夫言语、政事、德行、文学,罔不歧为二。"⑤王汎森认为:"'人心之伪,即流伏于孔、孟、程、朱之中',是极不寻常的控诉,而竟出自江浙学术殿军的邵廷

① [明]方孝孺《逊志斋集》卷15《藏器轩记》,影印文渊阁《四库全书》本。

② [明]方孝孺《逊志斋集》卷2《深虑论七》,影印文渊阁《四库全书》本。

③ [明]方孝孺《逊志斋集》卷3《君职》,影印文渊阁《四库全书》本。

④ [宋]邵廷采《思复堂文集》卷1《明儒王子阳明先生传》,祝鸿杰校点,浙江古籍出版社1987年版,第14页。

⑤ [宋]邵廷采《思复堂文集》卷8《学校论上》,祝鸿杰校点,浙江古籍出版社1987年版,第344页。

采,其意味深长矣。"①

批判是创新的前提,创新离不开批判精神的滋养,创新也是浙东学术的立足点。中国文化中本来就具有关于"新"的丰富理念,浙东学者在旧典籍中寻找"新"的文化资源,阐释出"新"意。如清初李邺嗣用古代哲学中"气"的概念来解释文学日新的缘由。他说:"盖盈天地间,所见万象纷纭,惟借日新以续旧不废。是受气之新者生,受气之过者衰,受其之陈者腐,尽物皆然,而文人以笔墨成文章,最先受之。"②在李邺嗣看来,无所不在的"气"的物质运动,形成了天地之间"万象纷纭"的变化,表现为日新又日新的不断更新过程,万物只有日新,才有生命力。李邺嗣敏锐地察觉到了文人陈陈相因的主要原因:不仅在于辞章上的陈言,更在于内容上的"陈思",即陈旧的惯性思考。

浙东学者的创新思想不胜枚举,此仅以邵晋涵的经学研究为例。清代为我国经学发展的第三期,从宋明经学的重视四书之学演变为以《尔雅》《说文》为经典,出现以训诂考据为中心的新经学。就经学的义理而论,不过内圣外王两大方面,可以说,经过汉学、宋学的发展,内圣外王的理论已经发掘殆尽,不可能再讲出新东西,只能在以前只是经学附属的小学中去拓展新天地。这方面余姚学者邵晋涵取得了一定成绩,《尔雅正义》是其经学的代表作。他在材料上注意金石文字资料的运用,颇具创造性,在《尔雅》研究史上具有里程碑意义,故黄侃说:"清世说《尔雅》者如林,而规模法度,大抵不能出邵氏之外。"③

---

① 王汎森《权力的毛细管作用——清代的思想、学术与心态》,北京大学出版社 2015 年版,第 31 页。

② [清]李邺嗣《杲堂文钞》卷 3《王无界先生七十序》,《杲堂诗文集》,张道勤校点,浙江古籍出版社 1988 年版,第 437 页。

③ 黄侃《黄侃论学杂著·尔雅略说》,武汉大学出版社 2013 年版,第 393 页。

浙东教育

浙东文化的发展与教育的发展相辅相成。浙东教育源远流长,特色鲜明,特别是宋代以来,重教兴学,世代相承,名儒硕师,代不绝书,人文荟萃,影响深远。如三国吴虞翻,北宋"庆历五先生",南宋"淳熙四先生"、叶适、王应麟,元代程端礼,明代王阳明,清代黄宗羲等,便是其中的杰出代表。自宋代以来,随着教育与科举的关系日趋紧密,科举成为衡量教育水平的重要标志,浙东有些郡的科举人数长期位居前列,涌现出大量的人才。近代以来,浙东教育开风气之先,是近代化教育起步较早的地区,为浙东社会向近代转型奠定了基础。

一、汉唐时期浙东教育的奠基

教育是传递人类文明薪火、促进社会不断发展的重要活动,也是衡量一个地区政治、经济、文化诸方面发展水平的重要指标。教育是因人类生存需要而产生的,没有教育也就没有有效劳动。先越时期的原始教育,传授生产知识,是以口耳相传的原始方式进行的。越国时,句践制定了"十年生聚,十年教训"的国策,其中"教训"的内涵是"明耻教战",兼含伦理、军事教育。当时的中原聚集讲学风气浓厚,但越国文献留下了这方面的空白。

汉武帝尊崇儒术,儒家教育获得长足的发展。浙东有文字记录的教育始于西汉后期,至东汉始盛。当时的教育以私学为主,官学为辅,传授的是经学知识和法律之学,这与两汉全国教育的基本格局是一致的。宁波历史上最早的私学大师首推西汉后期的余姚人董春。董春官庐江太守,将德教渗入政治之中,使政教合一,这又可以视为浙东籍学者注重社会教育和道德教育的先驱。汉设三老以掌教化,清代咸丰年间余姚陈山出土了一块东汉建武二十八年(52)五月刻的《汉三老讳字忌日碑》,证明当地已设三老教化乡里的历史事实。

汉代开始设立中央的太学和地方官学。东汉班固曾在《东都赋》中夸耀"四海之内,学校如林,庠序盈门"。浙东有史记载的最早的学宫约出现于公元1世纪末,在会稽郡余姚境内。据《后汉书·酷吏传》,余姚人黄昌(?—142年后)"本出孤微,居近学宫,数见诸生修庠序之礼,因好之,遂就经学,又晓习文法"。这条记载表明余姚学宫主授经学,兼授文法(即法律学)。东汉时代尚无法做到在基层行政区内设立一邑一学,因此余姚学宫在浙东地区的出现具有开地方官学风气的意味,堪称浙东教育的一个标志性的突破。官学历来是为培养和选拔官吏服务的,余姚黄昌实为本地官学培养出来的最早的知名官员。

浙东还出现了一些私学教学点。如王充"八岁出于书馆",他童年就学的"书馆"是现知浙东最早的私塾,招收的学生有"小僮百人以上"。① 汉代儒学教育私学化,其重要特征是"前汉重师法,后汉重家法"。家法从师法分化而出,一些学者发展了先师经说而自成一家之言,并且在一定程度上取得了社会的承认,于是形成了家法。家法在东汉作为教育的一条准则被贯彻实行,这必然影响着浙东经学教育活动的进行。如句章长淳安方储传孟氏《易》、上虞淳于翼说宓氏《易经》,"洞贯内事万言",都遵守着家法。余姚虞氏家族五世治孟氏《易》,更是浙东地区经学教育由家法演为家学的典范。若就经学内容而论,东汉今文经学在私学中的传授比在官学中影响更大,因此之故,浙东士人多数都接受了今文经学的教育。

浙东教育在东汉毕竟尚处于初兴阶段,缺乏高层次的师资条件,远远满足不了需要,于是中原、巴蜀等经学发达地区敞开式的私学教育以及京师的太学,诱发了浙东诸生"千里游学"的热情。早在西汉末年,余姚严光就已跨入太学大门,此后有幸进入国内最高学府学习的尚有上虞人王充和魏朗。还有担任上计吏的山阴郑弘与计椽句章任尚同在京师游学,似属于地方官员借上计的机会作短期进修的性质。至于慕名投奔巴蜀、中原私学大师门下的浙东学子也不乏其例,如余姚董昆负笥治装,千里游学,师事河南颍川荀季卿,受《春秋》,治律令,明达理法;山阴赵晔至四川犍为"诣博士赵抚受《韩诗》";上虞魏朗亡命到陈国,

---

① ［东汉］王充《论衡》卷30《自纪篇》,上海人民出版社1974年版,第447页。

从博士郊仲信学《春秋》图纬。总之,东汉浙东学子千里游学接受高级教育,是浙东人才辈出的重要原因,从而大大改变了本区文化落后的面貌。

六朝时期浙东教育仍在缓慢发展。东晋义熙八年(412),孙靖复为会稽内史,修饰学校,督课诵习。余姚虞氏家族也有不少人投身教育活动,如南齐时虞龢曾任太学博士,其《明君大雅》诗有"文教洗昏俗"之句,表明他对文教的作用认识较为深刻;虞愿出为晋平太守,在郡立学堂教授,称为善政;萧梁时虞僧诞担任国子助教,以左氏学教授,听者常数百人。但是他们是否在浙东讲过学,却已难以稽考。著名道士杜京产居住余姚太平山时,曾聚徒教授,则为南朝浙东宗教教育的实例。

唐朝立国后,将兴学视为经邦治国之本,官学由此而兴盛。唐时浙江境内州、县学见于后世地方文献的有 20 所,其中浙西计 6 所,浙东计 14 所。《康熙鄞县志》卷三指出:"唐以前郡县但立文宣王庙以祀孔子,其时未有学校,故亦无学官。贞观以后,郡县诸生虽设有定额,而课试之法无闻焉。"唐代明州在建州之初就相应地设立了州学,元和九年(814)鄞县设县学,会昌六年(846)象山设县学,州城和奉化等地又先后建立了夫子庙,教育设施有了很大改善。在县级官学中,教育业绩较佳的首推象山,建学当年就输送了"举明经之三传"的乡贡王关,极大地鼓舞了士气。大中四年(850),象山县令杨弘正于县城西北蓬莱山麓栖霞观筑蓬莱书院以课士,文教大振。蓬莱书院是四明历史上最早出现的书院。

隋唐时期确立了科举选士制度,对浙江的学子产生了很大的影响。唐武宗会昌五年(845),对应考人数加以限制,地方各道分为 4 等(进士 30 人,明经 50 人;进士 15 人,明经 20 人;进士 10 人,明经 15 人;进士 7 人,明经 10 人),浙西、浙东属于第二等,是应试人数较多的地区。据统计,唐代浙江进士共 92 人,其中婺州东阳县进士 15 人,为唐时浙江境内进士最多的县。①

自东汉以来,虞氏家族的家学形成了世传的传统,至初唐的虞世南,编写出了《兔园册》,其体例是偶俪形式,后来成了唐五代广为流行的民间私塾童蒙教科书。我国古代的蒙学课本种类繁多,但以社会、自然常识教育为主的知识性

---

① 参见陈剩勇、金普森主编《浙江通史》(隋唐五代卷),浙江人民出版社 2005 年版,第 209—211 页。

课本则滥觞于《兔园册》。

浙东一些思想开明的官员十分重视教育。至德二年(757),郑虔被贬台州为司户参军,毅然担当起兴文教、易风俗的责任,在衙门之内设帐授课。郑虔"选民间弟子教之,大而婚姻丧葬之礼,小而升降揖逊之义,莫不以身帅之"①。北宋礼部侍郎陈公辅在《祝文》中记载:"时台俗陋,公不鄙夷。教以正学,启以民彝,人始知学,去陋归儒,家家礼乐,人人诗书。"②可见,郑虔不仅教民识字断文,而且教以道德、礼义,为台州后世文化教育的兴盛奠定了基础。郑虔也因此被公认为"吾台斯文之祖"。

晚唐时山阴文士张球寓居敦煌。时敦煌迭经战乱,鲜有人读书,张球虽然已过了七十岁,但他毅然在城郊聚徒讲学,培养人才。英藏敦煌文书 S.5448《敦煌录》记载:"郡城西北一里有寺,古木荫森,中有小堡,上设廊殿,具体而微。先有沙倅张球,已迈从心,寓止于此,虽非博学,亦甚苦心。盖经乱年多,习业人少,遂集后进,以阐大猷,天不愁遗,民受其赐。"③张球看到李若立编写的类书《籝金》篇幅较长,学童使用起来有一定难度,于是亲自动手,删改成《略出籝金》。今法国巴黎国家图书馆藏《略出籝金》卷一下题"宗人张球写,时年七十有五"数字。

二、宋元明清时期浙东教育的兴盛

以北宋庆历兴学为开端,浙东教育开始获得快速的发展,逐渐成为全国重要的教育中心。范仲淹官越州时,创办了州学。王安石认为当时人才缺乏,不仅在位者多为"不才苟简贪鄙之人",而且连"闾巷草野之间,亦少可用之才"④。而要造就人才,就要通过办学这条途径,于是他提出了"天下不可一日而无政教,故学不可一日而亡于天下"⑤的洞见。庆历七年(1047),王安石知鄞县后,

① [清]光绪《台州府志》卷64《名宦上》。
② 转引自张峋《台州文物考论·谈人说物》,上海古籍出版社2016年版,第228页。
③ 马德《敦煌莫高窟史研究》,甘肃教育出版社1996年版,第321页。
④ [宋]王安石《临川文集》卷39《上仁宗皇帝言事书》,影印文渊阁《四库全书》本。
⑤ [宋]王安石《临川文集》卷83《慈溪县学记》,影印文渊阁《四库全书》本。

兴学校、举贤才，出力尤多。他创办了鄞县第一所县学（因孔庙为学），延请隐居草野的学者杜醇、楼郁等为师，招收学生 200 余名。"庆历五先生"是甬上最早出现的儒学教育家群体，明州的教育事业就是在他们奠定的基础上传承发展起来的。其他地方的私学教育亦很兴盛，咸平年间石待旦创建新昌石溪义塾，求学者达数百人，取科第者二十余人，产生了很大的社会影响。

南宋浙东地方官学的规模空前庞大，以明州一隅而言，《开庆四明续志》称："旧额生徒一百八十人。其后比屋诗礼，冠带如云，春秋鼓箧者率三数千，童卯执经者亦以百计。"真正称得上是"庠声序音，冠于左浙。"①南宋四明地区教育空前繁荣，教育的覆盖程度很高，"其民……力本务农，好学笃志，尊师择友，弦歌之声相闻，下至穷乡僻户，耻不以诗书课子孙，自农工商贾鲜有不知乎章句者"②。教育的成功，使得本地区人才济济，盛况前所未有。

除了官学之外，讲舍和书院多是由理学人士所创立的一种私学教育形式，也是浙东学术思想形成、发展和传承的主要场所。南宋四明的书院为数不少，仅以"书院"为名的就有 10 余所，如絜斋书院、慈湖书院、石坡书院、高节书院、文津书院等。金华吕祖谦兴办丽泽书院，制定了《丽泽书院学约》，使书院的教育管理进一步制度化。丽泽书院与岳麓书院、白鹿洞书院、象山书院并称为南宋四大书院，影响力经久不衰。如《宋元学案》所说："明招学者，自成公下世，忠公继之，由是递传不替，其与岳麓之泽并称克世。……明招诸生，历元至明未绝，四百年文献之所寄也。"③书院不以科举为目的，而以讲学为旨归。许谦主持东阳八华书院，独不以科举之文授人，坚持了书院一贯的教学宗旨。

除了书院之外，还存在着各类私塾，其分布之广远超北宋，特别是那些乡塾村校，将浙东的文化教育事业由城镇推向了穷乡僻壤。如乐清王十朋讲学梅溪，其《大井记》记载："绍兴癸亥，予辟家塾于井之南，朋友岁集焉。"④他创辟梅溪书馆后，远近学子慕名而来，受业者最多达到 122 人。宋代新型宗族制度的

① ［宋］王应麟《四明文献集》卷 1《庆元路重建儒学记》，张骁飞点校，中华书局 2010 年版，第 24 页。
② ［元］赵孟頫《题三氏同宗会谱后》，见《鄞邑城南袁氏三修宗谱》卷首，宁波市档案馆藏本。
③ ［清］黄宗羲、全祖望等《宋元学案》卷 73《丽泽学案》，见沈善洪、吴光主编《黄宗羲全集》第 5 册，浙江古籍出版社 2005 年版，第 916 页。
④ ［宋］王十朋《梅溪集》卷 17，影印文渊阁《四库全书》本。

确立和发展是家塾兴盛的主要原因,宋代科举选官制度的实施,则是刺激包括族塾义学教育在内的各类教育发展的直接动力。宋代四明较大的、有声望的家族,一般都设有家塾。这些家塾一部分继承和延续了前代的传统,如鄞城上桥陈氏家塾首创于北宋明道、景祐间,自创办开始,就确立了开放式办学宗旨,以后子孙世守,至宋末元初的陈绍祖,讲学不间寒暑。这样,上桥陈氏家塾延续"垂三百年,世守不隳"①,是两宋四明地区绵延时间最长的家塾之一。

官学和私学并辔发展,构成了浙东教育的两大支柱。良好的教育将宁波打造成了以儒素相先的科第之乡。《宝庆四明志》卷一《风俗》云:"孝宗命元子保厘,礼俗日盛,家诗户书,科第取数既多,且间占首选,衣冠文物甲于东南。"南宋宁波还涌现了以杨简、袁燮、沈焕等人为代表的教育家,将宁波的书院教育推向全新的阶段。

进入元朝之后,儒学的生存处境恶化,浙东的儒士阶层迅速分化,部分儒士适应客观环境的变化,逐渐完成了社会角色的转变,并形成了一个素质较高的学官群体。更多的儒士因为出仕无门而被抛向地方社会,尽心于治生、合族及兴学等活动。正是在这样的时代背景下,四明的教育事业有了新的发展,构建了官学儒学、专科学及书院、私塾、社学这一教育体系,从整体上说仍维持着相对的繁荣状态。元代增加了官学的类型,专科学校主要有蒙古字学、医学、阴阳学。

明代推行"治国以教化为先,教化以学校为本"的文教政策,浙东教育事业接续南宋的传统,重视官学的发展,进一步完善了府、县两级儒学体系。浙东地方官员比较重视官学的教育,文教常常成为官员为政的首务。他们兴修儒学,筹措经费,督促教导,时人多有记录。不少地方官在任职期间,亲自督学、讲学,有的还热心修缮、扩展学宫,帮助解决办学经费问题。在此基础上,地方政府大力推行社学。社学主要分布在坊隅和乡都,是最基层的教育组织。社学除了教授《三字经》《百家姓》《千字文》等蒙学教材外,主要是让儿童从小接受封建伦理道德教育。明代宁波士流之家重视教育,如张琦《栋字子材说》所云:"近世鄞士大夫之家甲第相望,教其子弟以诗书艺文,裁止其浮末,而欲进之以厚大闳远

---

① [元]程端学《积斋集》卷5《故处士陈继翁墓志铭》,《四明丛书》本。

者,十室而九。"①明代还确立了八股取士制度,四明的进士及第数位居浙江前列,其中尤以鄞县、慈溪、余姚的进士及第数最多,跻身于全国33个百人以上进士县之列。翁大立《重修儒学记》云:"姚士第曰三科二状元也,二榜四鼎甲也,乡之魁肩相比,祖孙父子兄弟进士踵相接也。科而进士十六,或十五也,徒以科名言耳。姚士重于海内独此哉。"②

明代前期,统治者独尊朱熹理学,扶植官学,从而一度使书院教育陷入沉寂状态。随着官学、科举之弊的日积月累,生员无心向学,急功近利之风弥漫,儒学教育越来越僵化。自明中叶以来,浙东涌现了一大批书院,多采用讲会的教学方式。如嘉靖戊子年(1528),慈溪人姚镆谢政归里后,仍在各地为官的门人如大学士翟銮,少司马寇天叙,都御史张瀚、孙修,通政使郑绅等,各捐资为其营建书院,作为老师晚年游息之所。王阳明心学之崛起,极大地影响了书院的建立和运作。嘉靖三年(1524),绍兴知府南大吉建立稽山书院,王阳明亲自登坛讲学,一时间天下士子纷纷汇集至越中,高峰时环座而听者达三百余人。王阳明在稽山书院讲《大学》时,发明万物同体之旨,后由门人钱德洪整理成《大学问》。王阳明在为王氏宗谱所作的序中说:"吾读《易》至丽泽之兑,而愈知学不可以不讲也。夫两泽相丽,互相资益,朋友讲习,其为功也大矣。"③他为书院讲学进行了积极的辩护。阳明弟子钱德洪、王畿都热衷于讲学,亦发表了值得重视的教育见解,他们将书院教育传播到全国各地,各地书院均建立起讲会制度。退休官员吕本在余姚城内、绍兴城之西南(山阴县大辛坊)各建了一所南渠书院。王世贞《太傅吕文安公传》云:"当是时,王文成公倡良知之学于海内,而乡人乃有不能悉者。公构书院,与文成之高弟王君畿、今宫保赵君锦相与讲明其学,邑人人向风矣,乃曰:'公所自谓期也。'"④据此来书院讲学者有王畿、赵锦等人,讲的是阳明心学,且达到了"邑人人向风"的讲学效果,因此南渠书院堪称越中传播阳明心学的一个重要阵地。浙中阳明后学面对朝廷禁讲会、毁书院运动,先后在越地聚徒讲学,宣传良知学说。崇祯四年(1631),刘宗周与陶奭龄在

---

① 《甬东包氏宗谱》卷17,宁波天一阁藏本。
② [清]光绪《余姚县志》卷10《学校》。
③ 《鄞江王氏世谱》卷首,上海图书馆藏本。
④ [明]王世贞《弇州续稿》卷71,影印文渊阁《四库全书》本。

越中创立"证人社"。明末清初,姚江书院蜚声浙东。

清初宁波官学政治色彩浓厚,由顺治到康熙,经历了由乱至治的过程。诚如康熙十年(1671)慈溪知县吴殿弼在慈溪庙学重修记中所说:"今皇上命师征讨之后,所至皆革心向化,德功丕振矣,遂锐意文治。"①康熙年间,人心思定,学校更担当起了"右文之化"的职责。故吴殿弼又说:"士之际此盛者,咸溯厥渊源,以为非由他途可进,无不瞻仰学宫,心窃向往焉。"②正是在这种历史背景下,宁波才出现了"山海奥区,人文鹊起"的景象。清代宁波官学的教育制度和教育内容均承袭前代,教育内容不外是尊儒崇道,并无创新之处,只是专制更为强化。即以鄞县为例,《康熙鄞县志》卷三云:"皇朝创兴学校之制,大抵如旧。至顺治十七年,始并两试为一,入泮者定为十五人。康熙元年复裁训导,但留教谕一人,并停岁贡及学生廪给。至九年,复行岁贡法。十七年,复训导。其他悉仍旧。"入清以后比较有特色的是义学的勃兴。《康熙鄞县志》卷三记载:"国朝康熙乙亥,郡侯李公煦捐建义学于衡府西街醋务桥侧,为屋前后凡六楹,郡别驾张公乃文捐建于察院之西,邑令汪源泽捐建于布政分司旧址,皆延名师教习民间子弟。"乾隆十一年(1746),镇海知县王梦弼督办南城义学、杨亭义学。与官学教育相比,以黄宗羲为代表的私学教育家,成就尤为突出。清初,统治者鉴于政权不够巩固,担心汉族士人利用书院鼓动民众对抗朝廷,遂禁止士人别创书院讲学。顺治九年(1652),朝廷规定:"不许别创书院,群聚徒党,及号召他方游食无行之徒,空谈废业。"此时王尔禄在宁波创办的义田书院,实属善举。

进入康熙朝之后,清廷放松了对书院的限制,允许一些学者在书院讲学。当时的书院按其教学宗旨,主要有两大类型。一类以举业为目的,以学习制艺为主。这类书院占了绝大多数,与官学无甚差别,书院的特质已消亡殆尽。另一类以甬上证人书院为代表,主张自由讲学。康熙六年(1667),黄宗羲在甬上证人书院讲学,以经世致用为指导思想,引入实学课程,并通过探究式的教学方法,培养出了大批的优秀人才,其中如万斯大、万斯同、郑梁等人,后皆成为浙东学派的骨干。故陈锡嘏《万充宗四十寿序》说:"梨洲先生以昌明理学为志,旁及

---

① [清]光绪《慈溪县志》卷4《建置三·学校》。
② [清]光绪《慈溪县志》卷4《建置三·学校》。

星历算数之传,吾党言及实学,莫不心折万氏。"①金埴云:"明、越二州,自前明以来,凡故家巨族,其尊师重道之风,尤异于他方。"②可以说宁绍地区长期以来浓郁的尊师重教的社会风气,是清代浙东学派学者的私学教育得以充分展开的社会基础。

三、近代浙东教育的转型

浙东是近代化教育起步较早的地区之一,开近代教育风气之先。

宁波开埠通商后,西方传教士大量涌入宁波,在宁波创办教会学校,客观上推动了宁波教育向近代转型。道光二十四年(1844),英国基督教循道公会女传教士爱尔德赛(Aldersay)在宁波城区祝都桥(尚书街东端)创办爱尔德赛女子学校,这是宁波境内第一所教会学校,也是中国第一所女子学校。次年,美国长老会传教士、医生麦嘉缔在江北岸槐树路创办崇信义塾,这是浙江最早的男子教会学校。宁波各地开办的教会学校,最初一般暂借民房或附设于教堂之内,多为初等小学程度,后来逐渐向中、高等学校发展。至同治五年(1866),各国教会在宁波创办的学堂有7所,学生仅84人,虽然其数量、规模都无足轻重,但其办学的理念、形态对中国传统的封建教育体系造成了不小的冲击。

清末外国传教士和商人的纷纷涌入,带来了不一样的西方文明。晚清政府纷纷采取应变措施,成立新式书院,或改造旧有书院,学习西方,强调实学。洋务运动时期,全国掀起了教育革新运动,引进和学习西学,开启了教育近代化的进程。在此背景下,光绪五年(1879),宁波府知府宗源瀚创办辨志书院,开设舆地、算学等课程,遂开宁波新教育之先,也可视为宁波帮兴办近代学校的开端。光绪十一年(1885),宁绍道台薛福成在宁波"后乐园"(今中山公园)创办崇实书院,讲求经世之学。是年陈虬在温州创办了瑞安利济学堂,是近代中国第一所中医学校,亦为浙江最早的专科学校,开浙江新式学堂风气之先。光绪十三年(1887),朱庆镛为劝复郯山书院先行开课以崇文教而励人才事告示云:"自粤寇

---

① [清]陈锡嘏《兼山堂集》卷4,《四库全书存目丛书》本。
② [清]金埴《不下带编》卷6,中华书局1982年版,第103页。

肇乱,文物荡然,学舍讲堂,并成灰烬。今则海宇晏然,二十年来百废渐举,先后守士大吏莫不以振兴文教、培育人材为先务,既修复月湖书院,又创设孝廉堂、辨志精舍,条教科指,焕然一变。"①这些书院都带有官办性质。甲午以后,朝野人士都看到了西学可以致富强的事实,纷纷兴办新式学堂。光绪二十二年(1896),孙诒让、黄绍箕等集资创办瑞安学计馆,以培养数学、格致、制器人才。光绪二十三年(1897)春,山阴乡绅、维新人士徐树兰捐资创办绍郡中西学堂,这是浙江最早的普通中等学校。次年,蔡元培接任学堂总理(校长),实施新式教育,这是其实践教育救国理想的开端。光绪二十三年,宁波府知府程稻村与严信厚等筹建中西学堂,翌年开学,命名为"储才学堂",意在革新图强,储备人才,是为宁波第一所官办中学堂,聘请慈溪名儒杨敏曾为首任监堂(校长)兼总教习,开设译学、算学、舆地等新学科,培育出了近代物理学先驱何育杰、北大教授叶眉叔等优秀人才。

晚清最后十年的"新政",有力地推动了浙东传统教育的历史转型。在此期间,宁波新式学堂迅猛发展,在教学内容上普遍加强了自然科学和外语课程。光绪二十七年(1901),光绪下诏令改书院为学堂,此后各类书院皆改为大、中、小三级学堂,或干脆停办。辨志精舍于光绪二十八年(1902)改为南城小学堂;象山的绩溪书院于光绪二十九年(1903)改为公立始达小学堂;崇实书院则于光绪三十年(1904)停办;慈溪德润书院于光绪三十年改组为公立正始两等小学堂;月湖书院于光绪三十一年(1905)由张美翊等禀准宁府,改作初级师范学堂。嗣后鄞县又将鄮山书院改作高等小学堂。如此等等,书院趋于消亡。

光绪三十一年八月初四(1905年9月2日),清政府废除科举,旧学亦走向终结,而新学迅猛发展,教育风气为之一变。是年,宁波知府喻兆藩于湖西月湖书院旧址创设宁波府师范学堂,这是浙江省第一所师范学堂。此外还出现了实业类学堂,以培养政法、农桑、工商等专业人才。光绪二十九年(1903),绍兴、奉化率先成立教育研究会,此后民间教育团体相继建立,推动了教育的转型。

浙东在教育的近代转型中,还特别重视实业教育,强调专业技能的训练。清政府颁布了从初等到高等各级农工商学堂章程,得到了宁波有识之士的积极

---

① [清]阙名《鄮山书院志》,光绪十六年(1890)活字排印本。

响应,实业教育从此发端。光绪三十年(1904),宁波创办育德农工小学堂,光绪三十四年(1908)改名育德初等工业学堂。光绪三十二年(1906),宁波江东百丈街东城小学改办为甬东商业学堂。光绪三十四年,余姚泗门镇谢宝书开设汝湖初等农业学堂,学生44人,教师4人,谢任堂长。宣统二年(1910),慈溪锦堂两等小学堂的高等小学改办为初等蚕业学堂。翌年,初等蚕业学堂扩办为锦堂中等农业学堂。光绪三十三年(1907),宁波知府将府治左侧同知署旧址的孝廉堂改为法政学堂,旨在培养立宪人才。1911年改为四明专门学校,新设商科、银行科,1914年改为商业学校,后又更名为宁属县立甲种商业学校。这些新式学校虽然从总体上并没有突破"中学为体、西学为用"的思维框架,却标志着浙东近代教育确实已经扬帆起航了。

四、浙东学者的教育思想

浙东不仅教育发达,更引人注目的是浙东产生了不少力可"扛鼎揭旗"的教育家,他们在长期的教育实践中,形成了丰富深刻的教育思想,并反过来引领文教的发展。尤其是私学教育崇尚学教合一的模式,使浙东私学成为"文献之所寄"。浙东学者发表的一系列教育思想,至今仍闪耀着光彩。

浙东最早的教育思想家首推东汉王充。王充认为人性是可塑的,教育是关键,譬如练丝,"染之蓝则青,染之丹则赤"[1],教育的作用就在于使人有德向善,学问日多。一个人在未受教育之前,就像是一块平凡的铜铁,一经良工锻造,则价值倍增。他指出教育者仿佛"良工",能起到"简练其性,雕琢之材"之效。[2]在教学内容上,王充强调通博。他说:"能多种谷,谓之上农。能博学问,【不】谓之上儒,是称牛之服重,不誉马速也。"[3]又说:"夫壮士力多者,扛鼎揭旗。儒生力多者,博达疏通。"[4]在教学方法上,他竭力反对只记诵章句、训校文义的学

---

① [东汉]王充《论衡》卷2《率性篇》,上海人民出版社1974年版,第25页。
② [东汉]王充《论衡》卷12《量知篇》,上海人民出版社1974年版,第192页。
③ [东汉]王充《论衡》卷13《别通篇》,上海人民出版社1974年版,第208页。
④ [东汉]王充《论衡》卷13《效力篇》,上海人民出版社1974年版,第201页。

风,提倡批判和质疑。

南宋时期,浙东教育家辈出。心学教育家袁燮频繁地使用"自得"这一话语,特别强调"自得"为"善学"之要。他说:"学以自得为贵,学不自得,犹不学也。"①袁燮建立了"自得"的标准。他说:"今观《论语》一书,多六经之所未尝言,而《孟子》一书,又多《论语》之所未尝言。大圣大贤,岂故求异于人哉?得于心,发于言,亦不自知其为异也。夫是之为自得之学。"②这就是说,以"经"为载体所体现的存乎人心的内在之道并非凝滞僵化的,而是有很大的发展空间。一部思想经典的独特价值在于言他人之所未言,发他人之所未发,其思想成果相对于前贤和别家来说是唯我独有的创新,但又不是故意标新立异,而是默识心通,自然而得之,即所谓"得于心,发于言"。在宋儒中,袁燮首次提出"自得"的标准是"求异于人",其突出意义在于强调思想上的创发性,自出机杼,夐夐独造,渗透其中的无疑是主体的自觉和独立意识。浙东功利派的学者,突出强调人才教育的实用性、教育目的的功利性、教育内容的丰富性和教育思想的实践性,这些都充分彰显了事功派人才教育思想的功利性特征。如吕祖谦提出了"育实材而求实用"的教育目标。他致力于培养具有实际治国理政经验的人才,力主经世致用之学。他说:"百工治器,必贵于有用,器而不可用,工弗为也。学而无所用,学将何为也邪?"③他还主张读书要不囿前说,敢于怀疑。他说:"欲进之则不可有成心,有成心则不可进乎道矣。故成心存则自处以不疑,成心亡,然后知所疑矣。小疑必小进,大疑必大进。"④他要求学者在敢于怀疑的基础上,提出自己的独得之见。叶适的教育思想是其事功思想的重要体现,故可称之为功利教育思想。他以学以致用、开物成务为教育目标,反对理学家"专以心为宗主"的学习方法,要求学者一切就实事上理会。功利派的教育思想一定程度上冲击了理学的禁锢和束缚,对当时的思想界产生了巨大影响,同时也为后世教育思想的发展提供了镜鉴。

元代鄞县程端礼《读书分年日程》要求把教学的教材知识内容划分成几个

---

① [宋]袁燮《絜斋集》卷7《书赠傅正夫》,影印文渊阁《四库全书》本。
② [宋]袁燮《絜斋集》卷7《书赠傅正夫》,影印文渊阁《四库全书》本。
③ [宋]吕祖谦《丽泽论说集录》卷10,影印文渊阁《四库全书》本。
④ [宋]吕祖谦《丽泽论说集录》卷10,影印文渊阁《四库全书》本。

阶段,每一阶段又划分成许多大小单元段落和具体目标,这些目标由易到难、由浅入深,相当全面明确,既便于对教学过程的监控,又便于测评教学目标的达成度,从而使教学有了明确具体、详细的规范可循,这为后世的学校提供了行之有效的指导。若将其放置在中西教育思想史上考量,程端礼的教育阶段理论比17世纪捷克教育家夸美纽斯(Johann A. Comenius,1592—1670)的《大教学论》还早三百多年。在程端礼的不断努力下,《读书分年日程》产生了广泛的社会影响,远远越出私塾教学的范围,各地官学、书院及友朋间广泛传抄和刻印。

元明之际,金华学派盛极一时,宋濂主张因材施教,提出"教道所施,贵在变通"①。刘基深受永嘉派学风的熏陶,要求学者"学成而措诸用",在教学方法上,提出"教其所不知,而不以我之所知责之。引其所不能,而不以我之所能尤之"。② 方孝孺首重德育,比一般理学家更强调养气。他说:"古之育才者,不求其多才,而惟养其气。培之以道德,而使之纯;厉之以行义,而使之高;节之以礼,而使之不乱;薰之以乐,而使之成化。及其气充而才达,惟其所用而无不能。加之天下之大事而不劳,优之于庙堂之上而不变,穷之于荒陬陋巷而不忧,其中有所受而然也。故惟有所受者,然后能有所为。"③他所说的"气"乃是多方面素养的综合体现。他提出养气需从四方面入手:培之以道德,厉之以行义,节之以礼,薰之以乐。养得气充,才能在不同的环境下尽其用。他还提出养气应以仁义为基,从小做起。余姚学者赵谦充分意识到杂范是文人一角的职业所需,可以培养学生良好的人文素养,激发学生职业传承的使命感,因此明确地在教材《学范》中编入"杂范"一门,将"杂范"纳入学校教学内容,不仅具有相当的可操作性,还大胆地列出参考书,从而拓宽了传统教学的内容,开启了艺术教育和职业教育之门,这在那个时代是颇为罕见的,显示出赵谦卓越的人文教育眼光。

明代王阳明的教育活动总是不拘形式,随处讲学,随时答疑。王阳明的教育思想具有鲜明的教育哲学色彩。哲学思想是指导他的教育活动的一般理论,而教育学说又是其哲学思想的具体运用和发挥。"知行合一"既是王阳明伦理

① [明]宋濂《文宪集》卷8《送张编修赴南阳教授序》,影印文渊阁《四库全书》本。
② [明]刘基《诚意伯文集》卷19《麋虎第十六》,影印文渊阁《四库全书》本。
③ [明]方孝孺《逊志斋文集》卷14《送李生序》。又见[明]宋濂《文宪集》卷8,影印文渊阁《四库全书》本。

哲学范畴的概念,也是教育哲学命题,这一命题主要是针对程朱理学教育的流弊而阐发的。王阳明指出学校教育失去了儒家的"圣人之道"的本旨,其根源在于程朱"先知后行"的错误理论。他因此提出"知行合一"说,以补"先知后行"之偏,以救"知而不行"之弊,从而拯救士林道德。王阳明提倡知行合一的动机是为实践他致良知的教学内容,他把知和行看成一个互相渗透、互相促进的过程,从动机上看知和行是统一的,从层次上看知和行的推移又是循环往复、无穷无尽的。在古代教育家中把知行关系说得这样深刻透辟的尚不多见。从知行合一的观点出发,王阳明重视实践,强调效果,主张践履躬行,事上磨炼。知行合一说决定了教育的价值取向是实实在在的"行",而不是空疏无用的"知";是自我道德人格的实现和完善,而不是身外之物的功名利禄。他在教学上一再强调"人要随才成就",根据个性的千差万别,不采取一般的模式去强求一致,而是根据每个人的不同遗传基因和不同爱好而采取不同的教学方式,使其向各自理想的境地发展。王阳明把儿童教育规定在社区教育范围内,强调将儿童的本性、兴趣作为教学的出发点,教学应该在遵循儿童身心发展规律的前提下展开。因此,教育儿童应从他们"乐嬉游而惮拘检"的特点出发,以诱导、启发、讽劝的方法,来代替督责罚的方法,使他们"趋向鼓舞,中心喜悦",如春风时雨被及草木一样,"莫不萌动发越,自然日长月化"。① 教育的过程,在启迪儿童智慧的同时,也成为儿童享受的过程。王阳明通过讲学传播的新颖教育思想,惊天动地,掀起了巨大波澜。

黄宗羲的教育思想在一定程度上体现了当时先进的社会意识与超前的时代精神。第一,主张躬行实践,经世致用。黄宗羲认为教育的根本的目的在于培养能建功立业、经天纬地的治国之才,他反对脱离社会现实而一味空谈心性的行为,反对静坐参悟一类的工夫。他积极倡导学者穷经兼读史,高举经世致用的旗帜。他说:"明人讲学,袭语录之糟粕,不以六经为根柢,束书而从事于游谈。故受业者必先穷经,经术所以经世,方不为迂儒之学,故兼令读史。"②他认

---

① [明]王守仁《王文成全书》卷2《训蒙大意示教读刘伯颂等》,影印文渊阁《四库全书》本。
② [清]全祖望《鲒埼亭集》卷11《梨洲先生神道碑文》,见朱铸禹汇校集注《全祖望集汇校集注》上册,上海古籍出版社2000年版,第219页。

为通经是第一位的,"人不通经,则立身不能为君子,不通经,则立言不能为大家"①。第二,提出取士八法。黄宗羲认为朝廷将科举作为取士的唯一途径,就会导致"豪杰之老死丘壑者多矣"②,因此要恢复古代宽于取士的做法。他提出了著名的"取士八法",即科举之法、荐举之法、太学之法、任子之法、郡县佐之法、辟召之法、绝学之法、上书之法。这是其经世致用思想在人才选拔上的体现。第三,在教学内容上设计了新教程。除将经、史、子、集列为教学和考试的内容外,他同时提出学校必须开设绝学课程。所谓"绝学者,如历算、乐律、测望、占候、火器、水利之类是也"③。黄宗羲提倡的教学内容与当时传统僵化的教材模式不同,他认为学习者不仅要掌握古代士人所必须熟知的经史典籍,还应该广泛地学习各种具有实用价值的知识,包括自然科学知识以及传入中国的西方科技知识。可以说黄宗羲提倡的教学内容,在广度和深度上都达到了当时的最高水平。第四,主张"学贵适用"、学贵独创等教学原则。他所说的"学贵适用",指的是学道必须与事功相统一。他批判了鄙视经世才能、不关心社会变革的空疏学风,同时也反映了启蒙学者在历史变动时期对于教学的期望与要求。黄宗羲一贯主张学贵独创,强调学者要"发先儒之未发",同时不抹杀"一偏之见""相反之论"。黄宗羲强调怀疑在治学过程中的重要作用,认为只有善于提出怀疑的人,才能引起深思,才会有所创见,这是符合学习的基本规律的。在教学方法上,他经常采用讨论辩难的方式。李邺嗣在《送万充宗授经西陵序》中称,他们的学习方法通常是众弟子"先从黄先生所授学说经诸书,各研其义,然后集讲",每月两集,有疑问或不解之处,待黄宗羲来宁波后,再"从执经问焉"。④这种教学方法是先由老师布置研读任务,然后由学生自主研修、自由集讲,最后才向老师问难。黄宗羲倡导的这种研究讨论式的教学方法,为浙东造就了一批经学、史学、哲学、文学方面的人才。第五,提出了"师道"的新要求。黄宗羲认为教师除了传道、授业、解惑,还必须从事清议。他指出,太

① [清]李邺嗣《杲堂文钞》卷3《送万充宗授经西陵序》,《四明丛书》本。
② [清]黄宗羲《明夷待访录·取士下》,见沈善洪、吴光主编《黄宗羲全集》第1册,浙江古籍出版社2005年版,第16页。
③ [清]黄宗羲《明夷待访录·取士下》,见沈善洪、吴光主编《黄宗羲全集》第1册,浙江古籍出版社2005年版,第19页。
④ [清]李邺嗣《杲堂文钞》卷3《送万充宗授经西陵序》,《四明丛书》本。

学祭酒在讲学时,应该议论朝政,若"政有缺失",则"直言无讳"。他关于教师议政的思想,是对传统教师职责理论的拓展和深化。

浙东学者的教育思想富有批判的锋芒,总是在洞察教育之弊的基础上,提出自己的革弊主张,为现实社会服务。他们的教育思想与时俱进,站在时代的高度,发出时代强音,从而为转变时代风气做出了不可磨灭的贡献。而在一个小小的地理区域,产生了那么多有影响的教育思想家,这正是"浙东贵专家"的生动写照。

浙东文学

文学是文化的重要载体，文化则是培育文学的精神土壤。任何一种文学都处在一定的文化背景中，或多或少地表达着文化。文学诚然具有相对的独立性和独特的价值规律，但客观上，文学总是避免不了与各种文化形态进行交流和融通。文学及其要素的发展，离不开与其他文化形态的互动互鉴。不同地域的地理环境、风土人情对文学创作产生了深远的影响，因此，地域文化是观察文学的一个重要指标。

一、浙东文学的若干特征

凡是有独特文化的地域，就会产生独特的地域文学。任何作家都是在地域文化的熏陶下成长的，其养成的文化修养、生活方式、语言习惯等，都是地域文化作用下的结果，故地域文化会在其作品中烙下各种印记。历史上浙东作家生产的作品浩如烟海，呈现出若干重要的特征。

（一）从浙东作家队伍的构成来考察

浙东文学的生产方式，家族性是一个重要特征。自宋以来，浙东形成了非常典型的宗族社会，尤其农村、山区通常都是聚族而居，宗族制度比较完善，成为基层社会控制的基础。浙东文人一生下来就处于宗法社会的文化环境中，他们的行为必然地带有明显的家族性。家族为了维持长久的发展，通常会以种学绩文勉励和教育子弟，并常以业已形成的家学作为世业。家学无非指家族内部以血缘为纽带而代代传承的学业,家族成员自小受此熏染,严守家法、师法,并累世传习,以智慧和才情惠泽子孙,赓续了家族的文脉。而"在家学的范畴中,文学无疑是最具有灵气、也最能展现子弟才华的场域"①。在科举时代,文学是除经学之外最重要的家学内容,子弟良好的文化修养也是避免衰宗的有力保障。明代浙东的许多家族,在文坛上往往呈现为兄弟、父子、祖孙联袂相继的现象。文学创作的家族化,催生和带动了家族文学的发展和繁荣,家族子弟的文学才能,离不开家族文学氛围的熏染和家族成员的砥砺。一个家族内部成员往往会对某一种文体形成高度一致的浓厚兴趣,并形成一脉相传的传统。诚如王伟所说:"家族文学传统对家族成员具有深重的规约与影响,而每一位子弟又以自身创作参与建构了家族的文学传统。"②即以四明一隅而论,明代鄞县出现了若干诗学世家。李邺嗣说:"吾乡以诗学世其家。若杨氏自浩卿、栖芸、复之诸先生,四世而后显;张氏自东皋、洞云诸先生,三世而后显;吾家长清、栎轩、栋塘诸先生,四世而后显。至今三百年,子孙尚能传其业不衰。盖吾乡论诗,至诸先生始见风格,不第家学发源,即在里中,亦殊有辟草昧之功也。"③另如鄞城望族谢氏亦以诗为家学。李堂《谢直庵挽诗序》云:"谢氏世以诗派传家,其先友规、元规传《鸣穷》等集于世",至直庵亦"性雅吟咏,内腴经史"。④丰氏家族"百余年来,诗书礼义之泽守而弗替"⑤。晚明时栎社沈氏崛起诗坛。屠隆《寿沈影泉封公八十序》云:"吾明州沈氏,自嘉则挺绝丽之姿,影英猎藻,一麾先登,而箕仲、肩吾、长孺诸君子继之,牲起连蜷,并操不律,埒西京而表东海。阿咸清真,何减嗣宗?小谢秀发,不逊康乐。曹家七子,颜公五君,近不出沈氏阶庭间,可不谓近代之特盛哉?"⑥余姚亦然。张清河《晚明大江以南诗学世家点将录》(配论诗绝句)之四四为"地奇星圣水将单廷珪　余姚吕氏",下列吕玉绳、吕天成

---

① 王伟《互涵同构:家训与家族文学的共生关系》,《中国社会科学报》2018 年 12 月 21 日。
② 王伟《中古家风家学与家族文学》,《中国社会科学报》2019 年 11 月 11 日。
③ [清]胡文学《甬上耆旧诗》卷 4《先长清处士》,影印文渊阁《四库全书》本。
④ [明]李堂《堇山文集》卷 12,《四库全书存目丛书》本。
⑤ [明]陆釴《少石集》卷 8《寿丰母周太宜人七十序》,《四库全书存目丛书》本。
⑥ [明]屠隆《栖真馆集》卷 12,《续修四库全书》本。

二人。① 姚江"孙氏自燧及嘉绩六世,世以文章忠孝嗣其家声"②。如何解释家族文学传统呢？南宋朱熹就发现,一个人会作诗与其家族有深刻的渊源关系,于是提出了"文种"说:"他家都会做诗,自有文种。"③这里的"文种"实即诗种。清代宁波学者注意到本土有些家族诗吟不绝的现象,创造性地以"诗种"解释之。宁波最早提出"诗种"说的是鄞县李邺嗣,他说:"诗亦有种,吾家自宾父、子年、封若诸先生以来,世在吟社,今日又称一盛,诚清门之佳话也。"④李邺嗣好友慈溪半浦人郑梁在《耕石老人诗序》中进一步引入了"气"的理论,他说:"诗实有种,苟有其种,则五谷在土,逢时必发;苟非其种,则执稂莠而责之曰:'尔何不五谷为？'彼必不受。故有同一王公大人、耆儒宿学,而绝无感时味物之情,同一布衣韦带、征夫怨妇,而饶有吟风弄月之致,其种固异也。种之异者,人生祖孙、父子、兄弟一气相嬗,形此气,性亦此气,是故有其种者,善耕耘而收敛之,则苗者可秀,秀者可实,而即以广衍其种于无穷。"⑤郑梁不仅注意到了"逢时必发"的环境因素,而且已经意识到了异"种"相续的遗传因素。全祖望同样接过了"诗种"的概念,其佚文《施氏家集序》云:"在昔杲堂先生有诗种之说。诗之有种也,发之自唐人。拾遗曰'诗是吾家事',韩氏有老凤雏凤之目是也。然而世其种也盖大难。以吾乡言之,诸前辈老宿于诗皆有裘冶之传。当其盛时,接踵和鸣,数世不绝。至子孙陵替,不特以莨稗窜嘉禾,而并其先集亦付之鱼肠鼠腹之中,日消月没,无从访其卷帙者,十室而九,皇冀其嗣音振响乎？"⑥全祖望在此为文学世家诗种之断绝而哀叹。可以说,家族文学传统构成了浙东文学小传统的地域优势。

浙东历来多学者型作家。浙东有重经史、尚专门的学风,故学者型作家直接承受本地域的经史文化传统,文风往往以"深刻"见长,这在散文领域表现最为明显。浙东散文作家多为学文合一,他们善于打通文史,善于论辩,敢于针砭时弊。浙东学者的批判性思维注定了浙东学者的散文带有强烈的批判色彩。

① 张清河《晚明江南诗学研究》,武汉大学出版社 2013 年版,第 566 页。
② [清]邵廷采《思复堂文集》卷 3,祝鸿杰校点,浙江古籍出版社 1987 年版,第 154 页。
③ [宋]黎靖德编《朱子语类》卷 140,影印文渊阁《四库全书》本。
④ [清]全祖望《续甬上耆旧诗》卷 46,杭州出版社 2003 年版,第 423 页。
⑤ [清]郑梁《寒村诗文选·寒村息尚编》,《清代诗文集汇编》本。
⑥ 《鄞东施氏宗谱》卷 8,宁波天一阁藏本。按,此文《全祖望集汇校集注》未收。

王充是浙东第一位学者型散文家,其散文的深刻性建立在广泛的批判之上。王充的《论衡》不是纯粹的文学散文,实是思想家的散文。王充身处的时代,流行众多的"伪书""俗文",其中充斥着大量从谶言和神学中引申出来的虚妄内容。王充与谶言和神学进行了毫不妥协的斗争,为了论证其虚妄性,不得不对其作出自己的回答。他批判的笔触十分广泛,涉及各个领域、各个层面。王充的思想深邃独特,有点离经叛道。他高举"疾虚妄"的大旗,对神学经学、谶纬迷信进行了大扫荡。他以元气自然论批评神学目的论,以无神论批判有鬼论,以历史进化论批判历史倒退论等,在浙东思想史上树立了一座丰碑。王充主张文章的内容必须真实,反对描写虚妄迷信的内容。他认为文学家为迎合"俗人好奇"的社会心理,会失去人心之本真。他强烈谴责"众书并失实,虚妄之言胜真美"的现象。他主张文章应该"为世用":"为世用者,百篇无害;不为用者,一章无补。"①其所谓"为世用",即能够劝善惩恶,对社会起积极作用。他说:"天文人文,文岂徒调墨弄笔为美丽之观哉!载人之行,传人之名也。善人愿载,思勉为善;邪人恶载,力自禁裁。然则文人之笔,劝善惩恶也。"②在创作论上,王充反对摹拟因袭,主张文学贵在独创。他说:"美色不同面,皆佳于目;悲音不共声,皆快于耳。酒醴异气,饮之皆醉;百谷殊味,食之皆饱。"③王充的这些文学观点,对浙东文学与文化的影响非常深远。他以论辩的形式对前代的学术进行辨析和批判,其激烈的程度为西汉学术散文所不及。他常把自己的思想直接道出,往往不避烦琐,在一个问题上反复诘难、引证,说理深入透彻,在语言上不做有意的雕琢、修饰,使其通俗、晓畅,易于明白理解。自宋以后,浙东多学者,故学者之诗文比其他地区更多,这些诗文鲜明地烙有浙东学术的印记。浙东学者往往具备强烈的社会参与意识。如明初的方孝孺洞见了社会隐伏的危机,以弘道为己任,敢于抨击时弊,以个人力量向浇薄世风开战,使他的散文内容充实,并体现为批判现实的精神和推扬太古纯朴之风的心理祈向。清初黄宗羲有着历史的宽广视野,他的散文内容庞杂,角度不一,文笔多变,大到国家和民族的命运、天崩地解的时代遭际,现实的幽思,人生的哲理,小到一草一木,莫不统御

---

① [东汉]王充《论衡》卷30《自纪篇》,上海人民出版社1974年版,第453页。
② [东汉]王充《论衡》卷20《佚文篇》,上海人民出版社1974年版,第314页。
③ [东汉]王充《论衡》卷30《自纪篇》,上海人民出版社1974年版,第453页。

于他的笔端,且并非逃避现实、玩物丧志的小摆设,而是直面人生、历史和现实,关心国事、政治,显示出富赡的学问与高尚的人格。黄宗羲以政治批评为主的论文,直接表露了他的启蒙思想。他常以史家手笔,以古论今,透视社会现状,揭示社会弊端,剖析犀利,表现出强烈的启蒙意识和社会参与意识。浙东学者讲究史文会通,他们拥有博学的知识结构,擅长运用历史故实,使其相当一部分的诗文作品具有学问化倾向。

浙东作家还善于用诗歌记录乡土历史,笔下殊多凝重感和诗史感。清道光二十一年(1841),英军攻陷宁波,姚燮在逃难途中见到种种悲惨景象,义愤填膺,写了不少怒斥侵略者暴行和反映人民悲惨遭遇的诗,如《捉夫谣》等,作者亲见亲闻,才能写得如此具体深刻。姚燮还写诗讽刺封建统治阶级中的投降派,歌颂为国捐躯的民族英雄,如《闻定海城陷五章》之二,描写英雄将士栉风沐雨、忍饥挨饿、视死如归、坚持战斗的精神,生动感人。有的是写一家的险恶遭遇,也反映了战乱中人民的苦难,如《速速去去五解》《惊风行》等。还有的是直接写动乱的情景,如《北村妇》《山阴兵》等,这类作品广角立体地描绘了近代中国社会的独特境况,可谓近代中国历史的最初"影像",富有诗史般的价值。这些作品艺术手法变化多样,并继承了杜甫现实主义的诗风,熔新旧乐府于一炉,创造了以旧风格含新意境的境界。从创作主流看,浙东学者的务实品格促成现实主义文学的主导地位。

(二)从浙东作家的活动组织来考察

东晋永和九年(353)三月三日的一次兰亭集会,成为中国古代文人集会的典范。此后浙东文人的结社、集会不绝如缕,到了宋代以后,渐入佳境。宋代诗人的群体意识逐渐加强,结社风气十分盛行,浙东、浙西皆然,但浙东结社比起浙西来稍为逊色。南宋四明以楼钥为首的真率会,宋末越中词人结社联吟,都是浙东文人结社的典型。尤其值得注意的是,宋代永嘉出现了"书会"组织,这是从事话本或剧本创作的人士自行组织的团体,著名的有九山书会、永嘉书会。《张协状元》由九山书会编写,首出《满庭芳》云:"这番书会,要夺魁名。"可见为了招揽生意,提高创作质量,书会之间展开了激烈的竞赛。浙东人士的结社,不仅是兴趣相投的组织,且在某种程度上体现了善于抱团的风气。

明代浙东文人结社层出不穷,仅以四明一隅而论,社团组织达百家以上。①其中最为繁盛的为隆万时期,四明文人结社共计42家(详参表3)。

表3　隆万时期四明文人结社一览

	时代	县域	社名	成员	出处
隆庆	隆庆元年(1567)后	余姚	孙上林举会	孙上林、邓乔林、吕本、黄毅所	吕本《期斋集》卷4
		余姚	龙山吟社	黄尚质、吕本、邵惠久	黄宗羲《黄氏家录》《竹桥黄氏宗谱》
		鄞县	率真会	林时等	薛三才《明故乡饮郡宾春谷林公墓志铭》
	(时代不详,暂置于此)	慈溪	秦东藩结社	秦东藩、袁宗泗、桂德聚等	《慈溪秦氏宗谱》
	(时代不详,暂置于此)	鄞县	董大晟早年结社	董大晟	屠隆《白榆集》卷6《董扬明制义序》
	(时代不详,暂置于此)	奉化	舒南厓结耆社	舒南厓等	戴洵《戴司成集》卷16《祭舒南厓太亲翁文》
万历	万历五年(1577)之前	鄞县	文社	屠隆、沈泰鸿、沈一贯	全祖望《中条陆先生墓表》等
	万历四年(1576)之后	鄞县	莲社	释传瓶等	郭子章编《明州阿育王山志》卷8上
	万历七年(1579)	鄞县	范钦等结社	范钦、张渊、张子瑶、袁池南、屠大来	范钦《天一阁集》
	万历八年(1580)之前	鄞县	西资社1	沈明臣、屠隆、汪礼约、闻龙、澹如觉文禅师	闻性道《延福寺志》卷下

① 参见拙文《明代前期四明文人结社考述》,《鄞州文史》2021年第31辑;《明代正嘉时期四明文人结社考述》,《鄞州文史》2021年第32辑;《隆万时期四明文人结社考述》,《鄞州文史》2022年第33辑;《明末四明地区文人结社考述》,《鄞州文史》2022年第34辑。

续 表

时代		县域	社名	成员	出处
万历	万历十年(1582)之前	鄞县	道格上人结莲社	道格等	李生寅《李山人诗集》
	万历十年(1582)之前	慈溪	王萱结社	王萱、叶太叔(?)等	《王太史季孺诗草》
	万历九年(1581)之后	鄞县	邵城等结社	邵城、徐金星、杨承闵、陈葵石	《四明黄氏家乘》卷4黄景章撰《行状》
	约万历十二年(1584)	鄞县	沈明臣、屠隆缔社十洲	沈明臣、屠隆、释圆复等	释圆复《一苇集》等
	万历十二年(1584)	鄞县	延庆寺僧朗初结社	朗初、吕兑、陈亮等	吕兑《吕季子甬东杂集》等
	万历十二年(1584)	慈溪	永明寺僧莲舟结社	莲舟、吕兑等	吕兑《吕季子甬东杂集》等
	万历十七年(1589)之前	鄞县	十洲社	张邦侗、汪礼约、张子序、蔡用拙、闻龙、李德学、薛伯起、释朗初、释西来、释空波、释休远	张邦侗《张孺愿诗略》
	万历前期	鄞县	诗酒社	毛藩等	乾隆年间修《毛氏宗谱》卷4《慕松毛处士传》
	万历前期	鄞县	董国俊结社	董国俊等	《四明儒林董氏宗谱》卷7姜应麟《奉训大夫河南汝州知州春野董府君行状》
	万历前期	鄞县	耆英会	沈仁侣等	沈一贯《喙鸣文集》卷19《诰封通议大夫、太子宾客、吏部左侍郎兼翰林院侍读学士先考慕闲府君行略》

时代		县域	社名	成员	出处
万历	万历前期	甬上	邵景尧、杨守勤结社	杨守勤、邵景尧等十四子	乾隆《象山县志》卷9
	万历前期	鄞县	张玉等结文社	张玉、张璋、李遵	《甬东张氏家谱》卷22
	万历十七年（1589）	鄞县	诗社	屠大心、管大勋、林凤来、董邦乐、董樾、董橄	同治《鄞县志》卷35《屠侨传》附
	万历十八年（1590）之前	鄞县	梅妆馆七生社	黄嘉恩、余元声等(?)	屠隆《栖真馆集》卷11屠隆《梅妆馆七生社草叙》
	万历十八年（1590）之前	鄞县	锦春亭五子社	徐时进、董光宏、赵文叔、杨德述、杨德逊	屠隆《栖真馆集》卷12《锦春亭五子稿叙》
	万历二十三年（1595）之前	鄞县	湖曲社	徐时进、沈灏、俞翁昆仲	徐时进《啜墨亭集》卷9《湖曲社约》等
	万历二十四年（1596）十二月之后	鄞县	林泉雅集	吴礼嘉、屠本畯、全元立等六人	蒋学镛《鄞志稿》卷9《吴礼嘉传》
	万历二十五年（1597）	余姚	文会	孙如洵、邵广霞、禹瑞海、胡叔荐、卢曰俞等	《余姚孙境宗谱》卷2施邦曜《山东参政兵河道木山孙公行状》
	万历二十七年（1599）至三十二年（1604）	余姚	真率会	孙鑛等	孙鑛《居业次编》卷1《真率会追和司马公韵》
	万历三十年（1602）	鄞县	西资社2	屠隆等	释传灯《四明延庆天台讲寺志》卷6

续 表

时代		县域	社名	成员	出处
万历	万历三十二年(1604)之前	鄞县	大雅耆年之会	林祖述等	徐时进《啜墨亭集》卷12《清秋吟为林侍御道卿初度,读壁间诸公昨赋,醉而续此》
	万历三十二年(1604)之前	余姚	棋社	孙鑛、邹君谦、杨世华、杨文焕	孙鑛《居业次编》
	万历三十二年(1604)之后	鄞县(甬东)	张拱元结社	张拱元等	《甬东张氏家谱》卷21李鸣凤《明府学增广生沧洲公传》
	万历三十五年(1607)之前	慈溪	秋社盟	钱文荐、秦嘉兆等	《慈溪秦氏宗谱》卷10
	万历四十年(1612)至四十三年(1615)	鄞县	林泉雅会(又名鉴湖十老会)	全天叙、周应宾、吴礼嘉、林祖述、陈之龙、丁继嗣、周应治、黄景莪、屠本畯、赵体仁	全祖望《鲒埼亭集》卷38,《甬上屠氏宗谱》等
	万历四十五年(1617)之前	鄞县	玉几社	闻龙、释正理、释正昇等	郭子章《明州阿育王山志》
	万历后期	慈溪	万里社	赵斑、刘振之、沈履祥等	光绪《慈溪县志》
	万历四十七年(1619)之前	慈溪	丛桂社	赵斑、赵玙、刘振之、冯元飏、冯元飈等	冯元仲《同社祭刘而强兄文》
	万历后期	鄞县	香山涅槃之会	葛元明等	宁波天一阁藏《葛氏宗谱》
	万历与天启之际	鄞县	贯华社	释圆复、闻龙、汪其俊	释圆复《一苇集》
	约万历末期	鄞县	庚会	张问策、张瓒等族伯叔兄弟	《甬东张氏家谱》
	万历后期	鄞县	董大晟晚年结耆英社	董大晟	《四明儒林董氏宗谱》卷17

表 3 充分证明明代隆万时期,四明是文人结社最活跃的地区。

清初宁波诗坛的一大特色是结社风气大盛,杨凤苞在《书南山草堂遗集后》中说:"明社既屋,士之憔悴失职、高蹈而能文者,相率结为诗社,以抒写其旧国旧君之感,大江以南,无地无之。其最盛者,东越则甬上。……甬上僻处海滨,多其乡之遗老,间参一二寓公。"①全祖望在《湖上社老晓山董先生墓版文》中说:"有明革命之后,甬上蚩蚩之士甲于天下,皆以憔悴枯槁之音,追踪月泉诸老。"②《北郭林氏宗谱》卷二《世传·雪蛟府君传》亦记载:"是时吾乡遗老如林,相尚以气节、文章,词坛诗社争长一时。"仅据全祖望编《续甬上耆旧诗》统计,甬上的诗社有十余个,成员可以一身数社,其中最重要的是西湖八子社、南湖九子社、西湖七子社、南湖五子社。由遗民主持的诗坛,唱酬极盛,促进了地区诗歌的繁荣。某些遗老子弟亦群起仿效,有所谓淡园社、秋水社等。此外,浙西诸社的领袖人物钱光绣,也是宁波籍人;陈士京在福建参加了徐孚远的海外几社之集,沈光文在台湾组织了诗社。

(三)从浙东作家的地域书写来考察

注重地域书写是浙东文学的又一重要特征。浙东文学的视野非常宽广,并非只是叙写浙东地域的文学,亦非乡土文学,但其对浙东的地域书写更能彰显浙东文学的独特面貌。每个作家都携带着他在自己熟稔的自然和人文地理环境中所形成的地理基因,无论他在什么样的社会空间中写作,这种地理基因都会由于相应的地理环境的作用而对他的作品构成一定的影响。尤其是作家心态的形成,离不开他们所生活地域的文化背景。张杰曾指出:"在地域文化的滋养下,地域书写以其特有的文化魅力丰富了中国文学的本土经验。"③地域文学是一个地方的文化最生动的存在方式,作家的文化记忆、情感形态、审美趣味等,深受地域文化的浸润,并由此影响了地域文学的价值取向,锻造了文学的审美品性,于是文学常常成为一个地方的文化徽章。

---

① [清]杨凤苞《秋室集》卷1,《续修四库全书》本。

② [清]全祖望《鲒埼亭集外编》卷6,见朱铸禹汇校集注《全祖望集汇校集注》上册,上海古籍出版社 2000 年版,第 850 页。

③ 张杰《拓展地域文学的书写疆域》,《中国社会科学报》2016 年 4 月 15 日。

　　大致而论,浙东文人的地域书写主要涉及三大领域。

　　一是浙东自然山川的书写。如东晋文人最先发现了会稽山水之美,孕育了最初的山水诗。即便是短暂来游的外地文人,也对浙东山水倾倒有加。唐代来游浙东的诗人络绎不绝,他们陶醉于浙东的山光水色,如杜甫《壮游》所云:"剡溪蕴秀异,欲罢不能忘。"故他们的笔下殊多融情于景之作。不同的诗人写出了不同的浙东山水天地,如李白笔下的天姥山,差不多成为浙东山水的一个形象符号。明代余姚人杨珂的旅游诗作歌咏了浙东山水的雄壮奇险,如描写上虞的龙松岭云:"苍虬百尺倚岩悬,半岭冲开万窦泉。势压波涛遥跨海,气吞云雨不知年。"作者借自然山水不可阻遏的气势,表现了其崇尚自由叛逆的个性意识。古人笔下的浙东山水景观之美,成为今人开发地域文化资源的重要依托。

　　二是浙东风土人情的书写。浙东作者在就地取材的创作中,相当程度上再现了本地域的社会生活,亦在相当程度上显示了"浙东味"。宋代陆游描写家乡风物的诗歌丰富多彩,如《赛神曲》描绘了鉴湖畔一场隆重的祭祀仪式,《春社》反映了山阴农村社日演出参军戏的情景,《小舟游近村,舍舟步归》一诗记录了盲艺人的说书表演,《游山西村》让人领略了农村敦朴的乡情乡俗。总之,陆游的诗歌透出了浓郁的生活气息和地域文化的深厚底蕴。元代戴表元的四明山旅游诗常常点缀着色彩斑斓的浙东民俗风情,如村中的祷雨、巫卜、醉酒、祭田神、哭吊等场景,跃然纸上。作者写到了"前村楮钱禳训狐,后村竹弓弹老乌"(《村庄杂诗十绝》),看来,训狐(即猫头鹰)和乌鸦皆不受村民的欢迎,村民认为它们的存在会带来灾殃,因此不惜采用焚化纸钱、竹弓弹击的方法来驱赶。这些丰富多彩的带有民俗烙印的社会生活,为戴诗增添了浓郁的乡土气息。当然,他对一些风俗也有疑问,如《观村中祷雨》云:"自古有枯旱,人类几千龄。恐是自生化,难皆问苍冥。野草人不怜,何独不凋零?"意思是说,枯旱伴随着人类几千年,恐怕有其自身的规律,未必是由苍冥主宰的。让他困惑的是:为什么人类种植的庄稼总是受枯旱的威胁,而无人怜爱的野草,反而不容易凋零,表现出更为顽强的生命力?他又写道:"西村送龙归,东村请龙出。西村雨绵绵,东村犹出日。共称西人良,或是穷可恤。谁知所雨粟,尽入东村室。"在同一时刻,西村送龙,东村请龙,送龙的东村阴雨绵绵,请龙的西村偏偏红日杲杲。都说西村的人穷而善良,雨水垂青西村大概是老天有意的抚恤吧。可是有谁知道,西村的收成,最终都落到了东村人的室中。对这些现象的深入观察,贯穿了诗人对于天命、人道的思考。浙东历史上孝风浓郁,孝子辈出,明代张时彻《丘孝子传》出色地塑造了孝子丘绪的形象。该文中余母逼走了丘绪的生母,但丘绪从不记仇恨,对余母尽了真诚的一份孝心,并以自己的孝行打动余母。而对于生母,他从小一直思念不已,余母死后,他更是历尽波折、破家寻母。寻到母亲之后,他又代生母之夫陈翁偿还债务,并对陈翁也尽了孝心,这确实是常人难以做到的。丘绪是以实际的行动彰显了人性的光彩。浙东也存在不少落后、封闭的文化习俗。如明代方孝孺《越巫》以越地自古好巫为背景,刻画了越巫的典型形象。浙东之人自古崇尚风水,张时彻《王阴阳传》写王阴阳出身于阴阳世家,对阴阳之术深信不疑,终身付诸实践,却从来没有应验过,以至于贫困而死。文中不断出现相反相成的两重陈述,赋予作品以强烈的反讽意味。鲁迅《祝福》细致生动地描绘了绍兴地区新年祝福的场景。

三是浙东精神世界的书写。不管是自然山川的书写,还是风土人情的书写,都无法抹掉地域文化的精神内核。浙东产生了大量以本地文化精神为内驱力的文学作品,反过来也可以说,这些文学作品自然地承载了鲜明的浙东文化精神。浙东文学的内涵具有不同的层面,历史上那些承载着鲜明的地域精神的作品,自然会被优先阐释和评价。浙东文学中产生了大量尚武复仇的作品。如《越绝书》《吴越春秋》在文学上的最大特点,是以生动的情节渲染了吴越地区轻疾好死善斗的社会风俗。这是因为吴越民族具有飘忽轻捷的气性和超凌争胜的心理,容易形成使气善斗、快意恩仇、不计生死的民风民俗。这种内在的群体性格,自宋以来逐渐演变为气节、节概。故浙东文学家敢于张扬个性精神。如明代方孝孺说:"平生野性疏直,为文亦多激切,少温婉之韵。"①其所作《吊李白》一诗,列举李白种种傲岸不羁的逸事,赞其"当时豪侠应一人,岂爱富贵留其身",诗末又宣言:"黄金白璧不足贵,但愿男儿有笔如长杠。"其着眼点在于李白贫贱不移、威武不屈的耿介个性。明代中叶阳明心学所体现的狂狷意识,震撼了晚明的一些散文家,使他们顿然感觉到思想枷锁的存在,并且认识到枷锁是可以打破的,于是他们有了不拘成说、标新立异的胆量和勇气。特别是王学演变成"掀翻天地""非名教所能羁络"的泰州之学后,散文家更是"胆量愈廓,识见愈朗",大都具有冲出传统、蔑视权威、离经叛道以自为新说的批判精神和创造

---

① [明]方孝孺《逊志斋集》卷9《启》,影印文渊阁《四库全书》本。

精神。浙东文学中崇尚气节的作品更是不胜枚举。如张煌言的军旅诗是以抗清斗争为舞台,是其抗清斗争的剪影。作为行走于战火之中的军旅诗人,在情感投送上,总是把家国情怀、战争风云、军旅岁月串联在一起,或作激情,或作低吟,或勇猛进击,或抚摩伤口,创作出了不少雄浑激越、思想厚重、能够震撼灵魂的军旅乐章。张煌言的军旅诗抒发了铁心向明、初心不改的忠魂情怀。张煌言在军中所作诗篇,或记戎旅生活的艰辛,歌颂浙东义军的战斗精神;或抒情言志,表现高尚的民族气节和强烈的复明愿望。张煌言的诗歌是他军旅生涯的剪影,有些诗篇记述了重大的战斗,可以起到以诗证史的作用。作为军人,他全程记录了所领导的抗清义师艰苦卓绝的战斗经历,几乎涵盖了他所经历的东南沿海重大的抗清历史事件,像《瀚洲行》《闽南行》《师次燕子矶》《岛居八首》等,简直就是一部浙东义师的形象诗史。

在不同的历史时期,浙东文学的地域书写有所偏重。宋代之前,自然因素发生了至关重要的作用,进入宋代之后,地域文学的创作模式发生了重要的转变,更注重地域的人文特性。杨万里指出:"从文学创作角度而言,在唐代,'文学—自然'对应的创作模式到达顶峰,同时也盛极难继,接下来进入'人—人'对应的创作模式新时代,人与社会的关系日益成为文学表现的主要题材。与之相应,文体也出现新变,在传统文体如诗歌、散文中,自然景观在其中的表现很难有艺术上的突破,代之而起的是文人情趣、文化品格日益成为诗文表现的内容;同时,社会转型(城市生活的崛起)也呼唤着新文体的产生,如传奇、词曲、戏剧、小说等文体的兴起,并日益为人们所喜爱。……总体上看,从宋代起,中国文学最终摆脱了自然的束缚,走进了世俗人生,地域景观对文学特征的制约已经不起关键作用,代之而起的是地域文化之间、地域文化与中心文化的互动影响问题,这就是'同中见异'。"①杨万里所论的是宋代地域文学,笔者以为亦适用于浙东文学。

---

① 杨万里《宋代地域文学研究》,上海古籍出版社 2020 年版,第 4 页。

二、中国文学地图的最重要板块

浙东文学是中国文学地图中最为重要的一大板块。高利华等学者撰写的《越文学艺术论》从文学史的角度，勾勒出了越文学发展的主线。由于浙东文学内容太过丰富，我们不可能在短短的篇幅中面面俱到地串讲浙东文学的历史，倒不如聚焦若干个点，来证成浙东是中国文学地图中最为重要的一大板块这一说法，并顺带揭示其在文学史上的价值。

(一)于越文学是中国文学的重要源头

于越文学是浙东文学的开山。于越文学以歌为主。《候人歌》在辗转流传中虽仅留下了四个字，却使我们从中发现了于越诗歌发展的一条轨迹。它与《弹歌》相比，在艺术形式上有了飞跃性的进步。它在诗句里增加了两个具有非凡意义的虚词"兮"和"猗"，使诗歌容量增大，感情的表达更加深沉，并且在形式上要显得洒脱、飘逸、自由活泼，更具跳跃性与意蕴性。

关于《越人歌》创作的年代，著名楚辞专家游国恩先生在其《楚辞的起源》一文中曾有过较为详尽的考证，定为公元前 500 年。从《说苑》记载得知，这是一首越女棹歌，说的是楚国的王子鄂君子皙乘船在越溪游耍，因越人擅长舟楫，于是王子就命令越人船娘为其划桨，越人船家女因能与王子同舟，非常兴奋，拥楫而歌，歌的是越音。越、楚语言不通，故鄂君子皙一字不懂，乃召能通越楚两国语言的越人翻译，鄂君子皙始解其意。原文汉字用 32 字，楚译文用了 54 字，可知两者不是同一种语言，所以不能一一对译。此歌辞的旖旎，译文的优美，不在《国风》《离骚》之下，实是春秋时期文学界的凤毛麟角。《越人歌》是最早的方言之歌，真实地保存了古越语珍贵的原始资料，且带有浓厚的春秋时代特征，风格古朴。梁启超认为《越人歌》"原文具传，尤难得。倘此类史料能得多数，则于古代言语学人类学皆有大裨，又不仅文学之光而已"[①]；又说《越人歌》比《吴越春

---

① ［清］梁启超《翻译文学与佛典》，《饮冰室文集》之十二。

秋》中的《渔父歌》歌词古朴鄙陋,真实可信,"越女棹歌……在中国上古找翻译的作品,这首歌怕是独一无二了。歌词的旖旎缠绵,读起来令人和后来南朝的'吴歌'发生联想"①。由此我们可知翻译这首诗歌的越国译者的文学功力,同时也可以想见当时越国文学的发展水平。

(二)《越绝书》《吴越春秋》开长篇历史小说之先河

《越绝书》和《吴越春秋》,乃是浙东史传文学的鼻祖。会稽人袁康和吴平编纂的《越绝书》,记述吴越的历史地理及夫差、伍子胥、文种、范蠡等人的活动。《越绝书》的叙述体例,既不同于以人物为中心的纪传体,亦不同于以时间为顺序的编年体,而与纪事本末体较为接近,因而被人誉为"后世纪事本末体史书的雏形"②。该书除了《外传本事》《吴内传》《外传记军气》《篇序外传记》四篇以外,其余的十五篇都是以"昔者"开头,频繁地使用了倒叙手法,出现了时间的往返摆动,对此,杨义指出:"中国出现一本《越绝书》,它相当大幅度地采用了时空错乱的叙事方式,为小说叙事提供了一种新的美学可能性。"③与《史记》中伍子胥的形象相比,《越绝书》中的伍子胥人物性格更为丰富,感染力更强。《越绝书》对子胥奔吴的叙述与《左传》《史记》的不同之处,在于对子胥奔吴的缘由作了解释,并详细记叙了伍子胥与渔者的对话:

> (伍子胥)至江上,见渔者,曰:"来,渡我。"渔者知其非常人也,欲往渡之,恐人知之,歌而往过之,曰:"日昭昭,侵以施,与子期甫芦之碕。"子胥即从渔者之芦碕。日入,渔者复歌往,曰:"心中目施,子可渡河,何为不出?"船到即载,入船而伏。半江,而仰谓渔者曰:"子之姓为谁?还,得报子之厚德。"渔者曰:"纵荆邦之贼者,我也;报荆邦之仇者,子也;两而不仁,何相问姓名为?"子胥即解其剑,以与渔者,曰:"吾先人之剑,直百金,请以与子也。"渔者曰:"吾闻荆平王有令曰:'得伍子胥者,购之千金。'今吾不欲得荆平王之千金,何以百金之剑为?"渔者渡于于斧之津,乃发其箪饭,清其壶浆

---

① [清]梁启超《中国之美文及其历史》,《饮冰室合集》专集之十六。

② 叶建华《浙江史学史探源——论〈越绝书〉、〈吴越春秋〉的文化意义》,《浙江学刊》1989年第1期。

③ 杨义《中国古典小说史论》,中国社会科学出版社2004年版,第123—124页。

而食,曰:"亟食而去,毋令追者及子也。"子胥曰:"诺。"子胥食已而去,顾谓渔者曰:"掩尔壶浆,无令之露。"渔者曰:"诺。"子胥行,即覆船,挟匕首自刎而死江水之中,明无泄也。①

与《史记》旨在叙述史实的简略记事相比,《越绝书》增加了子胥与渔者的大量对话,这有助于揭示人物心理,凸显人物个性。如伍子胥问及渔者姓名,以图日后相报,渔者之回答,在视子胥与自己为两个不仁之人的情况下,还是以机智的歌声引导子胥渡江。在子胥为答谢渔者以价值百金之剑相赠时,渔者辞而不受。待读者看到渔者在子胥走后沉船挟匕首自杀以保全子胥的壮举,对渔者不禁肃然起敬。子胥的报恩心理、小心谨慎的个性及渔者的任侠形象得到更为细致的刻画,传奇性大大增加,情节更引人入胜。《越绝书》关于伍子胥故事最为虚幻怪诞的是在《越绝德序外传记》中的记载:子胥死后,"王使人捐于大江口。勇士执之,乃有遗响,发愤驰腾,气若奔马;威凌万物,归神大海;仿佛之间,音兆常在。后世称述,盖子胥水仙也"。一改史记讲究"实录"与"好奇"之特色,成为真虚莫测的"委巷之说""小说家言"。

赵晔撰写的《吴越春秋》,记叙吴国自太伯至夫差、越国自无余至句践的历史故事。它被称为"杂史",但文学成就较高。《吴越春秋》参考了《越绝书》,但文学性更强。这两部书在文学上的最大特点是以生动的情节渲染了吴越地区轻疾好死善斗的社会风俗。如莫邪为助丈夫铸成宝剑,竟毅然投入熊熊的火炉之中。

《吴越春秋》的故事情节曲折多变,引人入胜。书中许多故事在正史中有记载,但作者把它们写入书中时不是原封不动地袭用,而是依据传说或发挥想象,增加了许多生动的细节。如对于伍子胥奔亡过程中的渡江、乞食二事,《史记·伍子胥列传》总共用了一百余字加以叙述,到了《吴越春秋》中,这两件事所占篇幅甚多,长达六七百字。不但文字量大增,情节复杂,而且险象环生,扣人心弦,更富有小说的特征和魅力。《吴越春秋》的许多故事荒幻离奇,具有浓郁的浪漫色彩。一方面,《吴越春秋》是在正史的基础上演绎而成的,其中许多人物和事件在历史上确实存在,有其现实基础;另一方面,《吴越春秋》又吸收了许多神话

---

① 李步嘉校释《越绝书校释》卷1,中华书局2013年版,第18页。

传说和民间故事,它的荒幻离奇主要来源于此。卷九的袁公与处女比试剑术场面,袁公飞上树变为白猿,运用恍惚迷离的笔法贯通物我,模糊了人与兽的界限。类似的超越时空、出入生死的情节在《吴越春秋》中是大量的,开志怪小说的先河。陈中凡认为《吴越春秋》属于文学类的小说题材,它记载了民间传说和神话故事,对后世小说和戏曲产生了深远的影响。[①] 梁宗华认为《吴越春秋》"是一部以历史事件为题材的雏形小说"[②]。黄仁生更进一步认定《吴越春秋》是"我国现存最早的一部长篇历史小说"[③]。《吴越春秋》的小说家言虽然降低了该书的史学价值,却使其更具文学色彩。

(三)兰亭雅集是中国士人集会的最早典范

王建国指出:"从整个中国文学史的大视野来看,永嘉南渡使先秦以来的中国文学重心第一次从黄河流域迁移到长江流域,中国文学的版图发生了新的裂变和重组,对中国文学的发展具有重大意义。"[④]他将永嘉南渡后的江南文学空间划分四个区域:以建康、京口为中心的丹阳、晋陵地区;以会稽为中心的东土五郡(会稽、东阳、新安、临海、永嘉);以庐山和彭蠡为中心的江州地区;以襄阳和江陵为中心的荆雍地区。其中第二个文学区域的形成与经济密切相关。由于江东世族在经济发达的太湖流域实力强大,因而以王谢为首的侨姓高门士族纷纷南下,到浙东的会稽一带求田问舍。浙东文学在很长一段时间内,南下的北方士人及其后裔占据了主导地位。唐李逊《妙喜寺记》概括说:"越州好山水,峰岭重叠,逦迤皆见。鉴湖平浅,微风有波,山转远转高,水转深转清。故谢安与许询、支道林、王羲之常为越中山水游侣。以安之清机,询、道林之高逸,羲之之知止,虽生知者思过已半焉。"[⑤]晋室南迁,玄谈之风被带到江南,并对文学产

---

① 陈中凡《论〈吴越春秋〉为汉晋间的说部及其在艺术上的成就》,《文学遗产》(增刊)1959年第 7 期。

② 梁宗华《一部值得重视的汉代历史小说——〈吴越春秋〉文学价值初探》,《浙江学刊》1989 年第 5 期。

③ 黄仁生《〈吴越春秋〉作为首部长篇历史小说的思想成就》,《湖南师范大学社会科学学报》1995 年第 1 期。

④ 王建国《永嘉南渡与江南文学的空间演变》,《中国社会科学报》2014 年 8 月 22 日。

⑤ [宋]孔延之编《会稽掇英总集》卷18,影印文渊阁《四库全书》本。

生了极大的影响。魏晋玄学家认为"自然"是天地万物存在和运动的法则,是先于物质世界而存在的宇宙本源和根本规律,"自然"即道、无。这种自然观反映在文学创作上,导致了玄言诗的兴盛,并决定了玄言诗以体悟玄理为宗旨。东晋是玄言诗的时代,而会稽郡则是玄言诗人活动的主要区域。玄言诗的代表人物是孙绰和许询。孙绰原籍太原,许询祖籍高阳,他们都寓居会稽。许询、孙绰等人的有些诗歌抽象谈论义理,存在"理过其辞,淡乎寡味"的缺点。但当他们以玄对山水时,则又不乏新意。他们认为山水蕴藏着道,道外化为自然山水,道是根本,山水是表象,山水自然是识悟玄理的重要门径。他们探寻自然,接近山水,旨在体悟道,因此他们的玄言诗比以往更多、更细致地表现自然,这成为会稽玄言诗的一个重要特点。正是在这样的文化背景下,东晋永和九年(353)三月三日,王羲之组织了一次山阴兰亭集会,主、宾共 42 人,他们聚集在一起,开展了曲水流觞的活动,赋诗歌 37 篇,汇成一编,主持人王羲之为其写了一篇序,书法之精美无与伦比。三月三日上巳节,原本是除污秽、男女相会的传统节日,王羲之等人赋予了传统习俗以新的文化意蕴,开启了文人成群修禊春游、诗酒雅会的风尚,亦树立了文人雅集的最早典范。黄宽重指出:"文人交游、酬唱的活动,自古有之。……在诸多文人聚会的类型中,王羲之等人举行的兰亭会,是具典雅意义的活动。"[1]

在兰亭雅集中,与会诸公流觞赋诗,以超尘脱垢之心对山水,进入玄思,从中悟道。也有诗人抛弃了对"理"的空泛感悟,直接深入对大自然生命律动的审美感受。如孙统写道:"地主观山水,仰寻幽人踪。回沼激中逵,疏竹间修桐。因流转轻觞,冷风飘落松。时禽吟长涧,万籁吹连峰。"谢万写道:"司冥卷阴旗,句芒舒阳旌。灵液被九区,光风扇鲜荣。碧林辉翠萼,红葩擢新茎。翔禽抚翰游,腾鳞跃清泠。"这些诗以山水为描写主体,而玄理的成分几近于无,这种尝试是山水诗将要兴起的先兆。我们不妨说,玄言诗孕育了山水诗,促进了山水诗的兴起。明人薛冈云:"越,古之夷封,盟会不通于中国,勾践称霸,亦惟是功利表率种、蠡之徒,而君子六千,未闻以鲁人之文学先其智计。自王右军入越,兰

---

[1] 黄宽重《艺文中的政治:南宋士大夫的文化活动与人际关系》,北京大学出版社 2020 年版,第 187 页。

亭翰墨,价重连城,山阴、会稽之间,赫然以文学雄视海内,有如其国之霸业。"①薛冈拈出"霸业"两字,恰好昭示了浙东文学透溢的一种精神气质。兰亭雅集不仅引领了会稽的学风,也对后世中国文人生活情趣的养成有重大影响,曹虹指出:"像《兰亭集序》这样的早期宴集序的代表作,其抒情方式作为一种审美积淀而影响于后世。从某种意义上来说,它几乎含有一定的原型意味,后来的文人自觉或不自觉地有所应用或引申。"②唐以后不断有文人"修永和故事",兰亭雅集也就不断被模仿和复制。

(四)谢灵运开创了中国山水诗

中国士人山水审美趣味的基本格局,应该说是在东晋奠定的,寓居会稽的士人做出了决定性的贡献。东晋士人对自然山水的眷恋更深于前代。尤其是东晋中后期的人们,无不把山水作为倾心的对象。如谢安"放情丘壑",许询"好游山水",王羲之"好尽山水之游",并说:"我卒当以乐死。"他们寄情于山水,简直把整个灵魂都融入大自然中去了。山水之美成为人们日常生活所关注的一大话题,某些对山水缺乏浓烈兴趣的人甚至受到当面的讥嘲。在孙绰看来,神情不关山水,简直没有作文的资格,山水在当时人心目中的分量,可谓重矣。山水进入文学,早期的形态却主要是伴随着玄思出现的,游览与审美,并未处于中心地位。东晋后期,有少数诗篇,只写山水而未涉玄理。如谢混的《游西池诗》中有一段山水描写,写出了明秀山水的美的韵味。谢灵运的出现,改变了山水在诗中的地位。谢灵运因政治欲望未得满足而导致产生与朝廷尖锐对立的情绪,乃将其精神寄托在对山水的纵情游赏上,并以其富艳的才情,极精致地描绘出奇秀的山水状貌。于是大量的山水景物,各以其鲜异的姿容,闪耀出清美的光辉,在诗歌领域里开辟了一个引人入胜的新境界。正是在这种文化背景下,谢灵运开创了中国真正的山水诗时代。

从谢灵运政治上的表现看,因权力欲得不到满足,内心亦多不平,常怀愤愤。他为了宣泄内心的忧愤,常在山水中寻求慰藉。他还在始宁修建了山居别

---

① [明]薛冈《天爵堂文集》卷17《与绍兴李节推公祖》,《四库未收书辑刊》本。
② 曹虹《〈兰亭集序〉与后代燕集诗》,载曹虹等主编《清代文学研究丛刊》第1辑,人民文学出版社2008年版,第205页。

墅,"傍山带江,尽幽居之美"。他创作的山水诗,常呈现为游览诗的面貌,其佳处在于善于极貌写物,刻画精微。他对景物有传神的把握,常常曲尽景物的形、声、色之美,亦能传达出景物的神韵,而不作画工式的描写。如《过始宁墅》在叙述之后写道:"白云抱幽石,绿筱媚清涟。"清水涟漪,竹影掩映,山水清幽,白云缭绕,把人引入宁静明瑟的美的境界。大自然清幽明净的美,是如此的和谐一体,水云竹石,仿佛有生命跃动,两情依依。"野旷沙岸净,天高秋月明"两句,也是在色彩和谐的画面中流溢着情思韵味。谢灵运在退居会稽、为官永嘉期间,创作了大量的山水诗,打破了玄言诗的统治地位,扩大了诗歌的题材领域,真正奠定了山水诗在中国文学史上的地位。

(五)"浙东唐诗之路"是唐代最有诗意的旅游线之一

"浙东唐诗之路"的概念最初是由竺岳兵提出来的,是以萧山西陵渡口为起点,经会稽,南入曹娥江、剡溪,终至天台的旅游线。唐代 450 余位诗人行经在这条黄金旅游线上,留下了约 1500 首诗篇,其中叙写天台的多达 1200 余首。浙东山水优美,水陆交通发达,旅游相当方便。境内分布的镜湖、剡溪、沃洲山、天姥山等,都是诗人漫游所必经之地。得天独厚的地理条件与浓厚的历史人文沉淀,助推了浙东唐诗之路的形成。李白、杜甫、王维、孟浩然、白居易等大诗人都曾行走在这条路上,创作的诗歌从内容上看,有对浙东地理特点、自然风景的真切描绘,有对浙东风土人情、宗教气氛的生命体验。浙东山水、宗教与才藻的融合,形成了一些典型的本土地理意象。尤其是李白笔下的天姥山,具有浙东山水的符号意义。这条旅游线的形成,对唐诗发展有着重大影响。

在这条旅游线中,大历时期的浙东联唱具有别样的文学意义。联唱留有姓名的 38 人中,除了严维外,都不是浙东人。可见,客居文人已经对当时浙东文化发展产生了相当大的影响。如果说鲍防是外来诗人的代表,那么严维则是浙东诗人的代表。大历年间的浙东联唱,每一次都离不开严维。《大历年浙东联唱集》现存 49 首诗偈,虽然皆非杰作,却体现了一些独有的特色,具有一定的文体史、文学史和文学社会学意义。首先,这些诗清晰地呈现了安史之乱中士大夫的心理变化轨迹。《入五云溪寄诸公联句》一首,诗人们兴致勃勃地步月寻溪,游山玩水,吟诗探题,沉迷于"狂流碍石,迸笋穿溪"的幽美景象中,直到最后一句,才点明这一切的动机:原来是为了逃避战乱,解除城中"鼓鼙"所带来的心理阴影。《状江南十二咏》在浙东联唱诗中最富于艺术魅力,整组诗按照四时十二月的次序,分咏江南的美景佳产风情,描写细微如画,比喻新鲜贴切,用词自然流丽,充满清新秀美的水乡风味。这一组诗在文学史上的另一个重要意义是引出了一大批专咏南方风物的诗词。浙东集会的总集以"联唱"为标志,在诗史上属第一次,也可见出这些诗人创新文体的自觉意识。在此之后,联句诗就大量出现,此起彼兴,连绵不绝。稍迟几年,有更大规模的浙西联唱。从地域文学的角度看,这次浙东联唱无不表现出越地旅游文化的特点,一是浓郁的宗教情趣,二是茶酒文化的影响。联句时以"酒宴""茶宴"的形式出现的占三处,足见越中的茶酒文化已与诗人群体发生了广泛的联系。

(六)浙东是中国戏曲的发祥地

南戏是南曲戏文的简称,它最早流行在浙江的温州一带,所以又叫"温州杂剧"或"永嘉杂剧"。这种杂剧的特点是用村坊小曲来演唱民间小戏,以表演故事情节为主,有别于当时那种因题设事的简短形式的杂剧。南戏滥觞于北宋宣和之前,"是唐宋杂剧在温州地方化的结果"①。南戏作为中国最早成熟的戏曲,在南宋就产生了永嘉人所作或永嘉书会编演的《赵贞女》《王魁》《乐昌分镜》《王焕》等最早一批剧本,但剧本都未流传下来。《永乐大典》中的《张协状元》《宦门子弟错立身》《小孙屠》三种,则是现在可以看到的最早的宋元南戏剧本。从题材内容看,南戏与温州的学术思想有着直接的联系。正如唐湜《南戏探索》所云:"南戏初期的一些有代表性的戏,特别是那些'负心悲剧',有着强烈的批判现实主义倾向,我以为与永嘉学派的思想影响也有着千丝万缕的关系。"②南戏的篇幅较长,不像元杂剧那样受一本四折的限制,多数作品都有几十出。一般南戏每出中不限用一个宫调的曲牌,也可换韵,各个角色都可唱,也可对唱、合唱、接唱。为吸引当地观众,南戏所用的曲牌,殊多地方曲调,如九山书会才人所编《张协状元》,使用了《东瓯令》《台州歌》之类的地方民间小调。

---

① 徐宏图《温州古代戏曲史》,人民出版社 2018 年版,第 29 页。
② 唐湜《南戏探索》,载《南戏探讨集》(内刊)1980 年第 1 辑。

(七)高明《琵琶记》是南戏向传奇演进阶段的开山之作

南戏自永嘉发源之后,不断地向杭州、越州等周边地区传播。元末至明初,最重要的南戏作品,有高明的《琵琶记》和号称"四大南戏"的《荆钗记》《白兔记》《拜月亭》《杀狗记》。其中《荆钗记》多认为是元人柯丹邱所作,第二出《会讲》中夸耀了永嘉的繁华景象:"越中古郡夸永嘉,城池阛阓人奢华。思远楼前景无限,画船歌妓颜如花。"《荆钗记》开场"家门"声明此剧是为表彰"义夫节妇"而作,它的宗旨是提倡夫妇间的相互忠信,这是浙东自古形成的社会风气在作品中的投射。王十朋被塑造成与早期南戏中富贵易妻的蔡伯喈、王魁、张协等人物相对立的形象,从与之相反的角度表达了相同的家庭伦理意识。此剧的文辞较粗糙,多用俚俗语言,但戏剧性很强,有较好的演出效果。《白兔记》是"永嘉书会才人"在《五代史平话》和《刘知远诸宫调》等的基础上编撰而成的。高明《琵琶记》采用双线结构,以"三不从"为基本关目,叙写蔡伯喈与赵五娘悲欢离合的故事。高明在《琵琶记》的开场词中,批评一般的戏剧"少甚佳人才子,也有神仙幽怪,琐碎不堪观",宣称"不关风化体,纵好也徒然",强调戏剧创作以有助风俗教化为先,倡言戏剧作为道德教化的工具。正是在元末浙东士人尽忠与尽孝的艰难抉择中,高明第一个在舞台上尽情地展现了忠与孝的内在冲突。全剧体贴人情,委曲必尽,描写物态,仿佛如生。高明用清丽之词,一洗作者之陋,且在声调格律方面改变了早期南戏不讲究宫调配合的做法,此剧不但被誉为南戏之冠,且被后世推为"南曲传奇之祖"。《琵琶记》在中国文学史、戏剧史上都具有里程碑的意义,它标志着辉煌的元杂剧时代已经结束,以传奇为主要内容的明清戏剧史新阶段已经开始。

(八)李渔的小说、戏曲创作进一步开辟了文学商品化的道路

金华兰溪人李渔(1611—1680)是清代拟话本小说的代表作家,所著《连城璧》和《十二楼》两种拟话本小说是清代白话短篇小说的上乘之作,也是继"三言二拍"后最有价值的两种拟话本小说集。李渔又是清代前期重要的剧作家和戏剧理论家。其戏剧理论主要见于收入《笠翁一家言》的《闲情偶寄》。李渔后半

生主要靠"以女乐游公卿间"维持生计,他声称:"不肖砚田糊口,原非发愤而著书。"①李渔小说、戏曲创作最根本的特点是娱乐性。他的小说、戏曲不是没有说教成分,但李渔主观上认为小说和戏曲只是一种供人消愁解闷之物,应该具有趣味性。他不再把小说视为政治的延伸和附庸,转而极力追求戏剧效果。可以说,李渔的小说凸显了娱乐功能,冲淡了严肃的人生思考。为了追求有趣,李渔的小说以陈旧平板为病,追求故事新奇有趣,情节跌宕多姿,制造一种出奇制胜的艺术效果。小说题材尽管都是日常生活,却注意深入体察、择取,从一些看似平淡的生活事件中发掘出富有戏剧性、趣味性的情节,力求将常人常事翻出新意,使读者观之忘倦,令"当世耳目为我一新"。故此,李渔在小说的情节安排上,也是务求奇巧,大量运用巧合、误会、悬念、对照等戏剧手法,为故事点染出浓郁的趣味性;在编排上则细针密线,使故事的发展环环相扣,波澜迭起,首尾呼应,呈现出一种结构上的精巧别致,艺术效果相当明显。最富奇趣的如《夏宜楼》,描写瞿吉人购得望远镜登楼观望,他依靠这件宝器,击败两位情敌,娶了詹小姐。别人家拜神拜物,他们家崇拜这件"高科技"产品。作品抛弃了占卜之类的俗套,而与西学东渐相联系,借助于望远镜这类小道具,攻克礼教堡垒,达成美满姻缘,所以结构上极为新奇,打开了人们的眼界,让人拍案叫绝。李渔创作戏曲同样是为了娱人。在明末清初的商业化大潮中,李渔的戏曲创作的业绩很大程度上反映在"票房价值"上,而"票房价值"的高低,又与市场销路即戏曲是否拥有广大的观众有关。因此,李渔特别讲究舞台效果和娱乐功能,能投合市民的心理,大量创作为市民所喜闻乐见的作品。如《风筝误》一剧通过放风筝造成误会,引出一系列波澜曲折的喜剧情节,产生了浓郁的喜剧效果,唤起了观众的强烈兴趣。可以说李渔是清初最有市场头脑的作家,他的小说、戏曲进一步开辟了文学商品化的道路,李渔本人也可称为商品化文学的先驱。

此外,自宋以来,浙东涌现了一批以地域命名的文学流派,如宋代的"永嘉四灵"和永嘉文派,元代的金华文派,明代的越中曲派,清初的浙东文学派等,都在中国文学史上占有重要一席。

---

① [清]李渔《笠翁文集》卷2《曲部誓词》。

浙东书法

浙东书法最早可追溯到出土于余姚的汉《三老碑》。《三老碑》书风浑穆而善变，当是由主体感情波澜而产生内部风格演变，这样在同一碑中带有明显的书法演变色彩的实例，在中国书法史上是绝无仅有的，这对研究我国书法演变的历史具有重要意义。汉《三老碑》是浙江省迄今发现的最早的一块石碑，素有"浙东第一碑"之称，现藏于西泠印社的三老室内。但浙东形成自己的书法传统，却要从"二王"算起。

一、源远流长的"二王"系书法

晋代是中国书法史上的一个里程碑。随晋室南迁的世家大族，深受佛老思想的浸润，游心自然清谈，寄情琴棋书画，开拓了一片迥异于汉代读书人的生活空间。书法在世家大族子弟中更有其特殊位置，流风相扇、竞能斗胜中，以"韵"相尚，更加自由地利用书法彰显自己的个性和情趣。他们发现行书、行草书更能体现个性、宣泄感情、表露心迹，于是秀丽妍媚、丰神洒脱、清逸雅淡的书风流行一时，成为晋书"尚韵"的典型特征。诚如宗白华所说："中国独有的美术书法——这书法也是中国绘画艺术的灵魂——是从晋人的风韵中产生的。"[1]

迁居会稽的东晋名士颇有文艺气质，他们皆好老庄，性情闲散，尚洒脱飘逸，以王羲之、王献之父子为代表的行、草书，树立了历史的新高峰，成为一个时

---

[1] 宗白华《美学散步》，上海人民出版社1981年版，第213页。

187

代精神生活的标志。王羲之(303?—361)初学书法是由父亲王旷传授的,最初师法卫夫人,后又学张芝、钟繇,在此基础上推陈出新,终成大家。"他的书法艺术总体特征是:运笔丰盈跌宕而不锋芒毕露,气势稳健洒脱而安逸平和,笔画线条的粗细变化与运笔提按的枯涩疾速自然和谐,结构的疏密挪让与章法的虚实分布浑然呼应。"①他将钟繇古质朴素的书风改变为风流妍妙的今体,尤其是他的行书、小楷书,标志着这两种字体的成熟。王羲之以完美的技法和婉媚的风范,影响了此后整个中国书法的进程。王羲之传世草书作品有《十七帖》《初月帖》《快雪时晴帖》等。其中《十七帖》运笔气势流畅,风格秀丽劲健,是历来学写草书的范本。《兰亭集序》布局疏朗有致,风格遒媚飘逸,取势纵横自如,可谓字字精妙,与诗序的内容及崇山峻岭、茂林修竹的自然环境珠联璧合,达至了无人能超越的艺术高度,在唐以后被誉为"天下第一行书"。虽然唐以前学者推崇的"书圣"并非指王羲之,而是指皇象、胡昭和张芝,但终因《兰亭序》的非凡成就,"书圣"渐渐成为王羲之的代称。陶弘景《与武帝启五》指出,王羲之"凡厥好迹,皆是向在会稽时,永和十许年中者"②。可见,王羲之寓居会稽时期,正是其书法创作的高峰时期,兰亭则成为书法界的圣地。王羲之摆脱汉魏笔风,形成了遒美健秀的新书风,为浙东书法奠定了基础。

王羲之的儿子王献之,字子敬。自幼从父学书,精勤不懈,又吸收张芝技法,勇于革新,开创出新的天地。他以行书及草书闻名,妙趣天然,风神高迈,"骨势不及父,而媚趣过之"③,学界尊之为"小圣"。唐代张怀瓘《书仪》指出:"子敬才高识远,行草之外,更开一门。夫行书非草非真,离方遁圆,在乎季孟之间,兼真者谓之真行,带草者谓之行草。子敬之法,非草非行,流便于草,开张于行,草又处其中间,无藉因循,守拘制则,挺然秀出,务于简易,情驰神纵,超逸优游,临事制宜,从意适便,有若风行雨散,润色开花,笔法体势之中,最为风流者也。"王羲之、王献之父子合称"二王","逸少秉真行之要,子敬执行草之权,父之灵和,子之神俊,皆古今之独绝也。世人虽不能甄别,但闻二王,莫不心醉"④。

---

① 王琪森《中国艺术通史》,江苏文艺出版社 1999 年版,第 201 页。
② [唐]张彦远《法书要录》卷 2,影印文渊阁《四库全书》本。
③ [唐]张怀瓘《书断》卷下引羊欣语,影印文渊阁《四库全书》本。
④ [唐]张彦远《法书要录》卷 4,影印文渊阁《四库全书》本。

晋末二王称英,古今莫二,他们的书法不但是晋韵的典范,且代代相传而不衰,成为帖学的正宗。自晋唐以来,浙东地区的书法亦以二王系为主流,这是无可争辩的事实。好书的宋明帝诏求前废帝景和动乱(465)时散失的二王等名家书迹,乃派遣虞龢"使三吴、荆、湘诸境,穷幽测远,鸠集散逸","数月之间,奇迹云萃"。① 宋明帝乃诏虞龢与巢尚之等人"科简二王书法,评其品题,除猥录美,供御玩赏"②。虞龢将精心搜集到的钟繇、张芝、索靖、钟会等名家书迹,当作"希世之宝",小心仔细地加以整理。最后虞龢新装二王镇书定目大小王各六卷、羊欣书目六卷、钟张等书目一卷,并写诸杂势一卷。虞龢另有《法书目录》六卷,恐与上列书目多有干涉。泰始六年(270)九月,虞龢根据搜集整理书法情况上《论书表》,向宋明帝作了汇报。《论书表》依据三品九等(加上"冠冕"则为十等)建立了书法品级论,品第的内容则是以二王书法为中心。《论书表》不妨视为关于二王书法整理的报告书。在二王书法的评价史上,这部书具有极其重要的意义。它几乎记载了后世有关二王逸话的全部话题,令人想到,后世有关二王的话题,均是以此书为渊源的。随着二王新地位的确立,以他们(包括早有定评的钟繇、张芝)为准绳,才有虞龢等人建立书法品级论的尝试。这就是《论书表》之所以将二王列为"书之冠冕"这一特等品级的时代背景。此后,将钟、张、二王四人置于特等或上上品,在书法品级论中渐成定论。因此,从此层意义上讲,在书法品级史上,虞龢的《论书表》具有重要意义。他慧眼独具,认为王氏父子的书法"优劣既微,而会美俱新,故同为终古之独绝,百代之楷式"③,从而确立了二王书法各有千秋的历史地位。

尽管南北朝效慕二王书法已成一时风尚,但最能得其神韵的恐怕还得首推二王族人,如王僧虔、智永等。隋代智永禅师为王羲之七世孙,习书勤奋,其书法"半得右军之肉,兼能诸体,于草最优"④,开启了以二王为宗的唐代书风。他创立了"永字八法"理论,推动了浙东书法的发展。会稽永欣寺僧智果师事智永,张怀瓘《书断》将其书法列入能品。智果所作《心成颂》,是最早分析书法字

---

① [唐]张彦远《法书要录》卷2,影印文渊阁《四库全书》本。
② [唐]张彦远《法书要录》卷2,影印文渊阁《四库全书》本。
③ [唐]张彦远《法书要录》卷2,影印文渊阁《四库全书》本。
④ [唐]张怀瓘《书断》卷中,影印文渊阁《四库全书》本。

形结构的文章,开欧阳询《三十六法》之先。

唐代建立后,唐太宗李世民重视书法,并且极力推崇王羲之。他广泛搜罗王羲之书法,派书家鉴定真伪,对真迹响拓临摹,然后把临摹品分赐朝中大臣。今天所能见到的《兰亭序》摹本就有冯承素摹本、褚遂良摹本、欧阳询摹本等多种。李世民撰《圣教序》,由怀仁汇集王羲之字迹,摹刻上石,这就是著名的《集王圣教序》帖,可谓集字帖之祖。在李世民的大力倡导下,唐初掀起了王羲之书法热,也形成了以欧阳询、褚遂良、虞世南、陆柬之、柳公权、徐浩为代表的书家群,他们法魏晋风猷,承二王余绪,重法式,重典则,又以一种欣欣向荣的清新姿态展现出来,极为妍美漂亮。

余姚虞世南师法同郡名僧智永,妙得王体真髓,又广泛地临习魏晋南北朝以来的诸碑版,创造出在凝重严肃之中含流美飞扬韵味的虞体书法,其特点是用笔沉粹典丽,结体平和稳定,风格遒劲,具有一种势柔而局密、锋廉而韵厚的艺术美感。最能代表其书法创作风格和成就的是《孔子庙堂碑》和《汝南公主墓志铭》。《孔子庙堂碑》书于贞观元年(627),是其书艺纯熟时期的杰作,也为唐楷典范之一。其楷书行笔,行气相贯,而且整饬有法,字字精神,温润圆浑,秀色俊发。尤称精美的"戈"法,突出表现主笔的风格特征。传为虞氏所书的《汝南公主墓志铭》墨稿,作于贞观十年(636),已非全帙。从此帖可见虞氏的行书清婉而无寒伧气,体势常带敧侧,如纵却敛,受《兰亭序》影响明显。明代王世贞评论说:"晚得永兴《汝南公主墓志铭》草一阅,见其萧散虚和,风流姿态,种种有笔外意。"①认为此帖的行书成就在褚遂良《枯树赋》之上,甚至可以和《兰亭序》并驾齐驱。《积时帖》行兼草书,下笔如天马行空,奔放流畅,挥洒自如,给人以淋漓酣畅、变化万千的感觉;《左脚帖》行书,从容平和,行笔流畅,气象飘逸。凡此,均可侧面窥见虞世南在书法上的造诣。

虞世南是有书学理论建树于初唐并影响于后世的最重要人物,有《笔髓论》《笔体论》《书旨述》,并为唐太宗主持编定的《禁经》所收集。他的书法理论引人注目之处是提出了神遇—心悟—无为论。其《笔髓论·契妙》无疑是书论的核心部分,也是自有书法史以来最有思想容量、最具认识深度的一篇书法美学论

---

① [明]王世贞《弇州四部稿》卷 130《题唐虞永兴汝南公主墓铭稿真迹后》,影印文渊阁《四库丛书》本。

述。他认为"达性通变"的"无为"无疑是书法艺术的最高境界,但若要达到这个境界,还要有主体的心悟,而心悟阴阳变化之"至道",又只能依靠神遇(神思独运)而不可力求。虞世南还提出了运笔之妙的基本法则。他以"心为君""手为辅""力为任使""管为将帅""毫为士卒""字为城池"的比喻,精妙地指明了书家如何处理心、手、力、管、毫、字之间的关系。他还第一次总结出"指实掌虚"的执笔原则,这是中国书法教育史上最有权威性的执笔观点。盛唐越州籍书法家徐浩著有《法书论》,力倡宏放矫健的书风,要求丰腴与骨力相结合,反映了彼时的审美好尚。

唐代颜真卿法度谨严的楷书、浪漫奔放的狂草,都呈现为典型的盛唐气象,故自颜真卿开始,书风丕变,"自颜而下,终晚唐无晋韵矣"①。至宋太宗又重新推崇二王,下旨编纂的《淳化阁帖》,既博取诸家,又以二王为归,恢复了二王书法的道统地位。《淳化阁帖》有"法帖之祖"的美誉,一经刊行,流播深远,二王书法自此成为帖学的正宗。

浙东历来是二王系书法的大本营,而二王系书法又是浙东地域书法的最大特色所在,自宋以来,未有大变。如明代鄞县丰坊的书法出入魏晋,以二王为宗。清初慈溪姜宸英工小楷、行书,以小楷书最精,梁同书推其为本朝第一。姜宸英是二王书法的追随者,家藏兰亭石刻,拓本称《姜氏兰亭》。天一阁藏《老易斋法帖》十种是搜罗最多的姜氏的一部单帖,有钱大昕、梁同书等名家题跋,称姜之书法得力于晋唐大家,痛扫圆熟一派,秀挺中弥具古趣,更具一股清新拔俗之气。

清代书法以馆阁体为主,因循守旧,千人一面。慈溪人梅调鼎年轻时曾补博士弟子员,后因书法不中见黜,不得省试,从此绝意仕进,发愤学习书法。少时致力于二王,中年以后参酌南北碑书,晚年笔势沉雄剽悍,碑帖兼蓄,南北融合,脱离晚清馆阁体的书法束缚和艺术窠臼,开创形成了以用笔方圆兼施、结体典雅、风神秀逸为特色的个人书法风格,成为后世公认的浙东新书风的开创者。钱罕在梅氏亲炙的门生中最为著名,在继承梅氏书风之外,又融入汉魏六朝碑学,统合南北碑帖,是浙东书风承上启下的关键人物。沙孟海在《近三百年的书学》一文中这样评价梅调鼎:"说到他的作品的价值,不但当时没有人和他抗行,

① [明]杨慎《墨池琐录》卷2,影印文渊阁《四库丛书》本。

怕二百六十年中也没有这样高逸的作品呢。"①

二、浙东书风的变奏

二王系书法尽管是浙东书法史上的主流,但浙东书法并非一成不变。在特定的历史阶段,由于禅风的熏染、心学的浸润,出现了不少令人瞩目的变奏,丰富了浙东书法史的内容。

(一)禅僧书法的兴起

佛教徒学习书法并不违背佛学理念,这在佛经中载有明文。从《杂阿含经》中可以看到,佛陀早已将书画等技艺作为传播佛法、普度众生的方便手段。魏晋南北朝时期,抄写佛经的行为极为盛行,就现存敦煌写经来看,抄经目的大致有两种:一是为了便于受持读诵、流通供养;二是为了报佛恩、报皇恩以及为自己和亲人祈福。影响所及,后世文人及书家如白居易、柳公权、苏轼等人都有抄经之举。抄经者多为出家僧尼或在家信众,他们大都怀着虔诚的态度抄写佛经乃至刺血写经。但总的来说,抄写佛经作为一项佛事活动,更多地体现在抄写内容而非书写行为本身。随着禅宗的深入发展,上述情况开始发生改变。晚唐产生了一批以禅意为书的禅僧书家,他们不讲任何法度,也不把王书视为模式加以尊崇,他们的书法不为实用,而为悟禅,故而对书法有着内心契妙的体验,以心传心,自解自悟。在禅僧的眼中,书体书风与禅法禅风之间具有一定的可类比性,这也成为书禅互喻的桥梁。他们用书学笔法对后学进行指引。以唐代睦州道明禅师为例,《古尊宿语录·睦州和尚语录》记载:"有座主善解二十四家书,师问:'你解二十四家书是否?'主云:'不敢。'师遂于空中作书势云:'是什么字?'主云:'不会。'师云:'唵,唵!这个阿师脱空妄语,道我解二十四家书,永字八法也不识。'主无语。"②道明禅师以拄杖在空中"点一点"的行为,既代表"永字八法"的起笔,也暗含着佛法广大、犹若虚空。这其实是将"永字八法"视为禅

① 沙孟海《近三百年的书学》,《东方杂志》1930年第27卷第2号。
② [宋]赜藏主编集、萧萐父等点校《古尊宿语录》卷6,中华书局1997年版,第104页。

法,并认为二者都由心中流出,故而道明禅师之举,其实是为了提醒秀才返照自心,莫要执着事相。释翕光(即辩光)说:"书法犹释氏心印,发于心源,成于了悟,非口手所传。"①他把自来强调的"非口传亲授不得其秘"的学书方法彻底否定了。在禅僧看来,艺术的审美境界只能诞生于最自由、最充沛的心源之中,一切美之光都来自于心灵,没有生命心灵的折射,是无所谓美的。而真正构成书法艺术生命境界的东西是不可言说的,只能通过心悟。这一"书由心造"的书论,与虞世南、孙过庭等人以"心"为主的书论相对一致。为此,晚唐的著名书僧亚栖在《论书》中喊出了"自变其体"的时代呼声,开始向"自有我在"的方向演变,随我之性,写我之心,随心而出。更有意义的是,翕光禅师的这段话建起了书法与禅相联系的桥梁。诚如潘婷、侯本塔《借书说禅:唐宋禅林中的书法运用》一文所说:"翕光禅师这段话更重要的意义在于,他将'书'直接视作了'禅',于是'写书'的行为也就略同于'参禅'的功夫。这样理解并非强行牵合,而是与中晚唐时期的禅学思想密切相关。惠能再传弟子马祖道一曾说'六根运用,一切施为,尽是法性'(《四家语录》卷一),三传弟子百丈怀海也认为'一切举动施为,语默啼笑,尽是佛慧'(《古尊宿语录》卷二)。在这种'作用是性'的理念下,所有见闻觉知、言语动作都被视为本心自性的体现。所谓'凡所见色,皆是见心'(《宗镜录》卷一),只要自心处于无念无住的禅定状态中,诗文书画等手段均可成为参禅的途径与方法。"②由此,晚唐书僧开创了中国书法美学的一个转折期。在这种文化大背景下,如行云流水、运思无羁的草体,以恣意纵情的率性之美为特征,更适宜于书者的情绪宣泄。它那诡谲夸张的具象,也更容易感染读者,得到人们的审美认同。而对草书发展贡献最大的是唐代释门的书法高僧,草体在唐代是为释门书苑赢得主体自尊的一种书体。

唐末五代时浙东明州一带禅风很盛,与书法权落僧家的时代趋势相一致,涌现了一个以书修持的小小的书僧群落,代表人物为翕光及其弟子,书法成为他们悟得禅机或以佛心观照自我的绝好形式。惜乎他们的书法作品均无流传,现在只能从文献资料中略窥一斑了。释翕光字登封,俗姓吴,永嘉人。得陆希声授"五指拨灯诀",长于草隶,书法遒健。五代刘泾作《书话》,专评唐代的五位

---

① [宋]苏颂《苏魏公文集》卷72《题送翕光序》引,影印文渊阁《四库全书》本。
② 潘婷、侯本塔《借书说禅:唐宋禅林中的书法运用》,《中国社会科学报》2020年10月27日。

书僧:"以怀素比玉,亚栖比珠,高闲比金,贯休比琉璃,亚栖比水晶。"①唐代浙东的草书首推贺知章,晚唐则以亚栖为代表。故吴融的《赠亚栖上人草书歌》云:"篆书朴,隶书俗,草圣贵在无羁束。江南有僧名亚栖,紫毫一管能颠狂。……稽山贺老昔所传,又闻能者惟张颠。上人致功应不下,其奈飘飘沧海边。"②亚栖晚年归隐明州国宁寺③,"出笔法,弟子从瑰,温州僧正智琮皆得墨诀"④。亚栖的草书以达致"逸格"境界为其主要特征,曾自言"羸病受师书,逸劲作长歌"。司空图在《送草书僧归越》中,评其书法"逸迹遒劲",吴融《赠亚栖上人草书歌》亦云"今观上士之殊艺,可继伊人之逸轨",贯休在《亚栖大师草书歌》中赞叹:"看师逸迹两相应,高适歌行李白诗。"也有人称其书"飘逸有张旭之妙"⑤。这里所谓"逸格"云云,也就是不拘常法,以我之笔,自由发挥,富有韵外之致,透出浓郁禅意。"逸格"之被强调,乃是禅僧的贡献,也成为北宋尚意书法的源头。四明山释无作(854?—909?)"善草隶,笔迹遒健,人多摹写成法"⑥,说明他的书法在浙东一带是有一定影响的。米芾曾评无作书法云:"唐末人学欧书尤多,四明僧无作学真字八九分,行字肥弱,用笔宽,又有七八家,不逮此僧。"⑦另外,吴越国后期的明州长官钱弘亿"章呈擅敏,草圣推工"⑧,钱惟治"草隶擅绝,尤好二王书,每曰'心能御手,手能御笔,则法在其中矣'",他们"皆效浙僧亚栖之迹"⑨,具有相当高的书法造诣。

　　浙东书风汲取心学精髓,娴静恬淡,追求的是对现实的超越,代表了浙东文化的一种理性选择。宋元以降,浙东地区佛教盛行,天童、阿育王、雪窦等寺禅

---

① [宋]佚名《宣和书谱》卷19引,影印文渊阁《四库全书》本。

② [唐]吴融《唐英歌诗》卷下,影印文渊阁《四库全书》本。

③ 据陈道贵《司空图诗文编年补正》一文考证,亚栖归越在乾宁四年(897)。文载《宝鸡文理学院学报》(社会科学版)2000年第1期。

④ [宋]释赞宁《宋高僧传》卷30,见[南朝梁]释慧皎等《高僧传合集》,上海古籍出版社1991年版,第569页。

⑤ [唐]于逖《奇闻录·越僧》,见《说郛》卷117下,影印文渊阁《四库全书》本。

⑥ [宋]释赞宁《宋高僧传》卷30,见[南朝梁]释慧皎等《高僧传合集》,上海古籍出版社1991年版,第568页。

⑦ [宋]米芾《书史》,影印文渊阁《四库全书》本。

⑧ [宋]崔仁冀《奉国军节度使彭城钱公碑铭》,见[元]袁桷《延祐四明志》卷19,影印文渊阁《四库全书》本。

⑨ [清]吴任臣《十国春秋》卷83,中华书局1983年版,第1213页。

僧习书成风。

(二)张即之、杨维桢和徐渭的书法

张即之(1185—1267),字温夫,号樗寮。原籍历阳乌江,自其祖父张郯南渡之后,张氏一族大都衍息于浙江。张即之为张孝祥之侄,张孝伯之子,寓居鄞县桃源乡。庆元六年(1200)以父恩授承务郎,嘉泰四年(1204)铨中两浙转运司进士,历任各地方小官。50岁左右,触目时艰,切齿贪吏,无心仕禄,乞归里第,特授太子大夫、直秘阁学士致仕。张即之自述自己"一生狷僻",正是这种个性使他与官场的作风格格不入,才使他年仅50岁而退。他"忠君爱国,不能自制,孤闷隐忧,寄之翰墨",因此特别喜欢书写屈原的《九歌》。释道璨跋云:"樗寮先生多书《九歌》,擘窠大字如此本者,人间无第二本。沉着而不重滞,痛快而不轻浮,蔼然诗书之气流动其间。"①张即之多书《九歌》,确实表明他的忠君爱国思想有与屈原相通的地方,即道璨所谓"先生之心,屈平之心也"②。

从思想渊源上说,张即之倾向于心学,故道璨有"问其心学,则身外无六经"之说。但同时佛道两家也对他产生了极为深刻的影响。故道璨在《樗翁张寺丞画像赞》中说:"貌兮葛天氏之民,心兮笃素翁之学。……夷进退之畛畦,孰为山林,孰为台阁? 剖物我之界限,孰为释老,孰为伊洛?"③张即之笃信佛教,好与僧人往来,多以翰墨为佛事,书写了许多佛教经卷,这正是他以禅入书开拓新路的思想基础。

张即之的书法在幼年时便受到其伯父张孝祥的影响,始学米芾,后则肆力于褚遂良楷书笔法,在这基础之上,汲取了杨凝式、米芾书中的奇峭险峻的部分,然后以雄强的笔力,脱去各家影响,另辟蹊径,自成一格,卓然成为一代大家,被称为"宋书殿军"。特别是他的楷书,写得清劲绝俗,用笔精到细腻,发笔处喜用搭锋,点画之间,顾盼呼应,而兼行草笔意,又善于用方笔侧锋,显得姿态生动,极其圆熟。若从书法史的流程来观察,宋四家——苏、黄、米、蔡,面对唐人书法炉火纯青的艺术功力,不得不避其正锋,另辟蹊径,他们找到了"以行法

---

① [宋]释道璨《无文印》卷10《跋樗寮书〈九歌〉》,《全宋文》卷8079。

② [宋]释道璨《无文印》卷10《跋樗寮书〈九歌〉》,《全宋文》卷8079。

③ [宋]释道璨《无文印》卷14,《全宋文》卷8083。

破楷法"的路子,故以尚意取胜。但张即之则不然,他正视唐人书法的严整法度、雄强功力,坚持走"以楷法御行草"的路子,又取诸家之长,造就自家的体势。这使他的书法功力深厚,既具唐人的严整法度,又能跳出规矩,挥洒自如,变化万千。南宋中期以来,文学艺术界有向唐风回归的趋势,如陆游、"永嘉四灵"的诗歌,张即之则在书法领域体现了接迹唐人的艺术取向。清道光间著名书家、鉴赏家何绍基在苏州见到了张即之墨迹《妙法莲花经卷》后,观读通宵,题跋一首云:"焦山石壁宝贞珉,吴会来看手墨新。拔戟苏黄米蔡外,写经规矱接唐人。"①何诗指出,有宋一代的书艺可以接力唐人的只有张即之。这一评断是十分公允的。当然,张即之并不是亦步亦趋,而是有所变化、有所创新。张即之很好地处理了继承与创新的关系,从而使有唐一代望之令人敬畏的书风,一下子变得情态盎然、活泼生动、平易近人了。从总体上看,张即之的书法具有"似颜而非颜"的艺术风貌。张即之在自创的新体中,明显地羼入了自己的个性意识,在任情挥洒中传达出冷峭的风势。如果说宋人尚意,那么张即之的书法可以说是以禅意禅气开创出一种并不十分完美但却生趣盎然的新风格。张即之是南宋书坛上首屈一指的开拓者,其锋芒所向披靡,几乎要构成南宋书坛的基本形象。他的书法在禅林的反响非常热烈,释道璨长期与张即之交游,"幅纸往来,好事者皆争持去"②。张即之的书法在南宋时就享有极高的声誉,对后来的赵孟頫、董其昌以及清初四家、王文治都有影响。当然,张即之的书法在域外的影响远过于国内。其书传入日本后,日本书坛为之心折不已,奉为万世楷模。东渡日本的禅僧道隆、祖元都契合于张即之的以禅入书,以书法来表达禅家精神,为在日本禅林推行宋代新书风起了重要作用。

元代杨维桢(1296—1370),字廉夫,号铁崖等,晚年自号老铁、抱遗老人、东维子,绍兴路诸暨州枫桥全堂(今浙江省诸暨市枫桥镇全堂村)人。杨维桢作品中章草的运用是创新之处,这与元代的复古风相契合。杨维桢章法给人一种"粗头乱服"的感觉,大字枯笔的使用和浓笔浓墨的饱满使作品笔墨变化丰富,更增添了狂放磅礴的气势,也是他性情的表达。

---

① 湖湘文库编辑出版委员会编《何绍基诗文集·诗钞》卷27《题张樗寮妙法莲华经墨迹,系张涛甫所藏》,岳麓书社2008年版,第560页。

② [宋]释道璨《无文印》卷10《跋樗翁帖》,《全宋文》卷8079。

　　明代中后期,在王阳明心学思想的推动下,一股重个性、崇己心的思潮席卷南北,于书法上则是掀起了反对以拟古、摹古为目的的复古派书风以及持续近百年的馆阁体书法。余姚杨珂从王阳明讲学,受到心学思想的洗礼,但在行为上似乎不像徐渭那样愤世嫉俗,而是以放逸自然山水间的方式孤标傲世。黄宗羲曾记其逸事云:"每遇白云满谷,负巨瓮纳之,纸封其口,置之草堂。俟天日晴朗,引针缕缕,起于纸隙,萦绕梁间,呼朋以为笑乐。"①这显然是受苏轼《擢云篇序》"云气自山中来,如群马奔突,以手掇,开笼收其中,归家云盈笼,开而放之"的启发而来。此则逸事虽不可全信,但其行为本身很有放诞怪僻的意味。他的书法原本师法二王,后来愈作愈放逸,"矢意狂草法"②,自名为"梅花体"③,于是书法也就成了其放逸人生的重要表征。山阴徐渭对后世书法影响最深的当是其狂放不羁、摄人心魄的立轴行草书。大幅立轴作品到明代随着高堂建筑以及书写工具等客观条件的发展应运而生,并快速成熟起来。徐渭书法最为人称道的即是此类作品,他凭借高超的艺术手法,融通书画,将愤世嫉俗之情通过笔墨表现出来,创作出一批惊世之作。徐渭是中国书法史上一位极具传奇色彩的人物,他的书法在其所有的艺术成就中是极为突出的。

①　[清]黄宗羲《姚江逸诗》卷11《杨珂传》,《续修四库全书》本。
②　[明]孙鑛《书画跋跋》卷1《杨秘图杂诗》,影印文渊阁《四库全书》本。
③　[明]项穆《书法雅言·规矩》,影印文渊阁《四库全书》本。

浙东音乐

音乐是人类社会发展到一定文明程度的产物。我国的史前考古文化因地域性差异,形成了不同的区系文化,不同区系间产生的音乐,差异性也就随之产生。浙东是音乐文化生长的沃土,民歌、器乐、戏曲、曲艺音乐等都积淀了丰厚的文化资源。明代弘治《温州府志》卷一引旧志云:"颇善讴,虽儿童唇吻亦协宫徵。"足见其歌舞音乐普及、盛行之程度。

一、早期的越声和越歌

早在新石器时代,先越人就已形成了原始乐舞。我国目前最早的乐器是出土于河南舞阳贾湖遗址的骨笛,距今 9000—7800 年,多为七孔,个别为二孔、五孔、六孔或八孔,按照年代早晚,依次可以吹奏出五声、六声至七声音阶,并预先刻定等分符号,堪称我国竖吹管乐的祖型。2001 年浙江萧山跨湖桥遗址第二次发掘,出土了 3 支骨哨,均用肢骨截制。河姆渡遗址两次发掘出土骨哨多达 212 件,均用飞禽的肢骨制成,多数骨哨只有二孔,分别开置在哨身上下部,少数也有三孔、四孔,其中还有一支七孔的,跟今天的竹笛形状基本相似。一件骨哨出土时内腔中还保存着一根充作拉杆以变换音阶的鸟禽肢骨。河姆渡人普遍使用的骨哨是一种由诱捕工具演变过来的吹奏乐器,吹奏时以手指按住音孔,随着气流的强弱变化,结合手指的一按一放,便可发出不同的音响,而带有拉杆的骨哨,则需配合气流变化与拉杆的推移来变换音阶。根据测试,河姆渡先民已掌握了骨哨的孔位和音高之间的关系规律,并可能形成有关音阶的认识。今人仿制的四孔骨哨,通过指法变换能吹奏出一组完整的五声音阶,一个低音;右手大拇指运用按半孔技法,还能吹奏出七声音阶、部分升降音;骨哨还能逼真地摹拟自然界的鸟喧虫鸣的音响。河姆渡先民尽管不可能具备现代人吹奏骨哨的一些技巧,但吹奏出 5~6 个音是不成问题的,亦即 7000 年前他们就初步形成了五声音阶的朴素认识,其音乐听觉心理结构已相当成熟。河姆渡遗址第四文化层还出土有 2 件陶埙,这是我国发现的最早陶埙。埙是我国特有古老的闭口吹奏的旋律性乐器,其发音原理与普通管乐器有所不同,在世界艺术史上占有特殊的位置。一音孔陶埙能吹奏出小三度音程,即羽、宫(3·5)或角、徵(3·5)两个音,这是已知最原始音阶。因为音乐要素之构成,即以二音以上的组合协调与变化调配而形成的,如强弱音的调配而产生韵律,高低音的调配而产生旋律,由高低音的同时调配而产生和声,原始陶埙正具有了这种音乐要素。

尚越声、作越歌是东南越人的重要文化特征。越人善歌,在文献上多有记载。相传产生于大禹时的《候人歌》,是目前所知最早的一首南方民歌,被《吕氏春秋》认定为"南音之始"。《候人歌》共四字——"候人兮猗",表现形式为两个实词加上两个叠韵虚字。闻一多论"兮猗"之作用云:"想象原始人最初因情感的激荡而发出有如'啊''哦''唉'或'呜呼''噫嘻'一类的声音,那便是音乐的萌芽,也是孕而未化的语言。那不是一个词句,甚至不是一个字,然而代表一种颇复杂的含义。这样界乎音乐与语言之间的一声'啊——'便是歌的起源。……严格地讲,只有带这类感叹虚字的句子,乃有同样句子组成的篇章,才合乎最原始的歌的性质。……感叹字本只有声而无字,所以是音乐的。"[①]又如《吴越春秋·句践阴谋外传》有"歌木客之吟"。另如《弹歌》为于越先民的原始猎歌,《越人歌》即是操棹越女的即兴歌唱。这些越地音乐可称为"野音"。《吕氏春秋·遇合篇》记载:"客有以吹籁见越王者,羽、角、宫、徵、商不谬。越王不善;为野音,而反善之。"[②]这里所谓"野音",即是越族自己的音乐(今称为民族音乐),不同于中原音乐。这些"野音"因情而发,多为徒歌。

---

① 闻一多《神话与诗》,华东师范大学出版社 1997 年版,第 199 页。

② [秦]吕不韦《吕氏春秋》卷 14,影印文渊阁《四库全书》本。

　　秦汉以来,越歌曾在三秦、中原广泛流传,史籍上多有"楫棹越歌"的记载,说明越人擅长于船歌,这是越讴的典型形象特征。《汉书·元后传》记载成都侯王商"穿长安城,引内沣水注第中大陂以行船,立羽盖,辑濯越歌"。颜师古注云:"辑与楫同,濯与棹同,皆所以行船也。令执楫棹人为越歌也。"六朝时,越地还有"榜枻越人拥楫而歌"的遗风。虞骞所作《寻沈剡至嵊亭》诗云:"命楫寻嘉会,信次历山原。……榜歌唱将夕,商子处方昏。"①回荡在余姚历山一带的榜歌,让过往的商旅听得如醉如痴。

　　在一些正式的场合,于越的歌唱也会有乐器伴奏。马国伟在《先秦吴越音乐研究》中通过对出土越地乐器的研究,归纳出了越式系统乐器。他说:"西周末春秋初,吴越地区逐渐出现了一种新的越式乐器——句鑃。越式系统乐器在战国时期越国宫廷乐队中大量使用,不仅将实践已久的句鑃编入乐悬系统,同时还创制了新的越族乐器——圆钟,并将军事中常使用的镎于、钲以及流行于民间的乐器缶等纳入乐队,汇成了一个品类丰富的庞大的宫廷乐队。"②考古学家还在绍兴 306 号越墓中出土的铜房屋模型中发现六个乐俑塑像,发掘简报描述说:"室内跪六人,分前后两排。前排东一人面向西,右手执槌,左手前伸张指作节拍状,前置一鼓架,上悬一鼓,此人应是鼓师。前排中、西两人面向南,双手交置于小腹。后排东一人面向南,双手捧笙,作吹奏状。中一人面向南,膝上置一长条形四弦琴,右手执一小棍,左手抚弦,正在演奏。西一人面向南,身前亦横置四弦琴,琴首立圆形小柱,尾部翘起,演奏者右肘依于琴尾,拇指微曲作弹拨状,左手五指张开,正以小指抚弦。此二人应为琴师。"③看来,这是一场以鼓、笙、琴等多种乐器组合伴奏的演唱形式,昭示了于越人较高的音乐演奏水平。

---

① ［宋］高似孙《剡录》卷 6 上,影印文渊阁《四库全书》本。
② 马国伟《先秦吴越音乐研究》,人民音乐出版社 2019 年版,第 272—273 页。
③ 浙江省文物管理委员会等《绍兴 306 号战国墓发掘简报》,《文物》1984 年第 1 期。

二、浙东琴艺的演变

在浙东音乐的发展过程中,古琴具有独特的地位。琴在魏晋之前,尚未得到独立的发展,到了魏晋,古琴得到文人的钟爱,才发展成为一门独特的艺术,既可传情,亦能传道。如嵇康《琴赋》所云:"众器之中,琴德最优。"自晋以来,一些清谈名士精通乐理,将琴视为与天地相合的媒介,谱写了魏晋风度的精彩乐章。其时寓居浙东的士人中琴家辈出,他们清雅脱俗、飘逸不羁的行为,与古琴美学相辅相成。如戴逵居剡下,好鼓琴,"谢太傅本轻逵,见但与论琴书,逵既无吝色,而谈琴书愈妙,谢悠然知其量"。戴逵之子戴颙,"与兄并受琴于父,父没,所传之声不忍复奏,各造新弄。兄制五部,颙制十五部。颙又制长弄一部,并传于世"①。《艺文类聚》还记载:"会稽有防风鬼,屡见城邑,常跋雷门上,脚垂至地。晋横阳(按,今平阳县)令贺韬善鼓琴,防风闻琴声,在贺中庭舞。"②虞汝明《古琴疏》亦记载:"横阳令贺韬得吹台之桐,为琴二:一曰啸鱼,二曰恒寿。"③看来,贺韬拥有两把好琴,这是其能弹奏美妙琴声的物质条件。

古人认为琴本中国贤人君子养性修身之乐,故特别强调琴人身份。后人将琴大略区分为道家琴与儒家琴。自古以来,道家琴人辈出。道家之自然音乐观,除了体现在古琴清净、虚无的审美取向上,还体现于古琴琴乐的艺术风格之上,且古琴曲中不乏此种艺术风格之曲。唐代活动于浙东的司马承祯(647—735)善斫琴,亦精于琴,其所著《素琴传》记载了他居于临海县桐柏山灵墟时用当地桐木斫琴的经过:"自余改制,颇殊旧式。七月丙戌朔七日壬辰造毕,于是施轸珥,调宫商,叩其音韵,果然清远。故知彼群山之常材,此台岳之秀气。"他还创制了琴曲,《素琴传》记载:"与其游灵溪,登华峰,坐皓月,凌清飙,先奏《幽兰》《白雪》,中弹《蓬莱操》《白雪引》,此二弄自造者。其木声也,则琅琅锵锵,若球琳之并振焉。诸弦合附,则采采粲粲,若云雪之轻飞焉。众音谐也,则嗜嗜曛

① [宋]高似孙《剡录》卷3,影印文渊阁《四库全书》本。
② [唐]欧阳询《艺文类聚》卷44,影印文渊阁《四库全书》本。
③ [元]陶宗仪《说郛》卷100,影印文渊阁《四库全书》本。

嚯,若鸾凤之清歌焉。因时异态,变化不穷,触类通神,幽兴无已。"①据此,琴曲《蓬莱操》《白雪引》二弄属于他的创造。他还在文中融合儒道两家的思想,提出了"琴之为器也,德在其中矣"②的论断,全面地阐述了琴之德及琴之用。

唐代不少僧人将古琴视为修习、静心之器。寒山子有"琴书须自随,禄位用何为"之句。唐代自寒山子以来,古琴艺术已进入禅师的生活领域,琴艺已成为佛教艺术的重要构成。晚唐时释贯休喜爱琴乐,作《上裴大夫二首》:"我有白云琴,朴斫天地精。俚耳不使闻,虑同众乐听。指指法仙法,声声圣人声。一弹四时和,再弹中古清。庭前梧桐枝,讽讽南风生。还希师旷怀,见我心不轻。"不仅道出了其生活中琴参与的重要性,更是凸显了其对琴音色的辨识和审美的高度。宋代禅僧中具有较高音乐才能和艺术修养的群体,能够较好地掌握古琴音乐的演奏技巧,并深入了解中国的传统艺术,理解古琴音乐及其内涵,因此他们在古琴艺术领域能够做出不同于普通琴家的贡献。宋代出现了著名的琴僧系统。沈括在《梦溪笔谈·补笔谈》卷一"乐律"中记载:"兴国中,琴待诏朱文济鼓琴为天下第一。京师僧慧日大师夷中尽得其法,以授越僧义海。海尽夷中之艺,乃入越州法华山习之,谢绝过从,积十年不下山,昼夜手不释弦,遂穷其妙。天下从海学琴者辐辏,无有臻其奥。海今老矣,指法于此遂绝。海读书,能为文,士大夫多与之游,然独以能琴知名。海之艺不在于声,其意韵萧然,得于声外,此众人所不及也。"③这段文字凸显了越僧义海的琴学渊源及其高超琴艺。沈括称赞义海弹琴有"意韵萧然"之美,这是普通人所不及的地方。当年很多学琴者都从四面八方而来,集中于义海门下,但无人达到他弹琴的奥妙之境。则

① [清]董诰等编《全唐文》卷924。
② [清]董诰等编《全唐文》卷924。
③ [宋]沈括著、侯真平校点《梦溪笔谈·补笔谈》卷1,岳麓书社2002年版,第215页。

全和尚曾学琴于义海①，其所著《则全和尚节奏指法》，多次引用了义海的古琴演奏理论，并加以发扬。如他引录义海"急若繁星不乱，缓如流水不绝"的名言，进一步阐发"密处放疏，疏处令密"的理论。越僧元志亦从学于义海，孔武仲《说琴僧元志》记载："所谓琴者，独处士逸人，取为嬉好。故其寓意，多在于山高水深、风月寂寥之间。古之为琴，未必然也。越僧元志居其州之资福院，少学琴于其师义海，尽得其法。余暇日造焉，为余鼓《越溪》《履霜》二操，坐者相与，肃然敛容而听之。余评之曰：'此非三代之中声也。夫中声者，使人趋之而劳，故其道可以久。元志之琴，方务为凄切苦淡，听者如坐于深山长谷之间，寂然不与世接，其能久而不厌哉。然余犹喜其趋尚高远，出于尘垢之外也。'"②这段有关琴僧元志的史料，较为详细地说明了越僧元志学琴的师承、琴乐的追求、弹琴的意境等。

---

① 今昔《保国寺大殿的监造人——则全法师》一文认为，天台宗的释遵式和则全法师也是闻名一时的琴家。文载史小华主编《浙东文化》（集刊）上海古籍出版社 2005 年版，第 155—156页。按，此文所考疑点不少。一谓夷中授琴给知白，知白即遵式，遵式最早授琴艺于三学则全。司冰琳《古琴文献〈则全和尚节奏指法〉考》[《音乐艺术》（上海音乐学院学报）2011 年第 3 期]亦认为《则全和尚节奏指法》由北宋时期宁波保国寺高僧则全和尚(？—公元 1045 年)所撰。刘振《〈则全和尚节奏指法〉成书年代、撰者及其生卒年份考》(《艺术科技》2018 年第 1 期)亦持相同的观点。今考欧阳修《文忠集》卷 53 有《送琴僧知白》诗云："二年迁谪寓三峡。"则知此诗作于景祐四年(1037)贬官峡州夷陵令时。又据同时所作《听平戎操》云："上人知白何为者，年少力壮逃浮屠。"知当时琴僧知白尚值青年。又梅尧臣《宛陵集》卷 6 有《赠琴僧知白》诗，作于宝元二年(1039)移知襄城县时。遵式法师卒于天圣十年(1032)，且从未涉足于峡州、襄城等地，可证琴僧知白实非遵式。至于遵式是否工琴，亦无史料可资证明。遵式的《金园集》和《天竺别集》亦无一字提到"琴"。三学则全卒于庆历五年(1045)，其时知白还很年轻，三学则全若果真向知白学习过琴艺，时间上必在晚年，晚年学琴能达如许造诣，令人难以置信。且与遵式同时的雪窦重显《祖英集》卷上有《送知白禅者》一诗，此禅者知白亦非讲师遵式，可见当时名知白的僧人实不止遵式一人，又何以证明琴僧知白定是遵式呢？二谓琴僧则全和尚即三学则全，是琴僧义海的最得意门生，义海坐寂后，则全整理完成北宋琴史上著名的《则全和尚节奏指法》。考《古今事文类聚》续集卷 22 引《西清诗话》记载，欧阳修曾问东坡："琴诗孰优？"东坡认为是韩愈《听颖师琴》，欧阳修则认为韩愈诗"只是听琵琶耳"。有人就此事征询义海的意见，义海对欧阳修的观点作了批评。今传苏轼《水调歌头》隐括词即载欧阳修之说，有学者考证此词约作于元丰五年(1082)，则其时义海尚在世，而三学则全已经去世 37 年了。又《墨庄漫录》卷 4 云："钱塘僧净晖子照旷学琴于僧则全完仲。"(孔凡礼点校，中华书局 2002 年版，第 126 页)完仲当为则全之字，而三学则全字叔平，两者不能榫合。据此，笔者认为夷中的两大琴弟子知白和则全均与甬上无关，琴僧则全和尚实与三学则全不是同一人。

② [宋]孔文仲、孔武仲、孔平仲著《清江三孔集》卷 17《杂著》，影印文渊阁《四库全书》本。

唐代胡乐最盛,缓淡沉静的古琴自然不会受到社会的特别重视。而宋帝则多爱好古琴,倡导古琴,于是琴艺得到空前的发展,并在宋代文人的社会音乐生活中具有特殊的地位。北宋后期,形成了三大古琴中心。成玉涧《琴论》说:"京师、两浙、江西能琴者极多,然指法各有不同。京师过于刚劲,江西失于轻浮,惟两浙质而不野,文而不史。"成玉涧推崇的是浙地琴人质朴而不粗野、细腻而不呆板的演奏风格。在此基础上,至南宋后期浙派琴,以南宋首都临安为中心向外辐射。浙派琴人、琴家众多,郭沔为形成期的代表人物。郭沔,字楚望,永嘉人①。郭沔曾为光禄大夫张岩的门客。张岩在嘉泰间为参预,与宰相韩侂胄关系密切。韩侂胄的先祖韩琦(1008—1075)精于音律,善弹古琴,曾多次参与或主持朝廷祭祀音乐及律制的修订工作,并有遗谱保存家中。张岩居湖州时,提出"《阁谱》非雅声",于是从宰相韩侂胄家得其先祖韩琦所传古谱,又从互市中秘密购得琴谱,将两谱相参合,遂定为十五卷。陈振孙《直斋书录解题》卷十五记载云:"《琴操谱》十五卷、《调谱》四卷:参政历阳张岩肖翁以善鼓琴闻一时,余从其子必得此谱。"②张岩因参与了韩侂胄北伐之事而被罢去,他的门客永嘉郭沔独得其琴谱,"复别为调曲,然大抵皆依蔡氏声为之者"③,是为浙谱。据《佩韦斋辑闻》记载,理宗淳祐二年(1242)十二月,资政殿学士赵与懽知温州,曾招饮郭沔于雁涫阁。元代袁桷有诗《述郭楚望〈步月〉、〈秋雨〉琴调二首》,为我们描绘了郭沔创作的《步月》和《秋雨》这两首早已失传的琴曲作品。郭沔创作的代表性琴曲有《潇湘水云》《泛沧浪》《秋鸿》等,其中《潇湘水云》是七百余年来流传最广的一首琴曲。郭楚望将浙谱传授给了天台人刘志芳,杨瓒及其门客徐天民原本都习江西谱,后通过毛敏仲的关系,从刘志芳学浙谱。明人倪谦记述徐门琴祖徐天民事迹时亦指出:"丞相江万里表知安吉州,(天民)辞不受,归以琴自乐。琴得东嘉郭楚望、天台刘志方之传,与守斋杨少师、三衢毛敏仲制《紫霞洞谱》传世。"④这些事实无不证明广陵张氏谱实为浙谱的近源,而郭沔则被视

---

① [元]俞德邻《佩韦斋辑闻》记载:"余里人郭楚望,以善琴名淳景间。"俞德邻系永嘉之平阳人,则郭沔亦当为平阳人。

② [宋]陈振孙《直斋书录解题》卷15,影印文渊阁《四库全书》本。

③ [元]袁桷《清容居士集》卷44《琴述赠黄依然》,影印文渊阁《四库全书》本;李军、施贤明、张欣校点《袁桷集》,吉林文史出版社2010年版,第631页。

④ [明]倪谦《倪文僖集》卷28《故锦衣卫指挥使徐公墓志铭》,影印文渊阁《四库全书》本。

作浙派琴的创始人。

　　杨瓒（约 1201—1267）为浙派琴形成之初的又一核心人物。杨瓒字嗣翁，号守斋、紫霞翁，浙江严陵（今建德）人，寓居杭州，为南宋王室外戚，宋宁宗恭仁皇后侄孙，官至司农卿。杨瓒善琴，在淳祐（1241—1252）、宝祐（1253—1258）年间组织门下清客毛敏仲、徐天民整理编纂琴谱，经长期努力，直至晚年编成《紫霞洞谱》13 卷，包含调意、操弄 468 首。这是当时收录琴曲最多的一部琴谱，它的问世导致曾经风靡一时的阁谱和江西谱被边缘化。但杨瓒《紫霞洞谱》的来源问题一直是个谜。鄞县学者袁桷曾学习杨瓒的琴谱，对杨瓒"讳其所自谱"的行为深表不满。袁桷考证了与杨瓒同时的越中徐理琴学，指出其《五弄》与杨瓒所传没有区别。徐理字德玉，号南溪，萧山人，著有《律鉴》《琴统》《奥音玉谱》。在琴史上，徐理第一个将弦法定名为仲吕宫，并发展出一套以仲吕宫为正调的琴调系统理论。徐理晚年与杨瓒交往，深受杨瓒器重，其仲吕宫琴调系即为杨瓒《紫霞洞谱》所采纳。袁桷揭开了师门琴谱源于广陵张氏谱的秘密，毛敏仲、徐天民在杨瓒的支持下，"朝夕损益琴理，删润别为一谱"[①]，以其所居命名为《紫霞洞谱》，风传一时。

　　浙派琴中的徐氏家族为弹琴世家，自杨瓒门客徐天民始，历经徐秋山、徐梦吉（晓山）至明代徐和仲、徐惟谦、徐惟震共五代，以家族血缘为传承纽带，成就了名噪一时的浙操徐门琴学。袁桷琴乐之师徐天民乃"徐门琴学"之祖。徐天民的儿子徐晓山亦是著名琴家，曾与著名琴师叶兰坡、毛敏仲一起游京师，大德年间被鲁国长公主召见。秋山之子徐梦吉，字德符，晚号晓山中人。好学工文，诗得家传。王沂说："余少时居江南，识徐君德符，时年未三十，风骨爽秀，自其大父雪江翁、父秋山翁世善琴，而德符兼工诗与阴阳家学。时与之抱琴，择吴山胜处，扫叶席草，坐长松巨竹间，奏古操一二，见者以为仙也。"[②]徐梦吉晚年为官"两浙蓝司大嵩场管句，制《琴史杂言曲调》，卒于鄞县大白里，因占籍焉"[③]。这是徐门琴师定居甬上之始。考大白里即鄞东之阳堂乡太白里，在今鄞州区辖境内。此前的徐门琴家皆在杭州及其周边活动，自徐梦吉因官占籍鄞县之后，

---

①　[元]袁桷《清容居士集》卷 44《琴述赠黄依然》，影印文渊阁《四库全书》本。
②　[元]王沂《伊滨集》卷 14《送徐德符序》，影印文渊阁《四库全书》本。
③　[明]倪谦《倪文僖集》卷 28《故锦衣卫指挥使徐公墓志铭》，影印文渊阁《四库全书》本。

徐家开始定居甬地,这意味着甬上自此成为浙派琴师的活动中心。

浙派琴传到了徐梦吉手里,开始形成鲜明的徐门风格。萧鸾《杏庄太音补遗》记录了徐梦吉的琴艺活动:"杏庄老人曰:我徐公晓山,浙人也。公之名行,无容赘矣。然天赋公以殊才,独精音律之学,鸣我国家和平之盛。故远而林壑,微而闾里,尊而廊庙。所鼓诸曲,动曰'徐门'。而其所传,世以浙名。盖欲以别江操,而俾后学者,审所尚也。公之惠满天下,虽庸人孺子,亦得以识音律之正,遂使里弦巷歌,皆公之传。则公于调元之助,岂可少乎。"这是后人的追述,或有夸张的成分。考乌斯道《春江引》序云:"徐氏四世以琴名海内,雪江(按,指徐天民)、秋山(按,指徐企)、晓山皆闻而知之,晓山之子和仲与予交,则见而知之也。"①乌斯道对徐和仲的父亲只有耳闻,可以设想他初交徐诜之时,徐梦吉已经去世了。时当在元末,故徐梦吉未曾入明,不可能以音律"鸣我国家和平之盛"。萧鸾的这段记述更像是在说徐和仲的情况。尽管如此,我们还是可以确信徐梦吉形成并确立了独树一帜的门风,故后世将"徐门"名称追溯到徐梦吉身上,且得到了当时琴界的认同。

徐梦吉对不少琴谱进行了订润工作,使其更加鲜明地体现浙派特色,并与"江操"区别开来。徐梦吉对琴谱的订润,可以从传世的徐门琴谱中得到印证。如明黄献《梧冈琴谱》之《长清》下题注:"嵇康四弄之首,尤晓翁之得意者。"《樵歌》题下注云:"神品徵曲,敏仲作,一名《归樵》,秋山、晓山二翁屡订本。"《鹤舞洞天》题下注:"说见《紫霞洞谱》。晓翁详删。"《秋鸿》下题注:"郭楚望谱。徐诸公订润。"这里的"秋山"为徐梦吉父亲,"晓山""晓翁"皆指徐梦吉。故宫藏琴曲《秋鸿》图谱册于曲名《秋鸿》下小字云:"妙品夹钟清商曲,世谓清商楚望谱,瓢翁、晓山翁累删。"②瓢翁即徐天民,晓山翁即徐梦吉。《秋鸿》为大型琴曲,在我国古琴史上享有盛名,其曲作者或谓南宋郭楚望,或谓明初朱权,迄今未有定论,若《秋鸿》图谱册之题字可信,则《秋鸿》谱经过了徐天民、徐梦吉的删润。

在演奏技法上,杨嘉森编辑《琴谱正传》载"古浙山徐梦吉书"《启蒙》概括得最为全面。这首七言琴诀,言简意赅地总结了浙派的演奏风格。第一,技法要求。徐梦吉对"吟""猱""注"等左手指法提出了明确要求。第二,力度和速度要

---

① [明]乌斯道著、徐永明点校《乌斯道集》卷9,浙江古籍出版社2012年版,第200页。

② 郑珉中主编《故宫古琴》下册,紫禁城出版社2006年影印版。

求。徐梦吉对右手的弹奏和左手的按弦作出了力度上的要求,以使发音清亮、浑厚。他进而还在乐曲演奏上提出更高的要求,指明演奏中要有"轻重疾徐"的力度和速度变化,相互的转换又要自然,以更准确地表达乐曲的内涵。第三,曲意领会的要求。徐梦吉提出只要能领会句子的意思,则琴曲的趣味虽深亦可尽知于心而表达于手。《启蒙》为后人研习徐门琴艺留下了宝贵的歌诀资料,随后的各时期琴谱中均有所收录,足见浙派的演奏风格在当时已被世人所喜爱,对随后的古琴演奏风格亦产生了深远的影响。在《琴谱正传》中与徐梦吉书《启蒙》相配合的还有一首"浙东山人双桥陈铭作"《弹琴须知》,旨在规范演奏仪态。此所云"双桥陈铭"肯定是浙东琴人,但其时代和生平待考。

徐梦吉之子徐诜,字和仲(一作"仲和"),号梅涧,是元末明初浙派琴师最卓越的代表。徐和仲性和易,博览群书,有较好的经史修养,以《春秋经》教授乡里。乌斯道大略与徐诜同辈,向徐和仲学习徐门琴调。乌斯道《徐梅涧先生授余琴,予写曲调之意,赋诗九章》,提到徐和仲传授的琴调有《修禊》《忘机》《碧桃》《玉树临风》《泽畔》《皎月》《白雪》《春江》《潇湘水云》。乌斯道对《春江》一调尤为激赏,"每一见,(和仲)必鼓琴",而乌必索听《春江》,"闻其声之洞达,势之澎湃,则神扬意爽,如挟风云上下于天地"①,让人百听不厌。至正十八年(1358),方国珍镇浙东,开治于鄞,喜欢听琴,以势从史氏手中夺得名琴三世雷,并屡次邀请徐诜到帅府演奏。明初,徐和仲主要从事私学教学,是一位乡儒。但他更以工琴著名于时。元末明初,唯有徐门掌控了浙派琴的发展方向,徐门一时成为浙派琴的代名词,"以故称徐门琴曰浙操"②。徐和仲与父亲一样,对琴谱做了大量的删润工作。黄献《梧冈琴谱》之《渔歌》题下注:"一名《山水绿》。岁庚戌九月'梅雪窝'删制。"这里的"岁庚戌"即洪武三年(1370),《梅雪窝删润琴谱》是徐和仲所撰的琴谱,现已失传。

家族式的言传身教是传统音乐得以传承的主要途径,家传世业亦是徐门琴得以维系其品牌的重要标志。《成化四明郡志》卷八《徐诜传》云:"后子孙皆能踵其家学,而浙操至今称徐门云。"这是目前笔者所见最早标榜"徐门"的文献。嘉靖《宁波府志》卷四十一记载:"诜自曾祖逮其父,皆以琴专门。而诜尤妙,得

---

① [元]乌斯道《春草斋集》附录《月夜弹琴记》,《四明丛书》本。
② [明]嘉靖《宁波府志》卷41《徐诜传》。

手应心,趣自天成,时游江湖,大为识音者推让。……以是称徐门琴曰'浙操'。……后子孙皆能踵其家学,而浙操至今称徐门。"可见明代徐门浙操琴学群体规模之庞大、琴艺之精湛、琴学之深厚,在琴史中传为美谈。徐和仲以其卓荦琴艺、广博学识,逐步确立了浙派古琴在明代琴界的核心地位,被琴界公认为明代琴派之魁首,在其倡导和推动下,浙地琴学的传播与发展也步入了中兴时期。

徐和仲琴学蜚声一时,子孙能踵其家学。朱棣在南京即位时,召见徐诜,闻诜已去世,于是"召其子惟谦及孙守真俱至南京,克传家学,赐第北安门外,扈从来京"①。都穆《都公谈纂》卷上云:"永乐初,朝廷征天下善鼓琴者三人,四明徐仲和、松江刘鸿、姑苏张用轸,同诣阙廷。刘弹《楚歌》,为言官所劾。张但和弦,不能弹。徐弹《文王》一曲,上大喜,除锦衣千户。今两京及浙中琴,皆其所授,惟姑苏则尚刘氏。"但据倪谦《故锦衣卫指挥使徐公墓志铭》的记载,永乐初徐和仲已去世,生前亦无除锦衣千户的荣耀,当时被征者实为其子惟谦及孙守真,都穆很可能搞错了。三位琴师中,刘鸿与张用轸(收)乃师徒关系,为松江派(江操)领袖,但刘鸿演奏时只顾艺术的表现,没有精心考虑曲目的含义,其所演奏的《楚歌》取义于霸王项羽四面楚歌的故事,大不合时宜,受到言官的弹劾是咎由自取。至于张用轸"不能弹",很可能师父出事而受惊吓之故,只有徐门嫡传十分得体地演奏了《文王》一曲,引得龙颜大悦。② 明仁宗即位,乃拜惟谦右顺门待诏。不久,徐惟谦、徐守真相继而卒。徐守真之子徐旸(1407—1458),明宣宗时以琴学世家命隶锦衣,共事御用监。正统九年(1444),以琴直南熏殿。景泰初,以年劳拜府军卫镇抚,转锦衣,寻调留守。景泰三年(1452),鼓琴称旨,复转锦衣。景泰五年(1454),甲戌升副千户,两转至锦衣卫指挥使。靠徐和仲及其子孙的努力,浙派琴后来居上,在明代中期的风头逐渐盖过刘门江操,盛极一时。永乐时徐和仲子孙离鄞北上,意味着甬上作为浙派徐门琴传习中心的瓦解。自徐氏家学传人北上之后,浙派琴学中心亦随之转移至南北两京,甬上琴学渐成余波。③

晚明时,鄞县人余有丁好琴,已非继承浙派琴的传统。余有丁(1526—

---

① [明]倪谦《倪文僖集》卷 28《故锦衣卫指挥使徐公墓志铭》,影印文渊阁《四库全书》本。

② 详参王风《琴学存稿:王风古琴论说杂集》,重庆出版社 2016 年版,第 20—21 页。

③ 以上参见拙文《元明宁波琴人与徐门琴派》,《鄞州史志》2020 年第 4 期。

1584），字丙仲，号同麓，嘉靖四十二年(1563)进士，万历元年(1573)以右庶子领南翰林。同治《鄞县志》卷三十六记其"善饮，喜宾客，非大故不废丝竹"①。明杨抡辑《真传正宗琴谱》内《禹会涂山》一曲解题云："今得浙东同麓余公，素尚丝桐，学琴于白下李君泗泉，而于翰院之暇，按《禹谟》诸篇，及《史记》百家之言，编录成章。段段末后载以宋事。用继毛公之志，而又整音就理，气雄律畅，无复瑕疵者矣。"②这说明《禹会涂山》一曲的歌词系余有丁领南翰林时所制。南翰林在南京，故余有丁有机会向南京琴师李泗泉学习琴艺。此段记载还讲明余公亦随白门李泗泉习琴，得李之传授，与杨抡的琴学同源。《真传正宗琴谱》有吕兰谷跋云："是谱系浙东太史余公删定。至若指法之精绝，则本之杨鹤洲、李泗泉。杨生又能绣诸梓，以广其传。杨生可谓不背本矣。杨生讳抡，字文甫，金陵人。"此跋明确指出《真传正宗琴谱》由太史余有丁删定。晚明时虞山派琴学兴盛，以徐上瀛最负盛名。鄞县人陆符曾为徐上瀛《溪山琴况》作序云："若古治可兴，雅乐复作，后有述者，当必以徐君为宗。"又说："余从徐君受《汉宫秋》，今不忍复着指矣。请更受《离骚》，我心之忧，其以写乎？更益之《梦蝶》，人间悲愤，比以岳起，不知其梦也。"③由此可见，陆符为虞山派徐氏琴学的传人，他从徐上瀛那里传承的琴曲，重的是慷慨击节，用以抒发其忠愤之志。

清代琴学以广陵派最为兴盛，相比较而言，浙东琴学只能维持其传承而不坠。如山阴张岱组织了丝社，有《丝社小启》云："共联同调之友声，用振丝坛之盛举。"④慈溪郑大节"学琴于天童僧轩宇、吴人周紫芝，尽其法。每春秋佳日则抚弦，一再弹，或倚阑吹洞箫，音泠泠出林木外"⑤。尽管清代浙东琴人不绝，但琴学的影响力已大不如前，这是毋庸讳言的事实。

① ［清］同治《鄞县志》卷36《余有丁传》。

② 此段又见于［明］杨抡《太古遗音》"禹会涂山"题解，"李君泗泉"作"周君桐庵"。

③ ［明］徐上瀛《溪山琴况》卷首，《续修四库全书》本。

④ ［清］张岱著，路伟、马涛点校《沈复灿抄本琅嬛文集·启》，浙江古籍出版社2016年版，第304—305页。

⑤ ［清］袁钧《瞻衮堂集》卷9《郑簪垞先生行状》，《四明丛书》本。

三、浙东学者的音乐思想

自宋以来,浙东学者善于博综兼容,故兼长音乐者为数不少,他们将儒学思想贯穿到音乐领域,发表了众多的音乐观点。他们的音乐思想不是孤立的,而是在特定学术思想指导下的产物,因而亦构成了浙东学术的重要一环。

南宋浙东学者特别重视诗教,在研读《诗经》的过程中,必然要表达其音乐思想。杨简提出了"德性之乐"的概念,认定先王所作之乐为德性之乐,只有德性之乐才能深入人心,起到移风易俗的作用。他说:"先王作乐,非以纵人之欲也。人生不能勿乐,而其乐有邪正焉。其乐由德性而生者,虽永言之、嗟叹之,不知手之舞之足之蹈之,无非德者,无非正者。其乐由放心而作者,则为淫靡之音、繁急之音、郑卫之音、朝歌北鄙之音。先王作中正之音、庄敬之音、和平之音,无非德性之音。故先王之乐,足以感人中正、庄敬、和平之心,是谓'易直子谅'之心,足以消人放逸、淫靡、繁急之心。故曰:'移风易俗,莫善于乐。'盖声有无形之妙,足以深入乎人心。中正之心,人所自有,惟其无以感之。今中正之音感于外,则其机自动,其化甚敏,故曰'作乐崇德'。不惟愚不肖赖乐以感动,而贤智亦以乐养德。"①杨简认为乐渊源于人心和天道,正心产生了中正、庄敬、和平的音乐,这与道心相合。吕祖谦主张礼乐一体,他说:"人而不仁如礼何?人而不仁如乐何?仁者天下之正理也,是理在我,则习矣而著,行矣而察,否则礼乐虽未尝废于天下,而我无是理,则与礼乐判然二物耳。"②黄震站在理学家的立场上解读《乐记》,故带有鲜明的理学印记。如他特别强调礼乐相辅而行,"礼则尊卑上下之理,截然而不可易。乐主和合,故云统同。礼别尊卑,故云辨异。此礼乐所以能管摄人情,而人情皆不能外焉者也。穷其本于人心,而知其变之感物,乐之情也。著其本心之诚,而去其人为之伪,礼之经也。……乐由天作,礼自地出,故能依天地之情而通神明之德"。又说:"乐以治心,礼以治身。礼易

---

① [宋]杨简《杨氏易传》卷7,影印文渊阁《四库全书》本。
② [宋]吕祖谦《丽泽论说集录》卷6,影印文渊阁《四库全书》本。

厌,当自勉。乐易纵,当自抑"①。他对礼乐文明的功用进行了深入浅出的讲解。王应麟在《玉海·音乐》中说:"圣人作乐以养情性、育人材、事神祇、和上下。夔典乐胄子,周大司乐教国子弟,孔子亦曰'兴于诗,成于乐'。所以养中和之德,救气质之偏也。有舜之德不可无夔之音以发之,有夔之乐不可无舜之德以充之。音起于声,声出于情,知此则知先王作乐之本矣。"②他认识到音乐的巨大伦理教育作用,这是由"乐之本"所决定的。

明代王阳明虽然不是音乐家,但他喜欢音乐,音乐是其养成洒落胸襟的重要手段。据钱德洪《年谱》记载,正德三年(1508)王阳明抵龙场后,"日夜端居澄默,以求静一,久之,胸中洒洒,而从者皆病,自析薪取水,作糜饲之,又恐其怀抑郁,则与歌诗,又不悦,复调越曲,杂以诙笑,始能忘其为疾病、夷狄患难也"③。这说明他为了战胜龙场的恶劣环境,不仅自己保持乐观心态,还教从人歌诗,调越曲。

王阳明的音乐观点是围绕着心学而展开的。他通晓音乐教育,发表了诸多音乐见解。王阳明认为"歌诗""习礼""读书"三者是紧密结合、缺一不可的,其中歌诗弦舞不但取得了与其他学科同等重要的地位,而音乐教育融汇于其整套教育体系之中,又是处于先行地位的,强调在音乐的陶冶、熏染、疏导之下净化心灵。他提倡的音乐教学改变了当时僵化的教学模式,使封建礼乐教育出现了一种全新的开放性格局,改变了"有教无乐"或"粗乐"的音乐状态。王阳明认为音乐教育不是依附于其他学科的起娱乐作用的科目,而是一门具有启发性和先导性的学科,它具有潜在的感化力量,应把这种力量渗透到社会中去。他42岁时在滁州督马政,由于地僻官闲,"日与门人遨游琅琊、瀼泉间,月夕则环龙潭而坐者数百人,歌声振山谷,诸生随地请正,踊跃歌舞"④。又据《传习录》记载:"环先生而居者比屋,如天妃、光相诸刹,每当一室,常合食者数十人,夜无卧处,更相就席,歌声彻昏旦。"这说明王阳明十分善于利用音乐教育,把来自江浙、湖广、福建各地的学生吸引团结在自己周围,使他们乐于接受其教育。同时,他利

---

① [宋]黄震《黄氏日抄》卷21,影印文渊阁《四库全书》本。
② [宋]王应麟《玉海》卷105,影印文渊阁《四库全书》本。
③ 吴光等编校《王阳明全集》卷33《年谱一》,上海古籍出版社1995年版,第1228页。
④ 吴光等编校《王阳明全集》卷33《年谱一》,上海古籍出版社1995年版,第1236页。

用音乐诱发学生的求知欲,提高其学习兴趣,开发其智力,增强其体质,使教育质量得以提高。

王阳明认为"歌诗"在儿童教育中的地位尤其重要,要采用诱发他们兴趣的教育原则。他说:"凡诱之歌诗者,非但发其志意而已,亦所以泄其跳号呼啸于咏歌,宣其幽抑结滞于音节也。"①他敏锐地感觉到少年儿童这一特定时期心理上的自我表现欲和生理上的宣泄欲,所以在他的课堂上提倡放声歌唱,突出了"歌诗"的音乐教育意义。王阳明还深知"歌诗"和"习礼"具有舞蹈和歌唱等艺术特征,是"动"的课程,易于引起儿童的兴趣,而"讲书""背书"是"静"的课程,非专心不可,时间一长,学生容易厌倦和疲劳。所以他把"歌诗"和"习礼"安排在"讲书""背书"之间。这种课程安排法不仅使他的教学收到良好的效果,也为今天的课程安排提供了一个模式。王阳明还在《教约》中提出"会歌"和"会礼",前者是一种带有歌唱表演或歌唱比赛性质的活动,后者则兼有舞蹈表演或舞蹈比赛性质。很明显,这是两种培养音乐兴趣和音乐素质的教育方法。

王阳明提倡音乐教育,是为了让学生通过"歌诗""习礼"活动,在音乐的陶冶、疏导之下净化心灵,从而成为以"学圣贤"为志的"豪志之士"。正因如此,他在答顾东桥的《律吕新书》提问时说:"学者当务为急,算得此数熟,亦恐未必有用。必须心中先具礼乐之本方可。……学者须先从礼乐本原上用功。"②王阳明认为学者为乐,不能只着力于技术,而"必须心中先具礼乐之本"。只有把握了礼乐的本原,才能真正领悟律吕的本质。学者须先从心中所具备的礼乐之根本上用功,否则即使将乐律的确定方法算得再熟也没用。显然,王阳明在音乐上贯彻了心本论。

王阳明的音乐观对王门学者产生了很大的影响。如季本撰有《乐律纂要》一卷,四库馆臣评云:"本承姚江之学派,其持论务欲扫涤旧文,独标心得,至于论礼谕乐,亦皆自出新裁。"③万表《陶真集引》云:"《陶真集》者,陶夫天所付我之真也。……曲本近俚,而听闻之顷,使人或喜或悲,或叹或忿,或舞或泣,各得其性情之正。所谓吾天真者,时一著之,其三百篇之遗意也哉,因名之曰《陶真

---

① [明]王守仁《王文成全书》卷2《训蒙大意示教读刘伯颂等》,影印文渊阁《四库全书》本。
② [明]王守仁《王文成全书》卷1《语录》,影印文渊阁《四库全书》本。
③ [清]《钦定四库全书总目》卷39《乐绿纂要》提要。

集》,盖欲闻声而知返本也。"他所说的"真",指的是"天真"。有人规劝说:"淫词丽曲,荡人心志,集中不宜并传。"他辩护说:"孔子删诗书而淫诗犹存,岂无谓耶?是惟可与达者言耳。外此亦有闻而为乐为病之不同者,盖自取之也。夫穷途逆旅,拨闷解怀,则一时对治之剂,而饱食暖衣,逸居无教,淫玩于此,则如水益深,如火益热,其为病,病可胜言哉?于曲奚咎焉?"①在世人眼中,曲是"荡人心志"之物,不宜收录在文集之中。万表认为这种认识明显是有偏见的,因为曲能让人显露出真性情,其可贵之处在于"真",正与"顺吾性之自然"的思想相合。

清代浙东学派诸师亦留下了丰富的音乐思想。如黄宗羲批评明代学者韩邦奇著《苑洛志乐》二十卷,"律管空围,不明算法,割裂凑补,终成乖谬"②。为此,他著《律吕新义》,引入数学方法,倡导用算法表达律吕。梁启超认为黄氏此书"开乐律研究之绪"③。黄宗羲又在《乐府广序序》中提出诗歌起源于音乐,诗三百篇皆可歌,其实就是一部《乐经》,只不过随着时代的推移,诗存而乐亡。全祖望在《经史问答》中亦认为"古未有《诗》而不入乐者"。列国之风虽然不用在"宗庙朝廷祭祀燕享"之中,但"奏之以观民风,是亦乐也"。④ 此外,萧山毛奇龄在《竟山乐录》中提出:"乐者,人声也,天下几有人声而亡之之理?自汉后论乐,不解求之声,而纷纶错出,人各为说,而乐遂以亡。"⑤他反对将音乐神秘化,明确指出人声才是音乐的根本。他还针对"宋儒论律吕,只讲乐器,明郑世子、韩邦奇诸说皆然"的现象,直截了当地指出"乐器不是乐"⑥,乐器不过是音乐的物质载体,而非音乐的本体。他还提出"乐不分古今",用以纠正儒家学者推崇雅乐、轻视俗乐的复古观念。很明显,毛奇龄的音乐思想具有明显的反复古主义倾向。

① [明]万表《玩鹿亭集》卷3,《四明丛书》本。
② 陈乃乾编《黄梨洲文集·叙陈言扬句股述》,中华书局1959年版,第329—330页。
③ [清]梁启超《清代学术概论》,四川人民出版社2018年版,第24页。
④ [清]全祖望《经世问答》卷3,见朱铸禹汇校集注《全祖望集汇校集注》下册,上海古籍出版社2000年版,第1899页。
⑤ [清]毛奇龄《竟山乐录》卷1,影印文渊阁《四库全书》本。
⑥ [清]毛奇龄《竟山乐录》卷3,影印文渊阁《四库全书》本。

浙东私家藏书

所谓"藏书",是指基于阅读、鉴赏、整理、研究等目的,通过诸如购买、抄写之类的各种途径,罗致图书并加以收藏或典藏的行为。历代以来,从事藏书的主体,大抵可分为官府、寺观、书院、私家四类。其中,官府、寺观、书院的藏书活动,虽有其不容低估的价值,但无论其藏书目的抑或其藏书功能,千百年来并无质的差别;也因此,对这类藏书活动的详加考察,除能虚张部帙外,似乎别无意义可言。相比较而言,私家藏书不但面相有别、旨趣各异,而且意义非凡;譬如同一时代但不同地域的私家藏书之间的差别,就具象化地表征了区域文化的空间差异,至如同一地域不同时代的私家藏书之间的异同,则又在一定程度上折射出该地经济、文化的传承与变易。

一、汉宋间浙东藏书业的缓慢发展

浙东地域的藏书事业,大抵因为源远流长且曾一度独步海内的关系,晚近以来受到众多学者的关注和研讨。尽管如此,对浙东藏书源头的追溯,学界内外迄今依然众说纷纭、莫衷一是。或如顾志兴先生,意以为肇端于东汉末年,并将王充《论衡》在会稽境内的流传引为论据①;至如冯晓霞女士,更将浙东藏书业的起源时间前推至东汉前期,在她看来,《论衡》与《越绝书》《吴越春秋》三书

---

① 顾志兴《浙江藏书家藏书楼》,浙江人民出版社 1987 年版,第 4—5 页;并见顾氏主编《浙江藏书史》,杭州出版社 2006 年版,第 5 页。

的问世,就是浙东藏书业出现的标志①。平情而论,诸如此类的推断,虽未能揭橥浙东藏书业的真正源头,却也不无意义。

(一)北宋立国之前的浙东藏书业

这种意义主要体现在:无论是顾志兴抑或冯晓霞,他们的考察结果莫不指向东汉时期的会稽(实乃其郡城山阴)。由此,也基本上可以断定东汉中叶的山阴乃是浙东藏书业的肇兴之地。

山阴成为浙东藏书业的肇兴之地,并不令人意外。因为自从东汉顺帝永建四年(129)会稽郡治由吴县迁至山阴以来,其战略地位急剧上升,迅即成长为江南地区的政治、经济与文化中心。在这一人文荟萃之所,获致图书既相对较易,因好学置书进而加以收藏,也自在情理之中。阚泽(? —243)的成才经历,就是其中的典型例证:

> 阚泽字德润,会稽山阴人也。家世农夫,至泽好学,居贫无资,常为人佣书,以供纸笔,所写既毕,诵读亦遍。追师论讲,究览群籍,兼通历数,由是显名。②

尤其需要指出的是,浙东藏书业虽肇兴的具体时间难以确定,但明显早于浙西。后者有迹可循的藏书家,大抵只能追溯到孙吴、西晋之交的钱塘人范平(详参表4)。而这,也在一个侧面反映出当时浙西、浙东两地经济与文化发展水平的差距。

然则时移势易,大抵自萧梁后期以来,浙东藏书业渐显疲态,尤其是在会稽山阴人孔休源(469—532)"聚书盈七千卷"③之后的近 400 年,传世文献中未见有浙东士人致趣藏书事业的片言只语。这可能部分是因为历代史家不以藏书文化经怀而未予记载的结果。例如生活于南陈、初唐之际的余姚人虞世南(558—638),这位雅好书艺且撰有《北堂书钞》《帝王略论》诸书的博学之士,显然同时也是一位藏书爱好者,但包括《贞观政要》《旧唐书》《新唐书》《资治通鉴》

---

① 冯晓霞《浙东藏书史》,浙江工商大学出版社 2013 年版,第 3 页。
② [晋]陈寿《三国志》卷 53《吴书·阚泽传》,中华书局 1982 年版,第 1249 页。
③ [唐]姚思廉《梁书》卷 36《孔休源传》,中华书局 1973 年版,第 522 页。

在内的几乎所有传世典籍,却只是津津乐道于虞氏的"德行""忠直""博学""文辞""书翰",而对其藏书兴味置若罔闻。但相比较而言,浙东藏书业在此期间的萧条,更可能是浙东士人鉴于手抄时代大量收藏图书殊属不易而却步的产物。

表4 东汉至五代十国的两浙藏书家

区域	姓名	身份	史实依据
浙东	王 充	《论衡》作者,东汉上虞人	《后汉书》卷《王充传》
	袁 康 吴 平	《越绝书》作者,东汉会稽人	杨慎《升庵集》卷10《跋越绝》
	赵 晔	《吴越春秋》作者,东汉山阴人	《后汉书》卷79下《儒林下·赵晔传》
	阚 泽	孙吴会稽郡山阴县人	《三国志》卷53《吴书·阚泽传》
	虞 喜	两晋之交的会稽郡余姚人	《晋书》卷91《儒林·虞喜传》
	虞 龢	南朝宋齐之交的会稽郡余姚人	《南史》卷72《文学·丘巨源传》
	孔休源	南朝梁代会稽郡山阴县人	《梁书》卷36《孔休源传》
	林 鼎	吴越国慈溪人	《吴越备史》卷3
	江 正	南唐越州刺史	王明清《挥麈录·后录》卷5
	徐 锴	南唐时会稽人,集贤殿学士	陆游《南唐书》卷5《徐锴传》
浙西	范 平	孙吴、西晋之交吴郡钱塘县人	《晋书》卷91《儒林·范平传》
	范 蔚	东晋吴郡钱塘县人,范平之孙	
	褚 陶	西晋吴郡钱塘县人	《晋书》卷92《文苑·褚陶传》
	沈骥士	南朝宋齐之际的吴兴郡武康县人	《南齐书》卷54《高逸·沈骥士传》
	沈 约	南朝梁代吴兴郡武康县人	《梁书》卷13《沈约传》
	钱传瑛		
	钱文奉		
	钱惟治	越王室子弟	吴任臣《十国春秋》卷83《吴越七·列传》
	钱 昱		
	钱 易		
	钱惟演		

从自今而古的角度来看,浙东藏书业的这一沉寂状态,持续了近400年,直至晚唐,方才有所改观。倘若细加推究,浙东藏书业之所以能够从晚唐开始走

出沉寂,显然主要得益于佛教日益广泛的传播。这种积极作用,一则表现为佛教宣传教义的强烈愿望,促成了雕版印刷技术的发明与进步,进而便利了书籍的生产与流通;二则表现为佛门弟子大规模购置书籍的行为,直接推动了藏书业的发展。也正受此影响,晚唐以来浙东境内出现了若干藏书爱好者。其中,既有像宗亮这样"缮写"经藏、"躬身正本"①的僧侣,也不乏像林鼎这种"所聚图书,悉由手抄"②的官僚。

(二)北宋时期浙东藏书业的时代特征

爱及北宋,尽管浙东藏书风气仍然不甚浓厚,却业已呈现出不同于以往的两大特征。其一,致趣藏书事业者不但人数转多,而且几乎都是科举及第者,他们的藏书动机也因此比较一致而又单纯,那就是主要用于阅读,以便增进学识。譬如鄞县人楼郁,其弟子舒亶在所作《宋大理评事楼先生墓志铭》中就曾声称:

> 先生讳郁,字子文。……其志操高厉,慨然直欲追古人而友之。自六经至百家传记之说,无所不读。其讲解去取,必当于道德之意,发为辞章,贯穿浃洽,务极于理,非特不投时好以苟射声利而已。……平生好书,虽老且病不倦。家藏仅万卷,而手钞者居半。

其二,鄞县县城(同时也是明州州治)俨然成为此期浙东藏书业的集中地,传世文献所记载的当时浙东知名藏书家,大都是鄞县人氏(详参表5)。例如陈谧,罗濬《宝庆四明志》卷八《叙人上·陈禾》载曰:

> 禾字秀实,鄞人。……禾父谧,字康公,博学,教子有法,嘉祐八年登第。……世喜藏书,谧之亡,舒中丞亶作挽章,有曰:"尘埃满匣空鸣剑,风雨归舟只载书。"③

---

① [宋]释赞宁《宋高僧传》卷27《唐明州国宁寺宗亮传》,见[南朝梁]释慧皎等《高僧传合集》,上海古籍出版社1991年版,第553页。

② [宋]钱俨《吴越备史》卷3,影印文渊阁《四库全书》本。

③ 宁波市地方志编纂委员会整理《宋元四明六志》第2册,宁波出版社2011年版,第387、389页。

表5　北宋时期的浙东藏书家

姓名	身份	藏所	史实依据
楼　郁	仁宗皇祐五年(1053)进士	鄞县	舒亶《宋大理评事楼先生墓志铭》
丰　稷	仁宗嘉祐四年(1059)进士	鄞县	《宝庆四明志》卷8《叙人上·丰稷》
陈　谧	仁宗嘉祐八年(1063)进士	鄞县	《宝庆四明志》卷8《叙人上·陈禾》
罗　适	英宗治平三年(1066)进士	宁海	舒亶《舒懒堂诗文存》卷3《宋故上护军致政罗公墓志铭》
陈贻范	英宗治平四年(1067)进士	临海	《宋史》卷204《艺文志三》
王　瓘	神宗元丰五年(1082)进士	鄞县	《宝庆四明志》卷8《叙人上·王说》
石公弼	哲宗元祐六年(1091)进士	新昌	《嘉泰会稽志》卷15《相辅·石公弼》

　　浙东藏书重心的这一区域转移,就其成因而言,首先是山阴日渐沉沦的结果;这座自从汉顺帝永建四年(129)以来就是东南政治、经济与文化中心的城市,在吴越王国建都杭州之后,不但丧失了原有的战略地位,也连带地丧失了对明州的辐射效应。其次,则是明州日益崛起的产物;得益于"杨杜二王楼公"的"或授业乡校,或讲道闾塾"①,同时也受惠于王安石任职鄞县期间所推行的一系列革新之举,鄞县文教事业盛况空前,不但得志场屋者与日俱增,而且进一步激发了更多四明士人购买、研读圣贤之书的热情,并由此涌现出若干藏书世家,例如西湖楼氏、桃源王氏。尤其是桃源王氏家族,自仁宗庆历年间王说讲贯经史以来,就名宦相继、书种不绝,《宝庆四明志》载曰:

　　　　王说,字应求,鄞人,以其学教授乡里余三十年。……先是有王致,亦州同所师,至今郡庠以与杨公适、杜公醇、楼公郁并祠,谓之"五先生"云。说之弟该,字蕴之,登庆历六年进士第。……长子瓘,字元圭,登元丰五年进士第,喜藏书,以文称。珩字彦楚,说第五子也,十九岁入太学,大观三年登进士第,仕至宗正少卿,年八十卒。……勋字上达,说之孙也,以太学上舍生,登政和八年进士第。②

----

　　①　[宋]王应麟《九先生祠堂记》,见《宋元四明六志》第6册《延祐四明志》卷13《学校考上》,宁波出版社2011年版,第785页。

　　②　[宋]罗濬等《宝庆四明志》卷8《叙人上·王说》,中国国家图书馆藏宋刻本。

降及南宋前期,不但王正功"性嗜学,多录未见之书"①,乃兄王正己更是"聚书六万余卷,多自雠校,为之目甚详"②。

二、南宋时期浙东藏书业的勃兴

肇端于东汉中叶的浙东藏书业,在历经南朝后期至晚唐近 400 年的低潮和北宋的重新起步之后,终于在宋室南渡的历史背景下,迎来了它的井喷时代。

(一)南宋时期浙东藏书业勃兴的外部条件

浙东藏书业虽起源甚早,但真正崛起是在宋室南渡之后。此所谓崛起,一则表现为在南宋立国 150 余年间(1127—1279),不但爱好藏书之士几乎遍布浙东各地,而且大体上形成了明州、越州两大藏书集中地(详参表 6);二则表现为当时的藏书者虽然仍以官僚为主,却既不乏像吴伸、吴伦兄弟这样的"布衣",甚至也有诸如孙介这种来自社会底层的贫民。藏书的社会基础既如此深厚,藏书风气的盛行也就势所必然。

表 6 南宋时期的浙东藏书家

姓名	藏所	隶属	数量、特色或去向	史实依据
赵师龙	余姚	越州	除藏书外无其他嗜好	《楼钥集》卷 109《知婺州赵公墓志铭》
孙 介	余姚		家贫无以买书,遂自手抄	《烛湖集》附编卷下沈焕《承奉郎孙君行状》
石邦哲	新昌		其"博古堂"藏书两万余卷,多为石公殁亡后散出的故物	陆游《渭南文集》卷 36《朝奉大夫石公墓志铭》
石继曾	新昌		"博古堂"所藏后亦散出,石继曾稍加访寻,间有所获	《嘉泰会稽志》卷 16"藏书"条

---

① [宋]楼钥撰、顾大朋点校《楼钥集》卷107《朝请大夫致仕王君墓志铭》,浙江古籍出版社2010 年版,第 1845 页。

② [宋]楼钥撰、顾大朋点校《楼钥集》卷 49《酌古堂文集序》,浙江古籍出版社 2010 年版,第 923 页。

续　表

姓名	藏所	隶属	数量、特色或去向	史实依据
诸葛行仁	会稽	越州	高宗绍兴五年（1135），进献所藏书共8546卷	《嘉泰会稽志》卷16"求遗书"条
陆　宰	山阴		其"双清堂"藏书约1.3万卷	《嘉泰会稽志》卷16"求遗书"条
陆　游	山阴		其"老学庵"藏书万卷	陆游《剑南诗稿》卷26《题老学庵壁》
陆子遹	山阴		喜蓄书	《渭南文集》卷29《跋子聿所藏国史补》
吴　伸 吴　伦	山阴		出资百万筑书楼，储书数千卷，"用为子孙讲习之地"	《渭南文集》卷21《吴氏书楼记》、卷30《跋南城吴氏社仓书楼诗文后》
李　光	上虞		藏书万余卷，被焚毁于高宗绍兴十七年（1147）	王明清《挥麈录·后录》卷7
李孟传	上虞		藏书万卷，后代子孙不能保守，遂散于豪民之家	孔齐《至正直记》
楼　钥	鄞县	明州	藏书甚富，特于月湖筑"东楼"以储其所聚之群书	袁燮《絜斋集》卷11《资政殿大学士赠少师楼公行状》
王正己	鄞县		其"酌古堂"藏书六万余卷且多系手抄，又曾自编藏书目录	《楼钥集》卷49《酌古堂文集序》
王正功	鄞县		写本与刊本各万余卷，且多系不常见之书	《楼钥集》卷107《朝请大夫致仕王君墓志铭》
姜　浩	鄞县		藏书万卷	《楼钥集》卷84《祭姜总管文》
赵粹中	鄞县		聚书万卷	《楼钥集》卷105《龙图阁待制赵公神道碑》
高元之	鄞县		蓄书万卷	《楼钥集》卷110《高端叔墓志铭》
林　硕	鄞县		倾资买书，达万余卷	《楼钥集》卷114《林府君墓志铭》
史守之	鄞县		其"碧沚"藏书，后大多流入江苏	文徵明《甫田集》卷22《跋宋通直郎史守之告身》
张祖顺	鄞县		藏书教子，尤所留意	《楼钥集》卷111《知梅州张君墓志铭》

姓名	藏所	隶属	数量、特色或去向	史实依据
姜　柄	鄞县	明州	藏书数千卷	《楼钥集》卷113《知钟离县姜君墓志铭》
陈　曦	鄞县		作"藏书记",告诫后人勿坠素业	《宝庆四明志》卷8《叙人上·陈禾》
袁　燮	鄞县		藏书数千卷	《絜斋集》卷10《愿丰楼记》
袁　涛	鄞县		藏书满室	《絜斋集》卷20《从兄学录墓志铭》
袁　韶	鄞县		公务之余,校雠刻书	袁桷《清容居士集》卷22《袁氏旧书目序》
郑若冲	鄞县		自置书塾,聚书数千卷,延师训子,虽卧病不废书	《万姓统谱》卷107
张　瑞	鄞县		筑甬洲书庄,聚书万卷,与子孙讲习于其中	吴晗《江浙藏书家史略·两浙藏书家史略》引《鄞县志》卷31《张文英传》
杨　涣	象山		倾资买经史于胄监,以助其子杨王休科考	《楼钥集》卷95《文华阁待制杨公行状》
曹　盅	奉川		聚书万卷,多手自雠校	《楼钥集》卷113《朝请大夫曹君墓志铭》
李　庚	台州	台州	聚书数万卷	《楼钥集》卷49《诒痴符序》
蔡　瑞	黄岩		念族人多贫,遂买书并置于石庵,以便子弟学习	叶适《水心集》卷12《石庵藏书目序》
王卿月	台州		卒后,除"书画图籍之外,储蓄几无"	《楼钥集》卷109《太府卿王公墓志铭》
骆　恂	宁海		奇爱其幼子骆季友而多买书,并于卷末题曰"留遗子孙"	《楼钥集》卷113《骆观国墓志铭》
张仲梓	永嘉	温州	图史之外,他无长物	《楼钥集》卷111《知复州张公墓志铭》
薛　高	永嘉		家有读书楼	《万姓统谱》卷118
谢　雩	永嘉		自经子百家之书,皆手自校定	《楼钥集》卷115《承议郎谢君墓志铭》

然而,浙东藏书业在南宋的勃兴,固然得益于深厚的社会基础,却无疑有其更为深刻也更值得深究的内因外缘①。此所谓外缘,概而言之,就是经济重心和政治中心双双南移且重合于江南地域,为南宋浙东藏书业的勃兴提供了前所未有的良好氛围和外部条件。细而言之,其一,宋室的驻跸临安,不但拉近了浙东与权力中枢的空间距离,而且扩大了浙东士人的政治发展空间,这就反过来刺激了浙东教育事业的进步,以及与教育事业相关的文化产业的繁荣。其二,那些随宋室南渡的一部分中原士人,本就嗜好藏书,他们在定居于浙东境内后,不但因其本性难移而再度勉力蓄书,而且带动了其居处附近民众藏阅书籍的兴趣和投身科举的热情,此则戴表元《董叔辉诗序》言之甚明:

> 吾奉化前百数十年时,地理去行都远,士大夫安于僻处,无功名进趋之心,言若不能出诸其口,气若不欲加诸其人,闭门读书以远过咎,耕田节用以奉公上,虽无当涂赫赫之名,而躬行之实,为有余矣。渡江以来,乡老之书,天官之选,信宿可以驿致。加以中原侨儒裹书而来,卜邻而居,朋俦薰蒸,客主浸灌,编户由明经取名第者,十有八九,可谓诗书文物之盛。②

其三,自宋室南渡以还,浙东刻书业盛况空前,下属明、越、温、台四州均闻有镌雕之声(详参表 7),这就不但提供了手抄时代无法想象的众多书籍,而且极大地降低了时人大量收藏图书的门槛。也因此,在南宋存续期间不乏藏书万卷的藏家,例如新昌石邦哲、山阴陆游、鄞县赵粹中、台州李庚。

---

① 顾志兴《浙江藏书家藏书楼》在依时序逐个考察历代浙江藏书家、藏书楼的基础上,既将两宋之世定性为浙江藏书业的“兴起期”,又曾勉力探讨两宋浙江藏书业“兴起”的原因,进而将之归结为印书业的繁荣、教育的发达、学术思想的活跃。稍后,曹屯裕等人亦试图探究浙东藏书业“兴起”于两宋的成因,并由此得出与顾志兴大同小异的推论,亦即:两宋浙东藏书业的兴起,既有赖于刻书业和文具制造业的发达,也得益于中原士流南下定居于此,更受惠于文教事业的进步(《浙东文化概论》,宁波出版社 1997 年版,第 186—187页)。本部分拟在此基础上稍加补充。

② [元]戴表元《剡源文集》卷 9,影印文渊阁《四库全书》本。

表 7　南宋浙东刻本知见录

书名	主持刊刻者	刻书地	刻本性质
资治通鉴	两浙东路茶盐司		官刻本
周易注疏、尚书正义、周礼疏、唐书、太玄经	两浙东路茶盐司		官刻本
子华子	会稽县		官刻本
毛诗正义	绍兴府		官刻本
外台秘要方	两浙东路茶盐司		官刻本
通鉴外纪、前汉纪、后汉纪	浙东转运使司		官刻本
事类赋	两浙东路茶盐司		官刻本
新雕重校战国策	姚宏		私刻本
通鉴释例	两浙东路茶盐司		官刻本
隶释	知绍兴府洪适		官刻本
论衡	知绍兴府洪适		官刻本
元氏长庆集	知绍兴府洪适		官刻本
隶续	知绍兴府洪适	越州	官刻本
诸史提要	知绍兴府钱端礼		官刻本
万首唐人绝句	知绍兴府洪迈		官刻本
战国策（鲍彪注）	知绍兴府王信		官刻本
礼记正义	提举两浙东路茶盐常平公事黄唐		官刻本
春秋左传正义	知绍兴府沈作宾		官刻本
嘉泰会稽志	知绍兴府沈作宾		官刻本
剡录	知嵊县史安之		官刻本
习学记言	知绍兴府汪纲		官刻本
万首唐人绝句	知绍兴府汪纲		官刻本
越绝书	知绍兴府汪纲		官刻本
吴越春秋	知绍兴府汪纲		官刻本
参同契分章通真义、明镜图诀	知绍兴府汪纲		官刻本
切韵指掌图	越州读书堂		官刻本

续　表

书名	主持刊刻者	刻书地	刻本性质
徐骑省文集	知明州徐琛	明州	官刻本
本草单方	知明州王俣		官刻本
文选六臣注	知明州赵善继		官刻本
四明图经	知明州张津		官刻本
汉隽	知象山县蒋鹗		官刻本
都官文集	知庆元军府事陈杞		官刻本
清真先生集	知庆元军府事陈杞		官刻本
攻媿先生文集	楼治		私刻本
僧宝传	比邱宝定		寺院本
宝庆四明志	知庆元府胡榘		官刻本
絜斋家塾书钞	象山县学		官刻本
铜壶漏箭制度	知庆元府颜颐仲		官刻本
四明续志	庆元府学教授梅应发等		官刻本
朱子读书法	鄞县县学教授张洪等		官刻本
白石诗传	温州州学	温州	官刻本
周礼井田谱	知温州楼钥		官刻本
仪礼识误	知温州曾逮		官刻本
家礼附注	陈雷		官刻本
春秋后传、左氏章指	施杗		官刻本
尔雅疏、尔雅音释	赵子良		官刻本
莫氏方	知温州莫伯虚		官刻本
永嘉守御录	钱德载		官刻本
大唐六典	温州州学教授张希亮等		官刻本
温州进士题名	楼钥		官刻本
颜鲁公集	知温州留元刚		官刻本
止斋文集	徐凤		官刻本

续 表

书名	主持刊刻者	刻书地	刻本性质
荀子、杨子法言、中说、昌黎先生集、后典丽赋	知台州唐仲友	台州	官刻本
石林奏议	叶笺		官刻本
颜氏家训	知台州军州事沈揆等		官刻本
三隐诗集	国清寺僧志南		寺院本
天台前集、天台别编、天台续集	台州州学		官刻本
赤城集	丁塈等		官刻本
十谏书	王庸		寺院本
横浦心传录、横浦日新	黄岩县学		官刻本

(二)南宋时期浙东藏书家的类别

然而,尽管南宋的外部环境和客观条件确实有利于藏书业的发展,但正如马列主义经典作家所指出的那样,外因必须通过内因才能发挥作用。事实情况亦复如此,南宋浙东刻书业的勃兴,仍主要是藏书者基于个人爱好或其特定需求加以主观选择的结果。倘若细加研核,大抵可将南宋浙东藏书群体依其藏书目的分为以下三类。

其一,学术研究类。其藏书主要用于阅读以增广知识,间或用于校订古籍,鄞县人楼钥就是其中的显著例证,其《跋春秋繁露》云:

《繁露》一书凡得四本,皆有高祖正议先生(亦即楼郁)序文。始得写本于里中,亟传而读之,舛误至多,恨无他本可校。已而得京师印本,以为必佳,而相去殊不远。……开禧三年,今编修胡君仲方椠宰萍乡,得罗氏兰堂本刻之县庠,考证颇备。……然止于三十七篇,终不合《崇文总目》及欧阳文忠公所藏八十二篇之数。余老矣,犹欲得一善本。闻婺女潘同年叔度景宪多收异书,属其子弟访之,始得此本,果有八十二篇。……喜不可言。以校印本,各取所长,悉加改定,义通者两存之。①

---

① [宋]楼钥撰、顾大朋点校《楼钥集》卷75,浙江古籍出版社2010年版,第1337页。

其二,应付科考类。譬如山阴吴伸、吴伦兄弟,尽管本人未必读书,但为使子弟顺利走上科举入仕之途,特地购书数千卷,并斥资百万建书楼以藏之①;象山人杨涣亦复如此,楼钥《文华阁待制杨公行状》载其事曰:

> (杨公王休)父涣,故宣义郎致仕,赠中散大夫。……本贯庆元府象山县政实乡。美政杨公讳王休,字子美……公生而奇庞,(祖母)邵夫人中年抱孙,极爱抚。于髫龄中已有成人气象,庄重寡言,乐然后笑,相者以为必贵。中散延儒士教之,家苦无书,倾资买经史于胄监。②

其三,传承门风类。此一类型,往往将藏书事业视为家族传统而亦勉力为之。越中藏书三大家,就是其中的典型代表,《嘉泰会稽志》云:

> 越藏书有三家,曰:左丞陆氏,尚书石氏,进士诸葛氏。中兴秘府始建,尝于陆氏就传其书,而诸葛氏在绍兴初颇有献焉,可以知其所蓄之富矣。陆氏书特全于放翁家,尝宦两川,出峡不载一物,尽买蜀书以归,其编目日益巨。诸葛氏以其书入四明,子孙犹能保之。而石氏当尚书亡恙时,书无一不有……其后颇弗克守,而从子大理正邦哲,尽以金求得之,于是为博古堂。博古之所有众矣,其冥搜远取,抑终身不厌者,后复散出,而诸孙提辖文思院继曾,稍加访寻,间亦获焉。③

相较而言,前两类无疑是南宋浙东藏书的主要类型。但南宋浙东藏书无论属于何种类型,归根结底,都只是藏书者基于个人爱好或其特定需求加以主观选择的产物。也唯其如此,藏书之举在绝大多数藏家那里,往往及身而止。

三、元明间浙东藏书业的盛衰转换

入元之后,浙东藏书业主要因为受到元廷相关政策的负面影响,迅即滑落

---

① [宋]陆游《渭南文集》卷21《吴氏书楼记》、卷30《跋南城吴氏社仓书楼诗文后》,影印文渊阁《四库全书》本。

② [宋]楼钥撰、顾大朋点校《楼钥集》卷95,浙江古籍出版社2010年版,第1661页。

③ [宋]施宿等《嘉泰会稽志》卷16"藏书"条,影印文渊阁《四库全书》本。

至低谷。在此期间,虽曾涌现出像袁桷这样同时致力于藏书与刻书事业的名家,但总体以观,彼时不但爱好藏书者屈指可数,而且较为明显地表现出藏书者身份窄化、藏书功能单一化的特征。这一态势延续至明代中叶,方才因时代环境的改变和经济文化的发展而逐渐走出低迷状态,进而日益趋于繁荣。

(一)元代浙东藏书业的低迷及其历史动因

根据顾志兴《浙江藏书史》的相关考察结果,不难发现:南宋、元朝两代的浙西藏书业,虽然在藏书家数量方面前后相差无几(详参表 8),但无论是藏书量还是历史影响,元代都明显不如南宋时期。这一落差,首先不能不归因于蒙古铁骑的蹂躏与破坏。对此,明代著名学者兼藏书家胡应麟(1551—1602)也颇有认知:

> 宋世图史一盛于庆历,再盛于宣和,而女真之祸成矣;三盛于淳熙,四盛于嘉定,而蒙古之师至矣。[1]

其次,则又是元廷为强化对浙江的文化管控而多次强行征调图书的恶果,《元史·世祖纪》载其事曰:

> (至元十二年九月)丙申,以伊实特穆尔为御史大夫,括江南诸郡书版及临安秘书省《乾坤宝典》等书。……(至元十三年二月)戊申,立浙东西宣慰司于临安,以户部尚书麦归、秘书监焦友直为宣慰使……丁巳,命焦友直括宋秘书省禁书图籍。……(十月)丁亥,两浙宣抚使焦友直以临安经籍图画阴阳秘书来上。

最后也最重要的是,元廷长期废除科举取士制度、推行族群区隔与重吏轻儒政策,这就不但阻断了汉人原有的晋身正途,而且严重打击了他们收藏、阅读图书的热情。也因此,认为元朝对汉文化抵制最力、族群间存有明显政治与社会区隔的这一传统观念,尽管受到萧启庆《九州四海风雅同:元代多族士人圈的形成与发展》(联经出版事业公司 2012 年版)之类的论著的质疑和修正,却并未完全丧失其合理性。

---

[1] [明]胡应麟《少室山房笔丛》卷 1《经籍会通一》,上海书店出版社 2001 年版,第 6 页。

表8　南宋、元朝时期的浙西藏书家

朝代	地区	姓名
南宋	杭州	李清照、洪皓、周煇、洪咨夔、陈起、陈思、周密、贾似道、廖莹中、董嗣杲
	湖州	叶梦得、周珌、周晋、陈振孙
	嘉兴	闻人滋、岳珂、许棐
元	杭州	金应桂、张模、吾衍、张雨、张雯、杨维桢、魏一愚、陈世隆
	湖州	赵孟頫
	嘉兴	马宣教、张纮

相比较而言,元朝政府所采取的一系列政策和措施,对浙东藏书业的影响似乎更为严重。这种负面影响,不但具体表现为宋元易代后浙东藏书家数量明显下降(详参表9),更主要表现为藏书者身份的窄化与藏书功能的单一化,当时著名的浙东藏书家几乎都是学者,其藏书主要用于学术研究,迁居鄞县的宁海人胡三省(1230—1302),便是典型例证。全祖望记云:

> 南湖袁学士桥,清容之故居也,其东轩,有石窨焉。予过而叹曰:"此梅磵藏书之所也!"……按梅磵之注《通鉴》凡三十年……讫乙酉冬始克成编。丙戌,始作《释文辨误》。梅磵以甲申至鄞,清容谓其日手钞定注。己丑寇作,以书藏窨中得免。……先生所著《江东十鉴》《四城赋》,清容比之贾谊、张衡,后世不可得而见,而是书则其毕生精力之所注。①

当然也有例外,譬如定海人乐大原,其藏书之举实非出自本意,而是乐氏积德行善的副产品,对此,嘉靖《宁波府志》言之甚明:

> 乐大原字君道,定海人。……大德丁未东浙大祲,大原发巨艘,贩泉南、广东之米,平价使人就籴,远近毕集,活者甚众。父占籍清泉盐场,凶岁,官不降本,亭户失业,大原发资,视官本增三之一,以贷诸户,随其力之所及而收其入,被惠者德之。有持旧书易米济饥者,辄应之,遂蓄至数千卷。曰:"吾子孙必有能读是者。"孙良果能读其祖所藏书……一时名卿,若

---

① [清]全祖望《鲒埼亭集外编》卷18《胡梅磵藏书窨记》,见朱铸禹汇校集注《全祖望集汇校集注》,上海古籍出版社2000年版,第1092页。

黄文献公潜、王文忠公袆,咸器重之。①

元代浙东藏书业的显著特征,仍主要表现为藏书爱好者的小众化和藏书功能的学术化。

表 9　元代的浙东藏书家

姓名	藏所	藏书数量、特色或去向	史实依据
应震伯	鄞县	筑"花崖书院",藏书五千卷,延良师教子侄	陈著《本堂集》卷 91《应长卿墓志铭》
袁桷	鄞县	其藏书之富甲于浙东,且曾将其部分藏书付梓刊行	袁桷《清容居士集》卷 22《袁氏新书目序》
胡三省	鄞县	其南湖石窨所藏,主要是胡氏手稿,以及为作《资治通鉴音注》而收集的参考资料	全祖望《鲒埼亭集外编》卷 18《胡梅硐藏书窨记》
郑芳叔	鄞县	因家境贫寒而无力购买,遂借抄他人藏书而聚书近百卷	雍正《浙江通志》卷 180 引嘉靖《宁波府志》
王昌世	鄞县	王应麟之子。蓄书万余卷,毁于火,露钞雪纂,至忘寝食,书以复完	雍正《浙江通志》卷 175 引黄潜《王昌世墓志》
程端礼	鄞县	藏书万卷	黄潜《文献集》卷 9 下《将仕佐郎台州路儒学教授致仕程先生墓志铭》
倪仲权	鄞县	雅志读书,家藏万卷	刘仁本《羽庭集》卷 6《履斋记》
蒋宗简	鄞县	买未见书数百卷	黄潜《文献集》卷 9 上《蒋君墓碣》
乐大原	定海	乐氏为救济失业的"亭户",以大米换旧书,遂聚书数千卷	雍正《浙江通志》卷 188 引嘉靖《宁波府志》
杨宏 杨维桢	山阴	筑楼铁崖山,藏书数万卷	《明史》卷 285《文苑·杨维桢传》
陈孚	临海	其"万卷楼"藏书万卷以上	王袆《王忠文集》卷 8《陈氏万卷楼记》

资料来源:顾志兴著《浙江藏书史》,杭州出版社 2006 年版,第 20—41、93—98、100 页。

---

① [明]嘉靖《宁波府志》卷 35《乐大原传》。

(二)明初以降浙东藏书业的复苏与振兴

传世文献的相关记载充分表明,明朝中央政府相当重视对图书的搜集与典藏。事实上,还在明朝开国前夕的元顺帝至正二十六年(1366)六月,朱元璋就曾指令有关部门"访求古今书籍,藏之秘府,以资览阅"①;爰及永乐四年(1406)四月,明成祖又从解缙之请,令礼部择人四出购求遗书:

> 永乐四年四月,上视朝之暇,辄御便殿阅书史,或召翰林、儒臣讲论。尝问文渊阁经史子集备否,学士解缙对曰:"经史粗备,子集尚多阙。"上曰:"士人家稍有余资,皆欲积书;况于朝廷,可阙乎?"遂召礼部尚书郑赐,令择通知典籍者,四出购求遗书。且曰:"书籍不可较价直,惟其所欲与之,庶奇书可得。"又顾解缙等曰:"置书不难,须常览阅,乃有益。凡人积金玉,亦欲遗子孙。金玉之利有限,书籍之利岂有穷也!"②

即便时至宣宗在位年间仍复如此,此则《明史》卷72《艺文志一》述之甚明:

> 宣宗尝临视文渊阁,亲披阅经史,与少傅杨士奇等讨论,因赐士奇等诗。是时秘阁贮书约二万余部,近百万卷,刻本十三,抄本十七。

然而,明朝中央政府对于藏书事业的重视,并未即刻引致浙东地方政府的积极响应。例如宁波府学,直至宪宗成化二年(1466)才重建用以收藏图书的"尊经阁";至于浙东藏书业,更是在元明易代之后的相当长时间内,其低迷近于元代。当时,不但藏书者寥寥无几(详参表10相关部分),而且部分藏书者未必是因为爱好书籍而加以收藏,宁海人童伯礼无疑就是其中的典型代表:"邑士童君伯礼,既以礼葬其父于舍南之石镜山,与三弟谋合资产,共釜鬶以食,取古礼之宜于士庶人者,以次行之,复恐后之人未能尽知其意,而守之弗变,乃即石镜之阳为精舍,聚六经群书数百千卷,俾子侄讲习其中,求治心修身之道,以保其家,以事其先而不怠。"③

---

① [清]谷应泰编《明史纪事本末》卷14《开国规模》,影印文渊阁《四库全书》本。
② [明]黄佐《翰林记》卷12"收藏秘书"条,影印文渊阁《四库全书》本。
③ [明]方孝孺《逊志斋集》卷16《石镜精舍记》,影印文渊阁《四库全书》本。

表10 明代的浙东藏书家

年代	地区	姓名	藏所	藏书数量、特色或去向
成化之前	台州府	方孝孺	宁海	方孝孺在所作《与郑叔度八首》中,自称藏书不多、所阅甚广
		童伯礼	宁海	据方孝孺《逊志斋集》卷16《石镜精舍记》记载,童氏在礼葬其父后,为收族敬宗,特建精舍于乃父墓侧,聚六经群书数百千卷,俾子侄讲习于其中
成化之前	宁波府	黄润玉	鄞县	据胡文学《甬上耆旧诗》卷4《按察金事黄先生润玉》可知,"东皋草堂"既是其致仕后的隐居所在,也是其藏书之处
		金华	鄞县	据雍正《浙江通志》卷192引嘉靖《宁波府志》记载,金华在隐居乡里后,足不履城府,日坐斗室,寄情经史,手点书万余卷
		袁忠彻	鄞县	据陆心源《皕宋楼藏书志》卷18记载,其"瞻衮堂"(或作"静思斋")藏书中往往有"袁忠彻家藏书画印"字样,多宋本,部分藏书后流入陆心源皕宋楼
成化以降	台州府	谢铎	黄岩	在其《朝阳阁书目序》中,谢铎自称其"朝阳阁"藏书始于乃父,所藏之书有列圣训诰、六经子史、汉唐宋名家文集
		黄孔昭	太平	出身藏书世家,其六世祖孔珂就曾建有读书堂,高祖、曾祖又创"松桂轩"聚书以教习子弟。黄孔昭本人亦喜聚书,累至数万卷
		黄俌	太平	黄孔昭长子,喜聚书,特于居所内筑"业书楼"以储之
		林鹗	太平	杨廉《刑部侍郎林公言行录》谓其"闻人有异书必求之,既得,手自校雠,有未安者,访善本是正"
		王逢圣	黄岩	性喜藏书,人称其所藏牙签万轴
	宁波府	丰坊	鄞县	据全祖望《天一阁藏书记》记载,其"万卷楼"多宋椠与写本。唯因丰坊"晚得心疾",其藏书逐渐散出,部分流入范氏"天一阁"
		范钦 范大冲 范大潜 范汝南	鄞县	其"天一阁"藏书多宋元刊本、稿本和抄本,而以明代方志、《登科录》、诗文集为主;其独特的保护措施,更使之成为目前最古老的私人藏书楼
		范大澈	鄞县	其"卧云山房"藏书楼多海内异本,部分乃"天一阁"所无
		陈朝辅	鄞县	其"云在楼"藏书之富,仅亚于天一阁
		谢三宾	鄞县	其"博雅堂"所藏图书,以赵孟頫旧藏宋本《汉书》最为知名

续　表

年代	地区	姓名	藏所	藏书数量、特色或去向
成化以降	宁波府	全元立	鄞县	全祖望六世祖。据全祖望《双韭山房藏书记》记载,其"阿育王山房"藏书大半抄自丰氏"万卷楼"
		李　埈	鄞县	陈衍《唐仲言李公起》谓其在乃父卒后,一意读书,蓄书至数万卷
		戴　鲸	鄞县	《甬上耆旧诗》卷11《参议戴南江先生鲸》谓其晚年好学,著书东白楼
	绍兴府	钮石溪	会稽	其"世学楼"藏书多达十万卷。黄宗羲《天一阁藏书记》谓钮氏藏书自明崇祯三年(1630)就已开始散出
		祁承𤐠	山阴	其"澹生堂"藏书多达十万卷,且多为世人所未见,校勘精良,后部分归于黄宗羲"续抄堂"、吕留良"讲习堂"、赵谷林"小山堂"
		祁彪佳	山阴	据全祖望《旷亭记》记载,彪佳尝以朱红小橱数十张顿放缥碧诸函牙签如玉,风过有声铿然。其所聚则不如乃父承𤐠之精。入清后,其所藏书卷荡然无存
		祁理孙	山阴	祁彪佳长子,其"奕庆堂"藏书1598种
		王朝志	山阴	手录经史诸子百家书积十六笥
		刘　毅	山阴	藏书甚富
		徐　渭	山阴	其"青藤书屋"藏书数千卷
		朱长庚	诸暨	隐居巢山之啸客堂,藏书甚富,类多手评
		骆象贤	诸暨	筑园于枫溪之上,图书满屋,至老玩读不辍
		胡　祯	新昌	甘贫力学,结草亭于宅外,聚古今图籍,终日吟诵其中
		韩广业	上虞	在乃父卒后,韩广业携其"小琅环书屋"藏书数万卷定居上虞
		诸来聘	余姚	其"昌古斋"藏书万卷
		何汝尹	萧山	藏书数万卷
	温州府	王光经	永嘉	万历丁未(1607)二甲进士第一,平生无他玩好,藏书万卷,手不释卷,尝云:"大丈夫一日不读书,则性情疏散,义理荒错,致君将凭何术?"

物盛必衰,自古而然。时至宪宗成化年间（1465—1487）,盛极一时的明代官方藏书事业,主要因为管理不善、监守自盗而开始趋于衰败。[①] 尤其是管理者的监守自盗,更是官方藏书散失严重的主因,此则沈德符《万历野获编》卷一"先朝藏书"条颇有指陈:"祖宗以来,藏书在文渊阁,大抵宋版居大半。其地既居邃密,又制度卑隘,窗牖昏暗,虽白昼亦须列炬,故抽阅甚难。但掌管俱属之典籍,此辈皆资郎幸进,虽不知书,而盗取以市利者实繁有徒。历朝所去已强半。"

吊诡的是,在明代官方重视藏书之秋依然低迷的浙东藏书业,却在官方藏书事业开始趋于衰败的成化年间走上了复兴之路。例如黄岩谢氏的"朝阳阁",就始建于成化四年（1468）,此观谢铎《朝阳阁书目序》可知:

> 成化戊子冬,我先人既作贞则堂以祗奉先大母之训则,特于其东辟藏书之阁曰朝阳阁。盖念先高祖孝子府君之遗书无几,而深有俟吾子孙于无穷也。越十有三年庚子,先人弃诸孤,铎归自官,遂以中秘暨四方所得书置阁中。阁中遗书独《尚书》、《西汉书》、韩柳李杜集各一册,皆残缺不完。……昔人谓积书以遗子孙,子孙未必能读。铎固未能读者,而并其书失之,岂不重可惜哉。乃以所存与今书类藏之,盖自我列圣训诰、六经子史以及汉唐宋诸名家之作具在已,无虑数千百卷矣。[②]

至于台州太平人黄孔昭,从其生卒年（1428—1491）[③]来看,这位知名藏书家的藏书之举,也理当始于成化年间。

倘若仅作粗线条的静态观照,那么,成化以降的浙东藏书业,无疑予人以全面复兴的深刻印象。这期间,不但藏书爱好者遍布浙东境内的绍兴、宁波、台州、温州四府,而且涌现出不少诸如鄞县范氏"天一阁"、山阴祁氏"澹生堂"之类的具有重大历史影响的藏书世家及其藏书楼（详参表 10 相关部分）。假如加以深入考察,则又不难发现成化以降浙东藏书业的重心,其实经历了自东向西的

---

① 李瑞良《中国图书流通史》,上海人民出版社 2000 年版,第 402—403 页。

② ［明］谢铎著、林家骊点校《谢铎集》,中华书局 2002 年版,第 446 页。

③ 无论是李东阳的《明故通议大夫南京工部右侍郎黄公神道碑铭》（见《怀麓堂集》卷 45）,抑或谢铎的《南京工部侍郎黄公墓志铭》（见《明文海》卷 450）,皆称黄孔昭卒于弘治四年（1491）六月十七日,享年 64 岁。

空间转移,其复兴之路也因此大体上可分为三个阶段:从成化初年到嘉靖中叶为第一阶段,其藏书重心在台州府;从嘉靖中叶到万历后期为第二阶段,宁波取代台州,成为新的浙东藏书重心之所在;第三阶段大抵始于万历后期,在此期间,绍兴藏书爱好者块然崛起,成长为浙东藏书业的翘楚。

其中,据说创建于嘉靖四十至四十五年(1561—1566)的范氏"天一阁"①,不但是宁波藏书文化的集大成者,而且特色鲜明。其一,所藏虽不乏宋元时期的刊本、稿本和抄本,但仍以明代所刻书籍为主,而且尤多地方志、科举录。前者不但多达435种,甚至不乏诸如《上海志》[弘治十七年(1504)郭经等人纂修]、《吴邑志》[嘉靖八年(1529)杨循吉纂修]、《武康县志》[嘉靖二十九年(1550)程嗣功等人纂修]之类的善本、孤本;至于科举录,不仅数量更多(详参表11),且其价值自明代嘉靖以来就颇受历代文人学者的推重,例如赵万里《重整范氏天一阁藏书记略》云:"天一阁藏明代《登科录》,在明朝已经赫赫有名。……现在阁里尚有洪武、永乐以下各朝的《登科录》,这不能不钦佩范东明搜辑之勤。我想范氏搜辑这许多当代的史料,必有深意在内。……除了《登科录》以外,尚有各省会试、乡试、武举等录,约有一千二百余种。……《登科录》等等,可算是最直接的传记体史料。除了天一阁,别处很难觅得同样的一册两册。"②

其二,确立了严格而又独到的图书保护原则,亦即重藏轻用、封闭保守的藏书模式和行之有效的防火、防潮、防蠹措施。平情而论,"天一阁"禁止"以书下阁梯"③的做法虽不无可商,却无疑是这座现存最古老的私家藏书楼四百余年来巍然屹立于浙东的重要保证。

或许是英雄所见略同,也可能是浙东藏书风气之使然,不管如何,山阴祁承𤊹(1563—1628)"澹生堂"在诸多方面颇类于范氏"天一阁",突出表现在以下方面。其一,精心规划、布置藏书楼。此则祁承𤊹《澹生堂藏书约》言之甚明:"只是藏书第一在好儿孙,第二在好屋宇。必须另构二楼,迥然与住房书室不相联,

① 骆兆平《天一阁丛谈》,中华书局1983年版,第15—18页。
② 赵氏此文原载《国立北平图书馆馆刊》第8卷第1期,后被李希泌、张椒华收录于所编《中国古代藏书与近代图书馆史料(春秋至五四前后)》,中华书局1982年版,第432—433页。
③ [清]阮元《擘经室集二集》卷7《范氏天一阁书目·序》,《四部丛刊》本。

自为一境方好。……唯后用翻轩一带,可为别室检书之处。然亦永不许在此歇宿,恐有灯烛之入也。"其二,藏书特色鲜明,厚今薄古、重史求专,尤其偏好对传奇、戏曲之书的收藏。朱彝尊《静志居诗话》卷 16 的下段记载,就是有力的旁证:"参政富于藏书,将乱,其家悉载至云门山寺,惟遗元、明来传奇,多至八百余部,而叶儿、乐府、散套不与焉。"其三,严格护持、管理所藏之书,并为此要求其子孙:"入架者不复出,蠹啮者必速补。子孙取读者,就堂检阅,阅竟即入架,不得入私室。亲友借观者,有副本则以应,无副本则以辞。正本不得出密园外,书目视所益多寡,大较近以五年,远以十年,一编次。勿分析,勿覆瓿,勿归商贾手。"①

表 11　天一阁所藏明代科举录统计

进士登科录		会试录		乡试录	
时代	种数	时代	种数	省份	种数
洪武年间	1	洪武年间	1	顺天府	27
建文年间	0	建文年间	0	应天府	27
永乐年间	0	永乐年间	0	山西	20
洪熙年间	0	洪熙年间	0	贵州	7
宣德年间	2	宣德年间	2	云南	5
正统年间	4	正统年间	5	云贵	5
景泰年间	2	景泰年间	2	浙江	21
天顺年间	2	天顺年间	3	山东	20
成化年间	6	成化年间	5	陕西	15
弘治年间	4	弘治年间	2	四川	9
正德年间	2	正德年间	3	江西	22
嘉靖年间	15	嘉靖年间	11	湖广	15
隆庆年间	1	隆庆年间	1	福建	22
万历年间	9	万历年间	3	广东	23
泰昌年间	0	泰昌年间	0	河南	5

---

① ［明］祁承爜《澹生堂藏书约》,《笔记小说大观》第 12 册,江苏广陵刻书社 1984 年版,第391 页。

续　表

进士登科录		会试录		乡试录	
时代	种数	时代	种数	省份	种数
天启年间	0	天启年间	0	广西	13
崇祯年间	5	崇祯年间	0		

注:本表取材于骆兆平《新编天一阁书目》,中华书局1996年版,第23—63页。

　　难能可贵的是,祁承爜在长期的购书、藏书实践中,总结出一套比较完整的采集、鉴别、分类、编目图书的理论和方法(详参表12),著成《澹生堂藏书约》《庚申整书略例四则》。尤其是他所首创的"因""益""通""互"四术,更成为章学诚"辨章学术,考镜源流"这一目录学思想的重要源头①,他也因此被视为中国图书管理理论建设的先驱。假如非得遴选一位藏书大家作为明代浙东藏书业的代表性人物,那么,祁承爜理当是不二人选。

表 12　祁承爜的藏书理论

理论/方法		说明
购书三说	眼界欲宽	眼界开阔是采购图书的先决条件
	精神欲注	只有爱书、读书,才能专注于购书
	心思欲巧	灵活运用各种购书之法
求书三途	辑佚法	凡有涉前代之书而今失其传者,即另从其书各为录出
	分析法	将古籍注本中的正文与注文,"析而为两,使并存于宇宙之间"
	索引法	从文集的书序中获得启示,自制采访目录
鉴书五法	审轻重	根据经、史、子、集四部的排列顺序判断书籍的品位
	辨真伪	经不易伪,史不可伪,集不必伪,而所伪者多在子
	核名实	有实同而名异者,有名亡而实存者,逐一研核,不为前人所漫,则既不至虚用其力,而亦不至徒集其名,得一书始得一书之实矣
	权缓急	基于经世致用原则,对各类图书给予不同程度的重视
	别品类	注意图书的分类编目

---

　　①　王燕飞《祁氏澹生堂藏书小识——澹生堂重建四百年祭》,《绍兴文理学院学报》(哲学社会科学版)2002年第3期。

理论/方法		说明
藏书四术	因	因循经、史、子、集四部之定例而分类
	益	增加"约史""理学""代言经筵""丛书""余集"五类
	通	将丛书、文集中的单本书分离出来,分别著录于各部之下,以便按类求书
	互	将涉及两类及以上的书同时著录于不同类目之中,以便读者检索

四、清代浙东藏书业的鼎盛及转型趋向

清代的浙东藏书业,无论是从藏书爱好者数量来看,抑或就其藏书规模而言,无疑皆已臻至传统藏书业的顶点。事实上,浙东藏书业在有清一代,不但臻至鼎盛,而且较为明显地呈现出向近代图书馆转型的迹象。

(一)清代中前期浙东藏书业的鼎盛

历史的发展显然也有其惯性。浙东藏书业在清代的鼎盛,从某种程度上来说,正是明代中后期浙东藏书业的延伸。因为在当时重要的藏书家之中,不乏明代浙东藏书世家的衣钵传人,例如"天一阁"的范光文,又如"云在楼"的陈自舜。不过,清代浙东藏书业的鼎盛,固然得益于历史惯性的作用,却更是当时浙东人士致力于藏书事业的结果。或如余姚人黄宗羲,只手创建"续钞堂":

> 公讳宗羲……既尽发家藏书读之,不足,则抄之同里世学楼钮氏、澹生堂祁氏,南中则千顷斋黄氏,吴中则绛云楼[钱]氏,穷年搜讨。游屐所至,遍历通衢委巷,搜鬻故书,薄暮,一童肩负而返,乘夜丹铅,次日复出,率以为常。……公晚年益好聚书,所抄自鄞之天一阁范氏、歙之丛桂堂郑氏、禾

中倦圃曹氏,最后则吴之传是楼徐氏。①

或如慈溪人郑性,秉承乃父之遗志,创构"二老阁"以纪念其师祖黄宗羲和乃祖郑溱,全祖望《鲒埼亭集外编》卷十七《二老阁藏书记》载其事曰:

> 郑氏自平子先生以来,家藏亦及其半,南溪乃于所居之旁筑二老阁以贮之。二老阁者,尊府君高州之命也。高州以平子先生为父,以太冲先生为师,因念当年二老交契之厚也,遗言欲为阁以并祀之。南溪自游五岳还,阁始成,因贮书于其下。

于是,浙东在藏书事业上得以再上层楼,成长为与浙西几乎不相上下的全国重点藏书区域。

清代浙东藏书业的鼎盛,一则具体表现为藏书家的地域分布较诸以往任何时代更为普遍,不但鄞县、山阴、余姚等传统藏书集中地依然名家辈出,就连此前的"藏书文化沙漠",譬如萧山、慈溪、瑞安三县,也涌现出诸如郑性、葛朝、冯云濠、沈德寿、陈春、陆芝荣、王钺、王宗炎、汪辉祖、项传霖、方成珪、孙衣言、黄体芳之类的众多学者型藏书家(详参表13);二则表现为虽然单个的藏书家及其藏书楼大多存续时间不长,但清代浙东藏书业作为一个整体,无论规模抑或影响、作用,均非此前和之后的任何时代所能比拟。

表 13　清代的浙东藏书家

区域	姓名	籍贯	藏书数量、特色或去向
宁波府	范光文 范光燮 范懋柱	鄞县	"天一阁"传人,其中范光文曾特许黄宗羲破例登楼阅书,而范懋柱于清廷开馆纂修《四库全书》时,进献天一阁藏书 602 种(或云 638 种)
	王应耜	鄞县	在抗清失败后,出家为僧。在乃师圆寂后,复又归俗,筑室独居,日夕访异籍,人称纂录无暇晷
	万斯同	鄞县	其藏书处名曰"寒松斋",当万氏入京纂修《明史》时带到北京十余万藏书,病逝后落入钱名世之手

---

① [清]全祖望《鲒埼亭集》卷11《梨洲先生神道碑文》,见朱铸禹汇校集注《全祖望集汇校集注》,上海古籍出版社 2000 年版,第 214、224 页。

续　表

区域	姓名	籍贯	藏书数量与特色或去向
宁波府	全祖望	鄞县	性好聚书,弱冠时就曾登范氏"天一阁"、谢氏"天赐阁"、陈氏"云在楼",遇稀有之书辄借以抄阅,其"双韭山房"藏书达几万卷
	陈自舜	鄞县	陈朝辅之子,喜购书,其"云在楼"所藏据说仅次于"天一阁"
	陆　宝	鄞县	全祖望《中条陆先生墓表》以为陆氏"南轩"藏书之富,位居范氏"天一阁"、陈氏"云在楼"之后
	左　岘	鄞县	藏有昆山徐氏"通志堂"所刊的百余种宋元抄本
	卢　址	鄞县	积三十年聚书至十万卷,遂模仿"天一阁"之式样以造"抱经楼",其护书之法,亦取式"天一阁"。卢氏"抱经楼"藏书散于民国初期
	朱　鈇	鄞县	其"五岳轩"藏书甚富,后遭大火丧其所有
	陈　撰	鄞县	其"玉几山房",蓄书最富
	陈　鉴	鄞县	购书数万卷,以古学为家教
	卢　镐	鄞县	全祖望弟子,要求后人每年增加藏书数百册,尤多方志,近六百种
	徐时栋	鄞县	其"烟屿楼"藏书六万卷,太平军攻占宁波时,遭窃毁损;次年迁居"城西草堂",重新访求书籍,复得五六万卷;同治二年(1863)又毁于火灾;其后又建"水北阁",聚书至四万四千卷;徐氏卒后散出
	董　沛	鄞县	其"六一山房"聚书五万卷,于清末散出,流于书坊估贩之手
	蔡鸿渐 蔡和霁 蔡同常	鄞县	其"墨海楼"藏书盛时达近十万卷,与"天一阁""抱经楼"三足鼎立于清末
	郑　性 郑大节 郑中节 郑　勋	慈溪	其"二老阁"藏书约六万卷,半乃其先世遗物,余则得自黄太冲所藏,后散佚于乾隆后期。清廷开馆纂修《四库全书》时,郑大节进献藏书八十种。"二老阁"藏书始散于太平军攻占慈溪之时
	葛　朝	慈溪	其"迎旭楼"藏书数万卷,且多善本
	冯云濠	慈溪	其"醉经阁"藏书五万卷,后流入同县秦氏"抹云楼"
	沈德寿	慈溪	其"抱经楼"藏书三万五千余卷
	张寿荣	镇海	据《花雨楼丛书自序》,可知其"花雨楼"所藏,除其先人所遗两万卷外,尚有张寿荣本人所购置的书籍

续 表

区域	姓名	籍贯	藏书数量与特色或去向
绍兴府	黄宗羲	余姚	穷年搜集古书,晚年益好聚书,其"续钞堂"藏书规模在十万卷以上,但在黄氏去世后日渐散出,部分归入郑性"二老阁"
	邵晋涵	余姚	所藏以宋元遗书居多,纂修《四库全书》时,进献藏书不下五种
	黄澄量 黄肇震 黄联镖 黄安澜	余姚	黄澄量的"五桂楼"藏书五万余卷,号称"浙东第二藏书楼",其部分藏书得自"二老阁"。黄澄量之子肇震,追步乃父,勉力购书,复增万余卷。咸丰十一年(1861)太平军攻占余姚梁弄时,"五桂楼"藏书有所散出,其后黄澄量孙黄联镖、曾孙黄安澜搜集散佚、添购善本,遂复其旧
	曹 辛	余姚	《余姚六仓志》卷34称曹氏好收古书,其"蕉雨书屋"所藏,自群经诸子以至西人天算家言,不下千种
	景 辉	余姚	其"东白楼"藏书数万卷,殁后,毁于火灾
	郑雍毂	余姚	喜购书,丛书插架,有好古之称
	褚成亮	余姚	节衣缩食,购善本书数千卷,手自校勘
	童 钰	绍兴	好聚书,即便典衣鬻婢亦在所不惜,所藏几逾万卷
	王永傪	绍兴	家有藏书数万卷
	周徐彩	会稽	康熙庚子举人,家藏多善本
	赵之谦	会稽	沈氏"鸣野山房"藏书散出后,赵氏努力搜访,五年间得其书一百三十余种
	陶及申	会稽	家多藏书,足不出户,加以校雠
	章 鑨 章学诚	会稽	章鑨藏书不多,仅三千余卷,其子学诚"瀚云山房"藏书两万余卷
	李慈铭	会稽	其藏书之举始于咸丰九年(1859),其目的亦非尽为插架,而是用于治学。所藏约八百种,多初印本、原刻本、清殿本、明汲古阁本,且多经其手校手批。民国十七年(1928),悉数售予北平图书馆
	姚仰云 姚振宗	会稽	其"师石山房"虽藏书不富,却多善本、古本。尤其是姚振宗所主张的"书籍宜风不宜曝",更有别于传统的藏书之法
	章寿康	会稽	同治时,随父宦居四川,常出于书肆之中,川中书贾日集其门,所收大富。又广搜金石字画。光绪三年(1877)携巨资入京都,广收书籍。晚年贫困,所藏书籍、金石字画及刻版均贱价卖出
	陈 春	萧山	其"湖海楼"藏书甚富

区域	姓名	籍贯	藏书数量与特色或去向
绍兴府	陆芝荣	萧山	买书不惜工本,其"寓赏楼"所藏的抄影善本之富,为萧山之冠
	王鈇 王洪源	萧山	性嗜书,曾辑《左传》《国语》诸书,未竟而卒,妻汪氏乃命其子洪源储书,遇有秘本即购之,合得数万卷
	王宗炎	萧山	筑"十万卷楼",以文史自娱
	汪辉祖	萧山	积书数万卷
	汪继壕	萧山	其"环碧山房"藏书颇富
	王绍兰	萧山	其藏书既充栋盈车,又加以精心校雠
	张凤翔	上虞	《上虞县志》卷12谓其家有藏书,且多善本
	王望森	上虞	博极群书,藏书数万卷
	吕抚	新昌	喜藏书,与乃兄分家产时,不受广厦腴田,独受乃父所遗藏书,又自购增益之,并筑"逸亭"以藏其书
	杨鼎	山阴	辛勤十七年,积书至四万余卷,其所藏之书,部分得自同邑沈氏
	吴爌文	山阴	藏书十余万,特建一楼以储之
	杜煦	山阴	其"大吉楼"藏书若干卷
	杜春生	山阴	煦弟,喜抄书,家有"知圣教斋",乃其藏善本之所在
	沈复灿	山阴	其"野鸣山房"藏书部分是章学诚"瀹云山房"旧藏,部分得自祁理孙"奕庆堂"。沈氏藏书自道光间散出,其精品半归杨鼎;咸同间,更因家道中落,悉售于扬州书商
	金士芳	山阴	乃父藏书之富,甲于乡里,士芳世其家学
	胡介祉	山阴	好藏书,校书甚勤
	平步青	山阴	好读书,其"香雪崦"藏书两万卷
	徐树兰	山阴	其"古越藏书楼"除收藏古籍外,更收藏外文书和有关实业的新书
	徐友兰 徐维则	山阴	徐树兰弟,其"八杉斋"藏书多明刻本,尤以毛晋"汲古阁"所刻书籍居多,此外还有日本刻本;其长子维则亦好藏书,曾创办"墨润堂书苑",除经销上海商务、中华、大东、开明、三联等书店各类图书外,又自设作坊,刻印各种图书

续 表

区域	姓名	籍贯	藏书数量与特色或去向
台州府	宋世荦	临海	其"古铜爵书屋"藏书约万卷,且多台州地方文献
	洪颐煊	临海	其"小停云山馆"藏书四万卷,焚毁于咸丰十一年(1861)太平军撤离台州之时
	郭协寅	临海	嗜好古学,于乡贤遗集搜求尤力,手录储"八砖书库",不下数百种。晚年生计日窘,其所藏半归于同邑潘氏"三之斋"
	潘日初	临海	意在于后代能读书成才,其"三之斋"藏书四千余卷,后毁于火
	李 诚	黄岩	其"敦说楼"藏书数千卷,中多善本,散鬻于清末民初
	黄瑞	临海	其"秋籁阁"藏书实集"小亭山馆""三之斋"之精华,宣统三年(1911)遭水灾,其后人遂将全部藏书寄藏于临海县图书馆
	王彦威	黄岩	其"秋灯课诗书屋"藏书多为当代文书档案
	金嗣献	温岭	其"鸿远楼"所藏多为台州地方文献,凡四百余部
	叶 书	临海	其"荫玉阁"藏书多乡邦文献,且多系写本
温州府	项传霖	瑞安	其"株树楼"所藏古籍数万卷,悉加丹铅
	方成珪	瑞安	官宁波教授,官俸所得,悉以购书,且精于鉴赏,所储数万卷
	孙衣言孙诒让	瑞安	其"玉海楼"藏书最多时约九万卷,多为名家批校本、孙氏父子手校本、温州乡邦文献。光绪三十四年(1908)孙诒让逝世后开始散出
	黄体芳黄绍箕	瑞安	黄体芳"蓼绥阁"以收藏精椠本著称,其子绍箕亦喜藏书,且精于鉴赏,所藏达千余种

与此同时,表13又充分显示出:其一,宁波、绍兴两府不但各自境内藏书家之间颇多交集,而且大概因为交通便捷、联系密切,两地藏书业也时有交集。这种交集,一则表现为藏书家的异地阅览和抄录书籍,譬如康熙十二年(1673),余姚人黄宗羲获准登入"天一阁"阅书。二则表现为藏书的跨地域转移,例如慈溪人郑性的"二老阁"藏书,其中约三万卷就是黄宗羲"续钞堂"遗书,后当"二老阁"藏书因故散出,其部分书籍则又流入余姚黄澄量的"五桂楼"。其二,台州府的藏书业相对于浙东其他三府,不但比较集中于临海一地,而且较为明显地呈现出重视收藏乡邦文献的这一区域特征,宋世荦的"古铜爵书屋"、郭协寅的"八

砖书库"和叶书的"荫玉阁",即其典型代表。其三,温州在很大程度上是因为僻处海隅的关系,该地藏书业历来就相对落后,时至清代,其落后面貌仍未因为下辖瑞安县藏书业的崛起而有质的改观。

如同以往任何时代,清代浙东藏书业的发展,得益于但也受制于当时的文教政策和政治形势。譬如乾隆三十七年(1772)清廷开馆纂修《四库全书》后,"天一阁"就曾出于无奈而进呈图书602种(或谓638种),但事后这部分书籍却未得归还,从而遭受自该藏书楼创建以来从未有过的重大损失;又如在咸丰十一年(1861)太平军攻占台州之际,洪颐煊的"小停云山馆"就因清末的这场社会动乱而遭焚毁:

> 洪颐煊(1765—?),字旌贤,临海人。嘉庆辛酉拔贡,官广东新兴知县。解组归,聚书四万卷,碑帖千余种,又钩摹家藏历代名人墨迹,刊倦舫发帖八册……咸丰辛酉赭寇窜台,其已梓书版及金石书画悉付灰烬,惟倦舫法帖尚存,然已残阙不完矣。[①]

诸如此类的外力作用,尽管并未摧残浙东藏书业的根基,甚至催生出像徐时栋这种愈摧愈坚、愈挫愈勇的藏书名家,却也使得浙东藏书业在总体上呈现出难以遏止的下行趋向。

(二)晚清浙东藏书业的转型趋向

倘若细加考察,大抵可以19世纪80年代(即光绪初年)为界,将清代浙东藏书业的纵向演进之迹分为前后两段。在此之前,浙东藏书业虽臻至鼎盛,但这种鼎盛其实只是传统私家藏书业的最后辉煌;在此之后直至民国时期,尽管旧式藏书楼依然大量存在(详参表14),却也隐然出现了向近代图书馆转型的迹象。这一转型的标志,就是光绪二十八年(1902)徐树兰"古越藏书楼"的创建及其在两年后的对公众开放。

---

① 吴晗《江浙藏书家史略》,中华书局1981年版,第49页。

表 14　民国时期浙东的主要藏书家及其藏书楼

区域	姓名	籍贯	楼名	藏址	藏书主要归宿
宁波	张之铭	鄞县	古欢室	日本东京、上海	不详
	张寿镛	鄞县	约园	上海	浙江图书馆、国家图书馆、中国社科院
宁波	李庆城	鄞县	萱荫楼	宁波	浙江图书馆、国家图书馆
	孙家溎	鄞县	蜗寄庐	宁波	天一阁
	马　廉	鄞县	平妖堂	北京	北京大学图书馆
	曹炳章	鄞县	集古阁	绍兴	华东军政委员会卫生部
	秦润卿	慈溪	抹云楼	宁波	浙江图书馆
	冯贞群	慈溪	伏跗室	宁波	天一阁
绍兴	罗振玉	上虞	大云书库	旅顺	大连图书馆、辽宁省图书馆
	罗振常	上虞	蟫隐庐	上海	不详
	诸宗元	山阴	默定书堂	杭州	毁于火灾
	沈知方	山阴	粹芬阁	上海	沈氏卒后散出
	沈仲涛	山阴	研易楼	上海、台北	台北故宫博物院
	孙世伟	山阴	微庐	杭州	上海古籍书店
	刘大白	绍兴	白屋	杭州	浙江大学图书馆
	朱鼎煦	萧山	别宥斋	宁波、杭州萧山	天一阁
台州	王舟瑶	黄岩	后凋草堂	黄岩	不详
	屈映光	临海	精一堂	杭州	不详
	项士元	临海	寒石草堂	临海	临海县图书馆
温州	黄　群	平阳	敬乡楼	上海	毁于全面抗战初期
	孙延钊	瑞安	玉海楼	瑞安	浙江大学文学院、温州市文物管理委员会
	郑振铎	永嘉	玄览堂	上海、北京	国家图书馆

　　徐树兰(1837—1902)捐银近六万两以建"古越藏书楼"的这一举动,首先是深受时代依存背景之影响的产物。当时,随着中外交流的日益频繁与深入,不少感事忧时之士,已然突破仅模仿西方器物即可自强御侮的狭隘认知,转而大声吁请改良政治体制和文化教育事业以救国拯民,例如汪康年《论中国求富强

宜筹易行之法》云："今日振兴之策,首在育人才,设学堂、定学会、建藏书楼,斯三者皆兴国之举也。"其次,则又源自徐树兰强烈的社会责任感与历史使命感。徐氏生前,既曾出资修筑海塘、募捐赈灾,亦尝创办"绍郡中西学堂"以培养人才,而在积极参与社会公益事业的同时,他又力倡效法美日欧,使"藏书楼与学堂相辅而行":

> ……窃维国势之强弱,系人才之盛衰;人才之盛衰,视学识之博陋。涉猎多则见理明,器识闳则处事审,是以环球各邦国势盛衰之故,每以识字人数多寡为衡。……泰西各国讲求教育,辄以藏书楼与学堂相辅而行。都会之地,学校既多,又必建楼藏书,资人观览。英、法、德、俄诸国收藏书籍之馆,均不下数百处。……日本明治维新以来,以旧幕府之红叶山文库、昌平学文库初移为浅草文库,后集诸藩学校书,网罗内外物品,皆移之上野公园,称图书馆,听任众庶观览。其余官私书籍馆亦数十处,藏书皆数十万卷。一时文学蒸蒸日上,国势日强,良有以也。①

创建于光绪二十八年(1902)的"古越藏书楼",就是徐树兰这一文教理念的具体实践,且在如下五个方面有突出的表现:"存古"与"开新"并重的创建宗旨;冀以开启民智和有益科研的图书收藏标准;分工明确、职责分明的管理团队;固定的开闭馆时间;对读者权利与义务的约定。尤其是该藏书楼以读者为中心的"阅书规程",令人耳目一新:

> ……凡阅书有欲摘录者,尽可随意钞写,惟纸墨笔砚,皆须各人自备。而于书中不得加评语,亦不得加圈点。……阅图有欲影摹者,所用之纸,必交监督一验,方可影绘。……阅书者如欲用膳,其膳资理宜自备。本楼雇有庖丁,亦可承办。惟须本人自与庖丁面订。欲用早膳,宜前一日向庖丁预订。欲用午膳、晚膳,宜早晨向庖丁预订(均须先付膳资)。有不欲在楼用膳者,听其自便。或所需膳品,庖丁不能承办,亦不得相强。……阅书者如欲饮茶吸烟,宜自备。……本楼仿照东西各国图书馆章程办理,不设寄

---

① ［清］徐树兰《为捐建绍郡古越藏书楼恳请奏咨立案文》,见李希泌、张椒华主编《中国古代藏书与近代图书馆史料》(春秋至五四前后),中华书局1982年版,第112—113页。

宿舍。如四乡及外府县诸君到本楼阅书者,均请自行另觅住宿之处。①

众所周知,早在"古越藏书楼"创办之前的光绪十年(1884),时任宁绍台道员的无锡人薛福成(1938—1894),就曾在道署西侧特辟"后乐园"以作课士之所,同时又于园内设立了据说已具有近代图书馆性质的"揽秀堂藏书楼"②,以便士子研习。相比较而言,时至光绪三十年(1904)方才正式对公众开放的"古越藏书楼",虽然建成时间略晚,但它在中国藏书史上的地位,似乎并不亚于"揽秀堂藏书楼"。假如说"揽秀堂藏书楼"的创建揭开了官方藏书机构向近代图书馆转型的序幕,那么,"古越藏书楼"则是旧式私人藏书楼演变为近代公共图书馆的先声,两者不但殊途同归,而且各以其不同的作用方式,最终促成了整个浙东藏书业在民国后期的新陈代谢。

---

① [清]徐树兰《古越藏书楼章程》,见李希泌、张椒华主编《中国古代藏书与近代图书馆史料》(春秋至五四前后),中华书局 1982 年版,第 114 页。

② 蔡彦《从藏书楼向近代图书馆的嬗变——宁波、绍兴图书馆建立探微》,《科技文献信息管理》2007 年第 3 期。

参考文献、引录书目

一、古籍原典及整理本

李步嘉校释《越绝书校释》，中华书局 2013 年版

周生春《〈吴越春秋〉辑校汇考》，上海古籍出版社 1997 年版

[东汉]王充《论衡》，上海人民出版社 1974 年版

[晋]杜预《会稽典录》，《四明丛书》本

（日）吉川忠夫、麦谷邦夫编，朱越利译《真诰校注》，中国社会科学出版社 2006 年版

[南朝梁]释慧皎等《高僧传合集》，上海古籍出版社 1991 年版

[唐]张彦远《法书要录》，影印文渊阁《四库全书》本

[宋]王开祖《儒志编》，影印文渊阁《四库全书》本

[宋]史浩《鄮峰真隐漫录》，影印文渊阁《四库全书》本

[宋]史浩《尚书讲义》，《四明丛书》本

[宋]陆游《渭南文集》，影印文渊阁《四库全书》本

[宋]高似孙《剡录》，影印文渊阁《四库全书》本

[宋]王十朋《梅溪集》，影印文渊阁《四库全书》本

[宋]楼钥撰、顾大朋点校《楼钥集》，浙江古籍出版社 2010 年版

刘公纯、王孝鱼、李哲夫点校《叶适集》，中华书局 2010 年版

[宋]吕祖谦《东莱文集》，影印文渊阁《四库全书》本

[宋]陈亮《龙川文集》，永康胡氏退补斋刊本

[宋]袁燮《絜斋集》，影印文渊阁《四库全书》本

［元］袁桷《清容居士集》，影印文渊阁《四库全书》本

［明］宋濂《文宪集》，影印文渊阁《四库全书》本

［明］方孝孺《逊志斋集》，影印文渊阁《四库全书》本

吴光等编校《王阳明全集》，上海古籍出版社 1995 年版

吴震编校整理《王畿集》，凤凰出版社 2007 年版

［明］王士性著、周振鹤编校《王士性地理书三种》，上海古籍出版社 1993 年版

吴光主编《刘宗周全集》，浙江古籍出版社 2007 年版

陈乃乾编《黄梨洲文集》，中华书局 1959 年版

沈善洪、吴光主编《黄宗羲全集》，浙江古籍出版社 2005 年版

［清］邵廷采《思复堂文集》，祝鸿杰校点，浙江古籍出版社 1987 年版

［清］李邺嗣《杲堂文钞》，《四明丛书》本

［清］全祖望撰、朱铸禹汇校集注《全祖望集汇校集注》，上海古籍出版社 2000 年版

［清］章学诚著、吕思勉评《文史通义》，上海古籍出版社 2008 年版

［清］梁启超《中国近三百年学术史》（新校本），商务印书馆 2011 年版

二、今人论著

管敏义主编《浙东学术史》，华东师范大学出版社 1993 年版

钟肇鹏、周桂钿《桓谭、王充评传》，南京大学出版社 1993 年版

曹屯裕主编《浙东文化概论》，宁波出版社 1997 年版

车越乔、陈桥驿《绍兴历史地理》，上海书店出版社 2001 年版

潘桂明、吴忠伟《中国天台宗通史》，江苏古籍出版社 2001 年版

傅振照《绍兴思想史》，中华书局 2004 年版

何炳松《浙东学派溯源》，广西师范大学出版社 2004 年版

金普森、陈剩勇主编《浙江通史》（1—4 卷），浙江人民出版社 2005 年版

方同义、陈新来、李包庚《浙东学术精神研究》，宁波出版社 2006 年版

王宇《永嘉学派与温州区域文化》，社会科学文献出版社 2007 年版

马雪芹《古越国兴衰变迁研究》，齐鲁书社 2008 年版

蔡克骄、夏诗荷《浙东史学研究》,知识产权出版社 2009 年版

梁涌《越地学术思想论》,人民出版社 2010 年版

孟文镛主编《越国史稿》,中国社会科学出版社 2010 年版

高利华、邹贤尧、渠晓云《越文学艺术论》,人民出版社 2011 年版

张如安《北宋宁波文化史》,海洋出版社 2011 年版

张如安《南宋宁波文化史》,浙江大学出版社 2013 年版

叶纲、陈民镇、王海雷《越文化发展论》,中华书局 2015 年版

高利华主编《越地城池与文化研究》,中国社会科学出版社 2017 年版

张如安《元代宁波文化史》,浙江大学出版社 2018 年版

徐宏图《温州古代戏曲史》,人民出版社 2018 年版

杨万里《宋代地域文学研究》,上海古籍出版社 2020 年版

后 记

　　1990 年 2 月,《宁波师院学报》编辑部和《宁波大学学报》编辑部联合发出通告,将于秋季举办"浙东文化研讨会",这是学术界首次提出"浙东文化"概念。我以青年教师的身份参加了这一研讨会。会后,"浙东文化"的概念不胫而走,吸引了一批学者耕耘于这块领地。我虽然也参与了相关的探索工作,但更愿意将"浙东文化"看做一个口号,一面旗帜,而不是一个正式的学术概念,只希望在"浙东文化"这面旗帜的召唤下,做一些实实在在的梳理工作。

　　经过二三十年的倡导,"浙东文化"四字已经牢牢占据了宁波社科学界的重要位置,但也引发了诸多困惑。"浙东文化"究竟是一个什么东西,好像谁都说不清、道不明,当有人问我时,我或答非所问,或一笑搪塞,反正我也惘然。有鉴于此,宁波大学浙东文化研究院成立之后,有关部门下达了"浙东文化通论"的课题,出题的初衷是希望有这么一本书,能让更多的局外人很快了解浙东文化的大概。经张伟院长的多番工作,这项任务最后落实到我身上。我虽然不太喜欢指令式的课题,但还是勉为其难地承担起了这一难以胜任的任务。当我真正要深入其里的时候,又感觉无从下手,不知如何才能跳出专题式叙述的套路,由"点"而致"通"。因此,本书只是我在万分困惑中交出的一份答卷,认识虽然是粗浅的,但也终算是为"浙东文化"做了一点普及工作。

　　《浙东文化通论》的撰写是前人未曾尝试过的,需要克服诸多的困难，需要扫除诸多的知识盲点，也需要有精诚的合作。感谢唐燮军教授帮助承担了“浙东藏书文化”一章，张伟院长则屡屡督促，促成了这一课题的最终完稿。我还得感谢聂仁发教授对本书出版的大力支持。在具体的编写过程中，笔者因视力急剧衰退，给写作带来不小的困扰，出现了一些笔误，责任编辑陈翩不辞劳苦，帮助复核纠正，提高了本书的质量。目前“浙东文化”的宣传热度似有所减弱，我期望本书的出版能有助于推进“浙东文化”的研究，为浙东文化资源的当代转换和利用提供参考。

张如安

2022 年 4 月 15 日